高等学校信息资源管理系列教材

图书馆学概论

金胜勇　主编

杜占江　武晓丽　周文超　副主编

科学出版社

北　京

内 容 简 介

本书系统地讲述图书馆学的基础知识，主要包括图书馆、图书馆工作、图书馆事业和图书馆学的相关概念、原理和方法。本书结构简明、逻辑清晰，兼顾课程经典教学内容和实践领域发展前沿，注重补充吸收图书馆学基础理论的研究成果和创新观点，加强融入课程思政的教育内容。

本书可作为高等院校信息资源管理学科的相关专业教材，也可作为图书馆、档案馆等文献信息机构，以及政府、企业的信息资源管理部门和公共文化服务机构的工作参考用书。本书内容翔实，每章后都附有一定数量思考题，便于教学和自学使用。

图书在版编目（CIP）数据

图书馆学概论 / 金胜勇主编. —北京：科学出版社，2023.7
高等学校信息资源管理系列教材
ISBN 978-7-03-071710-8

Ⅰ.①图⋯ Ⅱ.①金⋯ Ⅲ.①图书馆学–高等学校–教材 Ⅳ.①G250.1

中国版本图书馆 CIP 数据核字（2022）第 034870 号

责任编辑：方小丽 / 责任校对：贾娜娜
责任印制：张 伟 / 封面设计：蓝正设计

科 学 出 版 社 出版
北京东黄城根北街 16 号
邮政编码：100717
http://www.sciencep.com

北京中石油彩色印刷有限责任公司 印刷
科学出版社发行 各地新华书店经销

*

2023 年 7 月第 一 版 开本：787×1092 1/16
2023 年 7 月第一次印刷 印张：13 1/4
字数：314 000

定价：68.00 元
（如有印装质量问题，我社负责调换）

前　言

　　"概论"，"总括其意旨而论其大要"者也。《图书馆学概论》的意旨，就是帮助学生接触、理解并争取使之热爱图书馆学以及图书馆学所对应的工作和事业；本教材的大要，就是讲清楚什么是图书馆、什么是图书馆工作、什么是图书馆事业、什么是图书馆学。当然，既然是"图书馆学"之概论，大要之首一定是要讲清楚什么是图书馆学。

　　什么是图书馆学呢？要回答这一图书馆学的最基本问题，不能简单地从目前图书馆学专业人才所从事的行业、工作来论述，如果是这样，本教材就不是《图书馆学概论》，而是《图书馆工作概论》了。只有深刻理解图书馆学对于图书馆工作和行业的独立性，才能准确揭示图书馆学的科学内涵、发展规律和核心价值，从而使图书馆学熠熠生辉地独立于学科丛林。因此，论此"大要"的关键在于明确图书馆学的研究对象，阐释图书馆学的核心价值。有别于大多数传统教材，本教材认为图书馆学的研究对象是面向信息检索的信息组织，我早在十几年前便发文提出了这一观点。正是这种"非图书馆说"的观点，保障了图书馆学作为知识体系的客观性，以及相对于图书馆工作和图书馆行业的独立性。沿循这种逻辑，我坚持认为图书馆学的核心价值要有别于图书馆的核心价值。根据我所承担的国家社会科学基金后期资助项目"逻辑图书馆学"中的观点，图书馆学的核心价值是建立和完善信息秩序，这与我所持的关于图书馆核心价值的观点（资源、服务、创新）完全不同。在教育部最新一版的学科专业目录中，图书馆学所属的一级学科由"图书情报与档案管理" 更名为"信息资源管理"。一级学科的更名，明确地将图书馆学从图书情报的工作和事业范畴释放到信息资源管理的范畴，也是对"非图书馆说"的图书馆学的认定。

　　党的二十大报告提出"实施科教兴国战略，强化现代化建设人才支撑"[①]，充分体现了教育的基础性、战略性地位和作用，并对"加快建设教育强国、科技强国、人才强国"做出全面而系统的部署。作为信息资源管理学科传统而又富有生机的专业，以培养"面向信息检索的信息组织"人才为己任的图书馆学，将在教育强国、科技强国、人才强国建设中发挥主力军作用。其"建立和完善信息秩序"的核心价值也将得到更加充分的彰显。

　　坚持图书馆学的"非图书馆说"，并不是要将图书馆学与图书馆割裂开来。图书馆学从学术内涵的发现，到学科体系的建立，再到确立为信息资源管理的主干学科，乃至今后的发展和变革，都不曾离开也将长期不能离开图书馆、图书馆工作、图书馆事业为其奠定的扎实的实践基础。因此，将上述主题也作为本教材的核心章节，将其与"图书馆学"部分一并组成简明而又核心的"概论体系"。

---

　　① 《二十大报告全文来了！》，http://www.jzjjw.gov.cn/sitesources/jzjjw/page_pc/ztzl/srxxgcddesdjs/zggcddescqgdbdhbgqw/article407edcbea3ab463bb32aeddff19f3082.html[2022-10-27]。

　　非常幸运，一开始邀请到河北建筑工程学院杜占江、河北经贸大学武晓丽两位教授合作编写本教材。他们二位为本教材所注入的智慧和劳动，使我的"概论体系"更加丰满，使我的思维过程充满审辨，使我的编写之路不再孤单。后来，在教材成稿的关键时期，包头师范学院的周文超老师参与到本教材的编写工作中，帮助我完成了全书的审校工作，耐心而细致，令我感动，她也成为本教材的重要编写者之一。当然，本教材的编写者实际上是一个庞大的群体，我的那些勤勉的本硕博学生，自愿地进入"概论体系"的每一寸知识领域，为本教材的编写贡献心力，也为自己的成长辛苦耕耘。

　　这是科学出版社为我出版的第二部教材。从订立合同之后的毫不夸张的五年编写过程中，我表现的是一如既往的徐而不疾，而编辑方小丽老师呈现出科学出版社一贯的极高编审素养和耐心服务作风，同样令我感动。

　　我的徐而不疾也许并不能避免本教材的疏漏，反而使得有些内容看起来不是那么"前沿"。但这毕竟是一本基础理论的教材，在"基础"和"前沿"之间，我还是选择"基础"。以此作为教材所存不足的借口，敬请各位学者和同仁包容地体谅和接纳。感谢！

金胜勇

2023 年 6 月 20 日

目　　录

第一章　绪　　论

理论是实践的眼睛，基础理论是眼睛的瞳仁。基础理论是一门学科发展的基石，也是一门学科发展的晴雨表。自图书馆学作为一门学科诞生以来，图书馆学基础理论不断发展，对图书馆学研究对象的认识不断接近图书馆学的科学本质，不同的研究流派相继形成，研究范式和方法论体系不断丰富，学科理论体系不断完善，为图书馆学基础理论的成长提供了肥沃的土壤。

第一节　图书馆学的基础概念

信息、知识、文献是图书馆赖以存在的基础，也是图书馆学的基础概念。信息是与物质、意识并列的第三个范畴。在信息问题的相关研究领域中，最为关注的、也是最具有争议的便是关于信息的定义问题。迄今为止各种围绕"信息"定义的说法不下百种，归纳起来，可概括为两大类。

从广义上理解，信息是物质存在方式和运动规律与特点的表现形式，它包含了与客观世界和人类社会相关的各种信息现象。从狭义上理解，信息是一种消息、信号、数据或资料，在多数时候是指已经分门别类或列入其他构架形式的数据：信息是加工知识的原材料，信息就是数据。马克·波拉特提出："信息是经组织化而加以传递的数据。"信息经济和知识经济研究中的"信息""信息资源"的概念，或人们从具体领域的操作角度使用的"信息"概念，往往指的是狭义层次的信息。

结合广义和狭义上对信息的理解，我们从本体论和认识论两个层次对信息进行界定。在本体论层次上，将信息定义为事物存在的方式和运动状态的表现形式。

如果考虑到信息的产生、认识、获取和利用离不开主体——人，并且必须从主体的立场来定义信息，那么，本体论层次的信息定义就转化为认识论层次的信息定义。

在认识论层次上，可以将信息定义为：主体所感知或表述的事物存在的方式和运动状态。这里，主体所感知的是外部世界向主体输入的信息，主体所表述的是主体向外部世界输出的信息。

对于知识这一概念的理解，一直以来也有很多不同的观点，柏拉图曾提出："知识是经过证实的正确的认识。"德鲁克则认为："知识是一种能够改变某些人或某些事物的信息，是经过人的思维整理过的信息、数据、形象、意象、价值标准及社会的其他符号化产物。"

《中国大百科全书·教育》对知识的概念这样表述："所谓知识，就它反映的内容而言，是客观事物的属性与联系的反映，是客观世界在人脑中的主观映像。就它反映的活动形式而言，有时表现为主体对事物的感性知觉或表象，属于感性知识，有时表现为关于事物的概念或规律，属于理性知识。"从这一定义我们可看出，知识是主体和客体相互统一的产物。它来源于外部世界，所以知识是客观的。但知识本身并不是客观事实，而是事物的特征与联系在人脑中的反映，是客观事物的一种主观表征。知识是在主客体相互作用的基础上，通过人脑的反映活动而产生的。

知识是人的主观世界对于客观世界的概括和反映，是人们通过实践对自然和社会运动形态与规律的认识和掌握，是人们对其在实践过程中所获得的感性认识、经验材料进行概括、分析、综合和升华创造出来的系统的、成体系的信息，它是建立在信息基础之上的。从知识的产生来看，知识是人类实践过程中，通过自身的感官系统并借助外在的手段和工具，获得与接收客观事物信息，通过人脑的认知、加工等思维过程而形成的一种系统化的观念信息，并用语言、文字、符号、图像等信息形式给予记录和传递。因此，信息是知识的原料和基础，知识是信息中最具革命性和活动力的部分。知识是信息的高级形式，是信息加工的结果，是系统化和有序化的信息。

文献是信息所依附的主要载体和主要来源。人类社会活动产生了知识，就要用物质载体将知识记录下来，从而产生了文献。国家标准《文献著录总则》（GB/T 3792.1—2009）中对文献这样定义："文献是记录有知识的一切载体。"这就是说，文献是指用文字、图形、符号、音频、视频等作为记录手段，将信息记录或描述在一定的物质载体上，并能起到存储、传播信息和知识作用的载体。

构成文献的四要素是知识内容、信息符号、载体材料和记录方式。知识信息性是文献的本质属性，任何文献都记录或传递一定的知识信息。离开知识信息，文献便不复存在，传递信息、记录知识是文献的基本功能。文献所表达的知识信息内容必须借助一定的信息符号、依附一定的物质载体，才能长时间保存和传递。信息符号有语言文字、图形、音频、视频、编码等。文献的载体材料主要有固态和动态两种：可见的物质，如纸、布、磁片等为固态载体；不可见的物质，如光波、声波、电磁波等为动态载体。文献所蕴含的知识信息是人们用各种方式将其记录在载体上的，而不是天然依附于实体上的。记录方式经历了刻画、手写、机械印刷、拍摄、磁录、计算机输入等阶段。

从文献的四要素来看，文献的特性主要表现在它的信息与知识性、物质载体的多样性、记录性、传播性、累积性。除累积性外，其他在上文都有体现。文献的累积性表现在：一方面，文献便于长期保存；另一方面，每种文献的诞生往往都是继承前人研究成果的产物。文献的这种累积性正反映着科学的继承性，否则，文献的保存和典藏就失去了意义。

上述文献的五个特性是统一不可分割的，其中，文献的信息与知识性、物质载体的多样性和记录性是文献的基本特性。

第二节　图书馆学的历史分期

图书馆学作为现代科学体系中的一门独立的学科，已有两百多年的历史，但人们对于图书馆活动的认识和记载可以追溯到久远的古代。图书馆学和其他任何一门学科一样，按照阶段不断发展完善。

学术界关于"中国图书馆学是什么时候产生的"这一问题持有不同的意见，虽然，1917 年，江中考在《图书馆学序论》中首次提出了图书馆学这一概念，但图书馆学的形成是一个缓慢积累的过程，在图书馆学概念正式提出之前，我国古代有没有图书馆学，我国古代的目录学、校雠学、版本学等关于藏书的学问是否属于图书馆学的范畴，学者对此有两种不同的看法。一部分学者认为古代的目录学、校雠学等关于书籍的学问是我国图书馆学的源头，进而承认古代图书馆学的存在。另一部分学者则否认古代图书馆学的存在，认为我国图书馆学形成于 20 世纪 20 年代，因此我国图书馆学史的起点也应在此。

由于人们对我国图书馆学的产生这一问题看法各异，学界对我国图书馆学发展的历史分期也有不同的划分。通过梳理总结前人的观点，学者大多围绕着 1840 年、1920 年、1949 年、1979 年这四个时间进行划分，但这种划分也相应地产生了一些问题，如图书馆学的划分与社会政治的划分混淆（与图书馆的历史分期存在相同的问题）、大多学者并未对 1949 年后的中国图书馆学做详细的划分等。

对图书馆学发展的历史分期虽然存在很多分歧，但是，不同观点的交流碰撞有助于学术进步。我们认为，中国图书馆学（包括中国古代图书馆学）发展的历史分期可以大致分为以下四个阶段。在目录学产生前，保存各种形式的记录性材料，是图书馆学的第一个阶段。西汉刘向、刘歆父子编制了《七略》，形成了一整套图书校勘和著录的科学方法，开启了图书馆学的第二阶段，这一阶段的基本特征主要体现在对图书的校勘、整理、编目等方面。1920 年 3 月，武昌文华大学图书科的设立标志着图书馆学发展的第三阶段，开展图书馆管理、图书馆服务与图书馆工作等一系列实践活动的范畴都属于这一阶段。超越图书馆、对信息等进行研究是图书馆学发展的第四个阶段。

以上并不是严格按时间顺序来划分我国图书馆学的历史分期，各阶段图书馆学的研究存在交叉，呈现出"你中有我，我中有你"的局面，并不相互排斥。总之，对图书馆学历史分期进行研究有利于梳理图书馆学发展的脉络，具有一定的理论价值。

思 考 题

1. 简述图书馆学的萌芽、发展与形成。
2. 简述信息、知识、文献三者之间的关系。
3. 图书馆学基础理论研究的主要内容有哪些？

参 考 文 献

黄宗忠. 2002. 图书馆学导论[M]. 武汉：武汉大学出版社.

金胜勇，锅艳玲，陈则谦. 2017. 信息资源建设[M]. 北京：科学出版社.

宓浩. 1988. 图书馆学原理[M]. 武汉：华中师范大学出版社.

倪波，荀昌荣. 1981. 理论图书馆学教程[M]. 天津：南开大学出版社.

桑健. 2013. 图书馆学概论[M]. 北京：国家图书馆出版社.

吴慰慈. 2017. 图书馆学基础[M]. 2 版. 北京：高等教育出版社.

吴慰慈，董焱. 2008. 图书馆学概论（修订二版）[M]. 北京：国家图书馆出版社.

第二章 图 书 馆

图书馆是文献信息资源的集散地、是传播文献信息资源的枢纽。随着时代变迁，为适应信息技术的升级和用户需求的变化，图书馆的构成、类型和功能不断调整。

第一节 图书馆的起源与发展

图书馆是人类社会发展到一定阶段的文明产物，保存了大量宝贵的文化遗产。图书馆自产生以来，历经长期的演变，对推动人类文明进程发挥着巨大作用。

一、图书馆的产生

图书馆作为一种社会现象，是人类在实践活动中，根据自身需要而创设出来的一种社会机构，图书馆的产生与文字、文献的出现，与社会生产力水平的提高密切相关，没有人类对文字、文献的需要，就不可能出现图书馆。

（一）人类历史上最早的图书馆

图书馆的产生与人类文明的发展息息相关，迄今人类知道的历史上最早出现图书馆的国家是古巴比伦。除了古巴比伦外，早期人类文明发达的地方都出现了图书馆，如古埃及、古印度、古希腊、中国古代等。

1. 古巴比伦的图书馆

古巴比伦坐落于有着悠久的人类文明的两河流域，1889—1900 年，美国考古学家彼得斯和希尔普雷希特在伊拉克境内尼普尔的一个寺庙废墟附近，发现了许多泥版文书，其中包括关于神庙的记载、献给古巴比伦国神的赞美歌、祈祷文以及苏美尔人的神话等。这是迄今人们所知道的最早的图书馆之一。据估计，它存在于公元前 30 世纪上半叶，距离现在已有几千年。考古学家还在幼发拉底河口附近的乌尔发现许多刻有楔形文字的泥版文书和大量残片，经鉴定，这也是一座寺庙图书馆，所藏的泥版文书按不同的主题和年代收集起来。此外，古巴比伦王国最杰出的国王汉谟拉比在位时期国家一度达到鼎盛，这一时期也出现了国家图书馆或档案馆，收藏的泥版文书同样按不同的主题保管在不同的房间里。

2. 古埃及的图书馆

古埃及是人类文明起源最早的地方之一，古埃及经历了古王国、中王国、新王国时期，这期间古埃及的经济政治文化多次达到鼎盛，不断孕育积累出灿烂辉煌的古埃及文化。古埃及人不仅发明了象形文字，还发明了纸莎草纸，古埃及人在纸莎草纸上面写字，并将纸张一张张粘贴起来制作成纸草卷，有的纸草卷长达 40 公尺（40 米）。现存最早的纸莎草纸是保存在巴黎卢佛尔博物馆的普利斯纸莎草纸，其记录的文字大约写于公元前 2500 年。据文献记载，公元前 2500 年左右，古埃及就已经出现图书馆或档案馆的遗迹，它们大部分设置在皇宫和神庙。阿蒙霍特普四世的图书馆、拉美西斯二世的图书馆是古埃及颇负盛名的皇宫图书馆。此外，在古埃及，权贵阶层也拥有私人图书馆或档案馆。

3. 古印度的图书馆

古印度文明兴起于印度两河流域，是人类最古老的文明之一，公元前 1000 年左右，印度逐渐过渡到奴隶社会，约在公元前 4 世纪出现了书写文字。最早的书写材料主要是棕叶、布以及金属片，约在 11 世纪以后才用纸张书写。印度现存最早的手抄本为棕叶手稿，约为 2 世纪所作。在古印度，种姓制度等级森严，根深蒂固，难以撼动。婆罗门是古印度社会最上等的阶层，他们将知识教育牢牢掌握在自己的手里，禁止有关文字文献活动的传播，垄断文化活动，古印度人只能通过原始的口口相传进行学习交流，导致古印度社会文化发展十分缓慢，书籍流通受到极大限制。直到公元前 6 世纪佛教产生，后来逐渐发展壮大，为了传播和发展佛教文化，佛教寺院开始收藏大量佛教文献，佛教寺院渐渐发展成为藏书最多的地方，开始出现图书馆的雏形。根据史料记载，印度第一个图书馆就是由佛教徒创设的。

4. 古希腊的图书馆

公元前五六世纪，古希腊经济生活高度繁荣，产生了光辉灿烂的希腊文化。在古希腊文明兴起之前，希腊人使用腓尼基字母创造了自己的文字，但书写材料仍以纸莎草纸为主。据文献记载，公元前 5 世纪，希腊已经出现藏书活动，公元前 4 世纪，私人图书馆较为普遍，哲学流派在雅典建立的图书馆是古希腊图书馆发展的典型代表。柏拉图在公元前 387 年前后在雅典创办了"柏拉图学园"。值得一提的是亚里士多德的私人图书馆，据古希腊最著名的地理学家、历史学家斯特拉本说，亚里士多德是希腊最早建立图书馆的人，也是教给埃及国王如何建立图书馆的人。古希腊最著名的图书馆便是亚历山大城的图书馆，是由亚历山大及其继承者建立的，兴旺约 200 年。公元前 48 年，部分毁于罗马入侵者的战火。391 年，又被基督教在该地的主教狄阿非罗斯视为异教文化而加以摧毁。经此两次浩劫，该馆藏书或毁灭或散失，成为人类文化的一大损失。

5. 我国古代的图书馆

我国是世界文明古国之一，殷商时代（公元前 1600 年—前 1046 年）是我国古代图书馆的开端。商代，国家政权进一步加强，经济显著发展，青铜冶炼技术发达，成熟的文字体系即甲骨文逐渐形成。根据考古发现和史料记载，我国殷商时代不仅保存着大量文献典籍，还出现管理这些文献的史官。例如，《尚书·多士》记载："惟殷先人，有册有典。"这里的册典说的就是商代的史料典籍。19 世纪末，考古学家在我国安阳殷墟发现了大量的甲骨文片，是我国所发现的最早的文献记录。据甲骨卜辞记载，为了保存管理越来越多的文献，商代设有史、御史、大史、作册等史官，这些史官对甲骨文献进行管理。

（二）图书馆产生的背景

1. 文字的发明

在人类历史发展过程中，图书馆不是本身就有的，是人们在认识自然，改造自然下出现的。图书馆的产生与文字的发明、文献的出现有着密不可分的关系。远古时期，没有文字，人们通过口头语言进行交流、传递思想。但这种形式有较大的弊端，给人类带来很大困扰。随着社会生产力的发展，人类的经验知识不断增长，人们需要一种方式去记录保存这些经验知识，于是出现了结绳刻字的方法，即人类用绳子打着各种结或用刀子在木板上刻画某种痕迹符号，在此基础上，人类又出现了图形文字或图画文字，逐渐图形文字又发展成刻画符号，我国仰韶文化、龙山文化出土的陶器上就有这种刻画符号。这种刻在陶器上的刻画文字或刻画符号与我国最早出现的文字甲骨文或者青铜器上的铭文在结构、形态上有非常多的相同之处，可以看作我国文字出现的前身。纵观历史上最早的图书馆都是起源于文字被发明之后，古老的两河流域的图书馆是建立在楔形文字和泥版图书之上的；尼罗河流域的古埃及图书馆也是在象形文字发明创造之后才产生的；拥有地中海文明的古希腊，也是先创造了文字，然后才出现图书馆。由此可见，文字的产生是图书馆产生的必要前提。

2. 文献的出现

文字产生不久，或是交流传播思想，或是便于日后使用，人们开始利用文字将社会生活中的各种各样的事情记录在一定的物质载体上，最初的文献也就形成了。随着文字的产生，记载文献的载体也不断丰富，我国早期的文献载体就有甲骨、青铜器、铁器、石头、竹木、简帛等，国外早期则是用羊皮纸、泥版、纸莎草纸作为文字记录的载体。随着文献载体形态的不断增多，文献数量的种类也不断增加，相应地出现了甲骨文献、青铜文献、石头文献、简册、丝织品的书、羊皮书、泥版文书、纸草文书等。

商代先民利用甲骨文记录占卜、算卦，周朝的人们在青铜器上刻字，春秋时期、两汉时期渐趋盛行石刻，其中"石经"是石刻的典型代表，后来，随着雕版印刷术的出现，人们很少在石头上刻字了。不论是甲骨文、铭文还是石刻文献，既不便于书写，也不便于携带，之后简册和丝织品的书便出现了，简册就是用竹片和木板做的书，人们用毛笔在竹木上写字，然后用麻绳、丝或牛皮将它们串联成书，这种竹木简书在春秋战国、秦汉时期流行。丝织品的书顾名思义就是在帛、素、缯、缣等丝织品上作书，同样流行于秦汉三国之际。由于简帛方便阅读、保管、携带，以简帛为文献载体出现了大量的重要著作，如史学、文学、自然科学方面的著作涌现出来，因此这一时期也被称为简帛时代。

由于文献内容不断丰富，文献数量逐渐增多，在原来保存的基础上，还要对文献进行集中收集整理，对文献进行管理的专门人员和专门机构也随之产生。可以说，文献的出现是图书馆产生的直接原因，而保管文献的需要是图书馆产生的客观条件。

3. 社会生产力发展水平的提高

图书馆的产生与发展由社会生产力水平所决定。社会生产力水平较发达的地区，往往率先出现图书馆，图书馆的发展也十分迅速。原始社会生产力低下，这一时期剩余产品和生产资料私有制还没有出现，社会劳动分工不明显。奴隶社会生产力大大提高，生产资料私有制建立，出现了阶级分化，统治阶级不再直接从事物质资料的生产，而是依靠剥削压迫获取生活资料。社会生产力水平的提高，极大地促进了人类物质文明的发展，为统治阶级从事精神领域的活动（修建王室图书馆、大量收藏文献图书）奠定了基础。

社会生产力的提高加速了社会分工，社会分工又促进了图书馆的产生和发展。当社会生产力不断提高，发展到一定历史阶段时，人们对自然界的认识不断深化，知识进一步得到积累，需要专门管理知识积累环节的社会分工，用以解决人类对继承知识的更高要求。图书馆专职人员就产生了，而各个历史时期所具有的不同规模的图书馆只不过是这种社会分工在各个历史时期与人类继承知识的活动规模相适应而发展的具体形态罢了，即人类继承知识活动的规模越大，社会分工越精细化，图书馆的规模也就越大。

文字和文献的产生，本身就是生产力发展的结果。生产力的发展，一方面为文字和文献的产生提供了必要的前提——人们为了组织社会生产和生活，进行行政管理，记录生产经验，进行统计等，对文字的产生提出了要求；另一方面，生产力水平的提高，也为文字和文献的产生提供了物质基础——书写工具和记录载体。不论这种工具和载体多么简陋，但它们的出现本身就标志着人类社会文明的进步。因此，社会生产力的发展，也为图书馆的产生提供了必要的条件。反之，图书馆的出现，也对社会生产的发展起到了积极的推动作用。

二、图书馆的发展

从国内的图书馆到国外的图书馆，从古代的档案收藏机构到现代的全面计算机化管理的数字图书馆（digital library），图书馆经历了漫长的发展过程，有着顽强的生命力。了解图书馆的历史和现状，有助于我们把握图书馆的未来，更好地促进图书馆发展。

（一）我国图书馆的发展史

我国图书馆发展史是一部社会进步史，图书馆的发展可以看作社会发展的缩影，我国图书馆经历了一个漫长的发展过程，结合我国历史分期，将我国图书馆发展史分成四个历史时期：20 世纪以前、20 世纪前半叶、新中国成立以后到改革开放时期、改革开放至今。

1. 20 世纪以前

我国 20 世纪以前的图书馆以藏为主，这一时期图书馆的发展史就是图书馆的藏书史，我国藏书系统分为官府藏书、私人藏书、寺观藏书（含道藏、佛藏）、书院藏书四种形式。

1）官府藏书

从先秦到清朝，官府藏书经历了萌芽、发轫、成型、成熟、衰落五个阶段。在漫长的藏书历史中，藏书处所、职官设置与藏书管理、官府藏书的利用与特点都在不断变化，并逐渐积累了成熟的藏书管理制度和管理方法。

（1）藏书处所。夏朝设置了收藏图书的专门处所，即宗庙。对于周代藏书处所，文献记载中有龟室、图室、太史府、盟府。至春秋时期有周府、公府，战国时则称为府库、周室、秘室，秦王朝储存图书的处所有明堂、石室、金匮。两汉官府藏书之处甚多，西汉内府（宫殿之内）有兰台、延阁、广内，外府（宫殿之外的官署）有石室、金匮、石渠等。东汉的官府藏书处所有石室、兰台、东观、仁寿阁等。其中，东观是东汉最重要的官府藏书处所。秘书阁、中阁、外阁三阁为三国时期曹魏政权的国家藏书处。东观为三国时期蜀、吴政权的国家图书收藏处。西晋基本上沿袭汉魏旧制，以兰台为外台，以秘阁为内阁，并保留了御史中丞掌兰台图籍的传统。东晋官府藏书基本与西晋相同，但因藏书量骤减，藏书处仅有秘阁一处。秘阁、东观为北魏官府藏书处所。隋唐两代的官府藏书主要藏在西京长安和东都洛阳两地，分为皇室藏书和官府藏书两种。宋代为皇帝所设的皇家藏书机构主要有太清楼、翰林书院、龙图阁等，中央官府藏书有史馆、昭文馆、集贤院、秘书省等。元朝中央藏书机构主要有秘书监、奎章阁、国史院等。明代的藏书机构有文渊阁、东阁、文华殿等。清朝的藏书机构除内阁、翰林院、国子监等处收藏文献典籍外，在《四库全书》编纂完成后，修建了收藏《四库全书》的"七阁"，即文渊阁、文津阁、文源阁、文溯阁、文宗阁、文汇阁、文澜阁。

（2）职官设置与藏书管理。在职官设置与藏书管理上，我国早期图书档案的管理与史官的联系十分密切。专门掌管图书档案的人被称为史官。根据甲骨卜辞记载，商代所设史官有史、御史、大史等。周代的官府藏书管理制度较夏、商有很大的发展。秦朝将宫廷与官府的藏书分开管理，宫廷藏书主要供皇帝取阅，由御史职掌，官府藏书则按职能部门分藏分管。西汉内府藏书由御史中丞负责掌管，而外府藏书由太常、太史掌管。东汉博选术艺之士委充东观专官，设置秘书监，专事掌典图书及古今文字，考核异同。三国时魏、蜀、吴设有"秘书令""中书令""秘书监"等官专门负责管理藏书。魏晋时期由秘书监负责掌管国家图书收藏和校理。唐代的藏书机构各处均分设专门官员，由秘书省组织图书的收集、整理、抄录。宋代设"秘书省"领导，官员有"秘书监""秘书少监""秘书丞"，下面还有"著作郎""著作佐郎"等对图书进行收藏管理。元朝设秘书监。明朝置秘书监，设令、丞、直长等官员，掌管内府书籍。清代为了管理官府藏书，特设文渊阁职，下有领阁事、直阁事、校理、检阅等官职。

（3）官府藏书的利用与特点。古代官府藏书的目的主要有三个，一为王室贵族服务，二为兴办官学，三为用于修撰国史、编制国家书目以及编撰和出版大型类书、丛书。就其特点而言，夏、商、周三代的官府藏书兼具档案和图书的两种属性，是档案史和藏书史共同的源头。此后，官府藏书不断发展，藏书处所扩建，藏书数量增多，藏书种类丰富多样，不仅收藏文学、史学著作、书画和有关天文、占卜之书等，还收藏波斯等外文典籍。与此同时，藏书职官的设置以及相应的管理方式也日渐条理成熟。值得一提的是，清代建立了从中央到地方，遍布南北的、健全的官府藏书体系。

2）私人藏书

随着社会经济政治文化等各方面的发展进步，出现私人藏书，由此私人藏书不断发展成熟起来，成为我国古代藏书中的重要的一部分，在典籍整理、重建国家藏书体系、传播文化等方面发挥着重要作用。本节主要从私人藏书背景、发展状况、来源、特点等方面对我国古代时期的私人藏书进行介绍。

春秋战国，私学蓬勃兴起，私人藏书开始出现。私人藏书主要以诸子藏书为主，孔子是文献记载的第一位私人藏书家。诸子藏书为了用而藏，或宣传自己的学说主张而广收门徒弟子，或利用著述及藏书游说诸侯。

秦始皇"焚书坑儒"严重打击了私人藏书活动。两汉时期私人藏书发展缓慢，处于私人藏书的兴起阶段。秦汉时期的藏书家，一般是宗教贵族、朝臣官吏。东汉的私人藏书家，有蔡邕、杜林、郑玄、楼烦班氏等。

魏晋南北朝时期，私人藏书家主要是望族大姓，还包括一些士族藏书世家，他们治学和藏书传统深厚。私人藏书在数量、品种和规模上相比前代都有较大发展，私人藏书活动丰富，重视藏书的校勘与利用。

隋唐时期，社会繁荣发展，雕版印刷术发明，图书形制便利，私人藏书事业进一步发展，藏书家可通过多种途径获得藏书，藏书管理方式渐趋完善，开始关注专藏。

宋代私人藏书普遍，许多藏书家都是父子兄弟相继。私人藏书主要来源于购书、抄书、赠书三种形式。宋代私人藏书的特点是种类丰富，收藏目标不仅局限于图书，还涉及书画、金石及碑刻等。

元代藏书读书之风浓厚，在藏书家中，汉族知识分子占多数，间有蒙古人和色目人。藏书家的藏书多来自宋金或继承了前代遗留。元代藏书家的藏书是为了利用，由此产生了许多杰出的学者和教育贤士。

明代，藏书丰富、藏书家众多、分布地域广泛。明代的宗室藩王藏书家是明代藏书史上的一个特殊群体，明代藏书家通过抄录获得图书，对图书进行校刊整理，利用藏书进行著书立学。

清代藏书事业繁荣，藏书家人数众多，藏书规模庞大，清代的藏书家们还注重对书籍整理和管理经验的总结，诞生了一大批藏书理论方面的著作，极大地丰富了我国古代藏书史、目录学史的研究。

3）寺观藏书

寺观藏书是我国古代藏书史的一大藏书体系，早期以收藏佛教经书为主，后来也包括大量的道观藏书。寺观藏书始于东汉时期，这一时期，寺观藏书处于萌芽状态。魏晋南北朝时期，佛教寺院藏书体系日益成型与完善，兼具收藏、编写、管理于一体。隋唐两朝，我国宗教事业发展到了全盛时期，佛教译经事业十分繁荣，藏经的概念正式形成，道观藏书也有了很大的发展。宋代宗教藏书不仅总体数量增加，而且品类丰富，藏书规模进一步扩大。特别是《大藏经》的刊印，极大地促进了佛教藏书的发展。佛教在元朝兴盛，甚至上升为国教，这一时期的寺观藏书发展繁荣。明代统治者一般都信奉佛教或者道教，佛道二教在明代均取得了一定的发展。清代宗教藏书方面，刊刻了满蒙汉藏多种文字的《大藏经》，为保存佛教典籍做出了突出贡献。

4）书院藏书

书院的名称最早出现在唐代，书院藏书随着书院的出现而兴起，书院从其性质上来说是一个教育机构，广收图书、聚徒讲学是书院教育的本质特征。书院要实现其教育教学的职能，必须具备一定数量的藏书。

（1）书院藏书的兴起。书院始于唐代，科举制度促进了书院的产生。从其资金来源来看，可分为官办和民办两种，官办书院更多的是作为皇家的藏书机构，与后来承担教育功能的书院有本质上的不同。民办书院出现得比较早。从藏书规模来看，民办书院的藏书规模较官办书院要小，一般藏书数千卷。唐末五代，社会战乱，官府藏书因战争受到破坏，此时书院藏书担负一定的保存典籍、延续文化的职责。总体而言，唐代书院与后代相比，制度还不是十分完善，藏书规模也比较有限，但是书院藏书的出现，标志着我国古代四大藏书体系至此已基本完备，书院藏书也是对官府藏书的有力补充。

（2）书院藏书的发展。宋代书院闻名天下，北宋初年，书院数量较少。而到了南宋时期，书院与官学并行发展。宋代书院的性质有官立、半官立与私立之分，其目的多是为科举考试服务，个别由著名学者主持的书院具有一定的学术性，他们以书院为中心从事教学研究。元代书院较宋代有所发展，大部分书院已具有官学化的性质，书院作为元代的一种重要的教育形式，也作为一地的最高学府，在藏书读书和学术文化发展中发挥了重要作用。明代书院数量众多，藏书丰富，是整个明代社会藏书体系的重要组成部分。随着书院的不断发展和完善，同时也受到明代私人藏书风气的影响，明代书院藏书管理制度也逐渐完善。明代的书院一般都设有借阅制度，内容包括登记、限额、惩罚和查验等。

（3）书院藏书的兴盛。清代是我国书院发展盛极而衰的时代。清代书院分布广，藏书管理严格，自成体系。清代书院藏书的管理制度有了很大的进步，工作程序已经走向规范化、程式化、近代化。其主要包括典藏制度和借阅制度。典藏制度包括图书登记入账、图书分类和图书编目；借阅制度包括专职人员管理制、借阅手续、册数、限期规定、损坏图书的处罚措施等。

在此时期，图书馆也孕育出了比较成熟的藏书理论和方法。

春秋战国时期，在藏书理论方面的贡献突出地表现在图书分类上。以孔子为代表的儒家学派，积极整理上古典籍，对"六艺"进行划分，同时先秦诸子十分注重对各家学术史的梳理，这在一定意义上可以看作我国传统分类学的滥觞。

两汉时期，刘向、刘歆父子的《别录》和《七略》开创了我国目录学研究的传统，他们将古代的分类思想应用于图书整理，正式提出了图书分类法。班固的《汉书·艺文志》根据刘歆的《七略》增删改撰而成，是我国现存最早、最完整的一部目录学文献，同时开创了史志目录的先河。

魏晋南北朝时期，四部分类法逐步取代六分法成为后世主要的图书分类方法。唐代编撰的《隋书·经籍志》在我国图书书目分类史上具有里程碑式的意义，结合前代各家书目分类体系之长，充分吸收了荀勖《中经新簿》四部分类的成果，明确了经、史、子、集四部类名，最终确定了四部分类法在我国书目分类史上的统治地位。

宋代的藏书理论、方法与思想主要体现在目录学家和著作上，宋朝官修目录《崇文总目》对宋代图书补缺和辨别真伪起到了重要作用，其分类著录方法对后世的目录学研究有着深远的影响。郑樵所总结的"求书八法"是对我国图书馆学思想的一大贡献。

明代藏书家在总结前人经验的基础上，结合自己的藏书实践，在藏书理论和技术方法方面进行了有益的总结和探索。在藏书理论方面，主要表现为藏书价值观、购书鉴书方法和书目编撰理论等；在技术方法方面，主要有藏书楼建筑设计、藏书管理和图书保护方法等。

清代，关于整理图书的知识——"目录学"，有关鉴定图书的知识——"版本学""校勘学"，以及图书的访求、整理、庋藏、保管、管理与利用方面的知识和理论都得到了进一步发展并日趋完善。

2. 20 世纪前半叶

19 世纪末，我国社会动荡不安，传统文化遭到严重破坏，藏书事业也受到影响。20 世纪初，西方图书馆学思想传入中国，我国的传统藏书楼走向衰落，公共图书馆开始出现。

20 世纪前半叶的图书馆的发展经历了公共图书馆运动（1901—1911 年）、新图书馆运动（1911—1927 年）、图书馆的发展（1927—1937 年）和图书馆的衰落（1937—1945 年）四个历史时期。

1）公共图书馆运动（1901—1911 年）

20 世纪初，清政府为了维护统治，不得不采取"变法新政""预备立宪"。同时在西方图书馆思想观念和京师大学堂藏书楼的影响下，我国出现了第一批由地方士绅或疆臣创办的公共藏书楼。例如，浙江士绅徐树兰在绍兴创办"古越藏书楼"；1903 年，浙江士绅张亨嘉在杭州创办"浙江藏书楼"等。随后，改民间公共藏书楼为官办公共图书馆，相继奏设了一批公共图书馆，不久，我国又产生了一批官办公共图书馆。例如，1909年，学部奏设京师图书馆；1909 年，山东巡抚袁树勋奏设山东图书馆；1909 年，山西巡抚宝芬奏设山西图书馆等。这一时期，我国掀起了一股公共图书馆运动之风。

2）新图书馆运动（1911—1927 年）

清末新政期间，我国公共图书馆运动不断开展，但此时的图书馆带有浓厚的藏书楼的传统，并不具备成熟的具有西方性质的管理制度和服务体系，大多数图书馆限制入馆者身份、采取收费服务。于是，继公共图书馆运动之后，我国又掀起了一场抨击传统藏书楼陋习，倡导模仿欧美图书馆建设新式图书馆的新图书馆运动。

1910 年春，美国图书馆学家韦棣华（Mary Elizabeth Wood，1861—1931 年）女士在武昌文华大学创办了文华公书林（Boone Library），标志着新图书馆运动的兴起，同时文华公书林也是我国第一家近现代公共图书馆。文华公书林完全按照美国公共图书馆的理念、方式创办。同时韦棣华女士资助沈祖荣先生、胡庆生先生赴美国纽约公共图书馆学院（New York Public Library School）留学。1916 年，沈祖荣先生学成回国后，积极在全国各地宣传欧美现代图书馆事业，在全国掀起了新图书馆运动。为了加快我国图书馆事业发展，1920 年韦棣华女士与沈祖荣先生共同创办了我国第一个图书馆学教育机构——文华图书科（Boone Library School）。

此外，韦棣华女士为了能将美国退回的庚子赔款用于我国图书馆事业而奔走呼号。同时，1925 年，中华图书馆协会成立，新图书馆运动达到了高潮，新图书馆在全国各地纷纷建立。

3）图书馆的发展（1927—1937 年）

南京国民政府的成立结束了南北军阀长期混战的混乱局面，图书馆进入短暂的繁荣发展阶段，随着图书馆政策、法规的相继颁布，各类型图书馆都得到较大发展，公共图书馆的数量日渐增加，且规模不断扩大，省立图书馆、县立图书馆、民众教育馆纷纷建立，教会大学图书馆的发展也形成了一定的规模，与此同时，私立图书馆也发展快速。稳定的社会环境为图书馆的发展奠定了良好的基础，这一时期，图书馆界的交流与合作，图书馆的专业研究和专业教育，开始稳步发展，呈现出 20 世纪上半叶的繁荣局面。

4）图书馆的衰落（1937—1945 年）

抗日战争期间，我国图书馆事业遭到严重的破坏。其中，东北地区、东南地区的图书馆破坏程度最大。我国文化典籍被日寇焚毁或者劫掠，图书馆数量骤减，图书馆专业期刊纷纷停刊，图书馆专业著作屈指可数，图书馆学专业教育艰难发展。在如此困难的条件下，图书馆积极配合教育体制向战时转变，开展战时图书馆的文献收集和读者服务工作；中华图书馆协会不忘图书的收集保存，呼吁政府资助图书馆的发展，加强中外图书馆的交流，积极谋求图书馆的恢复和发展，为我国图书馆事业的延续与发展做出了很大的贡献。

3. 新中国成立以后到改革开放时期

1949 年 10 月 1 日，中华人民共和国成立，我国图书馆事业由此进入现代发展时期，新中国成立以后到改革开放时期的图书馆发展历程大致可分为三个时期：新中国图书馆事业创建与初步发展时期（1949—1956 年）、新中国图书馆事业曲折发展时期（1957—1965 年）、我国图书馆事业受到严重破坏的非常时期（1966—1976 年）。

1）新中国图书馆事业创建与初步发展时期（1949—1956 年）

新中国成立初期，由于图书馆长期遭受战乱处于凋零状态，文化部首先对旧有图书馆进行接收和整顿，并建设新馆，并对各类型图书馆制定相关的方针政策。这使得图书馆得到了迅速发展，图书馆数量大幅增加，规模不断扩大，馆藏建设、图书整理等基础业务工作朝着正规化方向迈进，借阅服务、讲座服务、文献展览服务等图书馆服务工作逐步开展起来。此外，在图书馆学术研究、图书馆学教育上，受苏联图书馆学思想的影响较大，这一时期被看作新中国图书馆事业发展的开端。

2）新中国图书馆事业曲折发展时期（1957—1965 年）

1956 年，中共中央发出"向科学进军"的号召。为了组织、协调各类型图书馆进行科学研究服务，国务院于 1957 年颁布了《全国图书协调方案》，它标志着我国文献资源整体化建设的开端，在一定程度上推动了我国图书馆事业的发展。1958—1960 年，由于受到错误的方针政策的影响，图书馆在数量上大起大落、图书馆业务工作无序、图书馆学研究和教育进展缓慢。1961 年 1 月，中央提出"调整、巩固、充实、提高"八字方针，随后，国家制定相应的方针政策并对图书馆进行一系列的整顿调整，使得图书馆的业务基础工作、读者服务工作得到较大进展，同时在图书馆学学术和教育上，开始试图走我国自己的路子，建设我国特色的图书馆学。

3）我国图书馆事业受到严重破坏的非常时期（1966—1976 年）

1966—1976 年，图书馆事业从总体来看处于停滞倒退的状态。许多图书馆被迫关闭或停办，人员流失严重，大量书籍遭到破坏，图书馆工作、图书馆学术研究无法正常进行，图书馆学专业也停止招生，我国图书馆事业受到严重冲击。到了 20 世纪 70 年代，图书馆事业有所好转，慢慢恢复正常并取得了一定的发展，如《中国图书馆图书分类法》（现称《中国图书馆分类法》，简称《中图法》）、《汉语主题词表》的编制，机读目录的引进和使用等。

4. 改革开放至今

1978 年 12 月 18 日到 22 日，党的十一届三中全会召开，会议揭开了我国社会主义改革开放的序幕，我国进入改革开放新时期。改革开放以后的图书馆的发展大致分为三个时期：新中国图书馆事业快速发展时期（1977—1989 年）、我国图书馆向现代化转型时期（1990—1999 年）、我国图书馆事业大发展大繁荣时期（2000 年至今）。

1）新中国图书馆事业快速发展时期（1977—1989 年）

20 世纪 70 年代末到 80 年代末，我国处于改革开放的浪潮，这一时期，国家和政府非常重视图书馆事业的发展，制定了一系列的政策、措施、条例指导图书馆事业建设。图书馆经费增加，图书馆馆藏数量迅速增长，资源类型趋于多样，文献资源建设的协作协调活动蓬勃开展，图书馆业务工作走上正轨，图书馆自动化建设取得重要进展，图书馆为读者服务的观念加强，图书馆积极建立健全各类规章制度，各种形式的图书馆学教育空前发展，图书馆学术活动十分活跃，国际合作与交流日益频繁。这一时期，是我国图书馆事业发展的黄金时期之一。

2）我国图书馆向现代化转型时期（1990—1999 年）

与 20 世纪 80 年代相比，20 世纪 90 年代的图书馆事业发展迎来了前所未有的机遇，信息技术突飞猛进，互联网开始进入我国，给图书馆带来了革命性的变革。在这期间，国家出台一系列图书馆事业管理的方针政策，图书馆开始适应市场经济体制的改革探索，图书馆自动化、网络化取得重要成就，数字图书馆建设起步，图书馆信息资源共建共享得到实质性的进展，越来越重视图书馆的服务手段、服务效益和服务质量，图书馆学术活动依然十分活跃，图书馆学专业教育越来越现代化，图书馆事业的国际交流与合作日益频繁。1996 年在北京召开的国际图书馆协会联合会（International Federation of Library Associations and Institutions，IFLA）大会上，我国图书馆事业受到国际关注，为我国图书馆事业的发展带来新的契机。

3）我国图书馆事业大发展大繁荣时期（2000 年至今）

21 世纪，我国社会主义事业取得较大进步，文化教育事业也得到政府的大力扶持，图书馆作为其中的重要组成部分，在这一时期，也取得了空前的发展。各类型图书馆发展开始从量的增长转向质的飞跃，图书馆事业发展战略规划与法治化建设取得重要进展，信息资源共建共享开始真正惠及于民，公共图书馆服务体系建设取得重大进展，图书馆学研究成果显著，图书馆学教育在改革与创新中不断发展，图书馆事业的国际交流与合作不断拓展和深入。我国图书馆事业开始走向大发展大繁荣时期。

（二）国外图书馆的发展史

国外图书馆发展历史悠久，根据图书馆的性质和特点，将国外图书馆的发展分为三个历史时期：从文献整理活动到 19 世纪中叶、从 19 世纪中叶到第二次世界大战、第二次世界大战至今。

1. 从文献整理活动到 19 世纪中叶

图书馆起源于西方，古代两河流域是人类文明的最早发源地之一，苏美尔人创造了楔形文字，并在泥板上刻字，泥版文书便是世界上最古老的图书之一。古巴比伦是世界最早出现图书馆的国家之一，1889—1900 年，美国考古学家在伊拉克境内尼普尔的一个寺庙废墟附近，发现了许多泥版文书，内容有关于神庙的记载、献给古巴比伦国神的赞美歌、祈祷文以及苏美尔人的神话等。

公元前 7 世纪，亚述巴尼拔国王建立皇宫图书馆，它位于首都——底格里斯河上游的尼尼微。亚述巴尼拔的图书馆藏数量众多、种类丰富，是研究亚述王国以至整个古代两河流域历史的重要资料。

古埃及图书馆在古王国时期就已经建立，主要收藏泥版文献和纸草文献，国家财政经济实力雄厚，有能力建立皇宫图书馆，古埃及以皇室和神庙图书馆居多，私人图书馆也有一定的发展。

公元前 4 世纪，各哲学流派在古希腊雅典产生，柏拉图和亚里士多德都拥有一定规模的私人图书馆，也出现了体育学校图书馆和医学专门学校图书馆。这一时期，托勒密一世祖孙三代建成了亚历山大图书馆，亚历山大图书馆藏书量十分丰富，不仅包括古希腊文献，还包括其他地中海等地区的文献。亚历山大图书馆的馆长都是著名的学者。

公元前 2 世纪，古罗马开始注重图书搜集，古罗马图书馆的馆藏主要来自于对古希腊的掠夺。随着古罗马的强大，罗马人不断扩张领土，侵略古希腊、古埃及、古巴比伦等国，并将这些国家的图书作为战利品带回古罗马。恺撒当政时期，为了巩固政权，发展文化，约于公元前 37 年建成罗马史上第一所公共图书馆，由此公共图书馆也开始兴起，公元 4 世纪初，古罗马公共图书馆发展已经形成一定的规模。到 5 世纪，古罗马已有公共图书馆 28 所，所藏图书不下 10 万卷。此外，古罗马的私人图书馆数量和规模也相当可观，西塞罗、瓦罗是当时著名的藏书家。

公元 5 世纪后期，欧洲进入中世纪。宗教思想取代了古希腊、古罗马的文化，文化成为宗教的专利品。这一时期图书馆事业处于停滞阶段，图书馆依附教堂之下。修道院重视对书籍的搜集，藏书事业有一定的发展，其所有藏书按照学科进行分类，并指派专人负责管理。

中世纪，大学图书馆兴起。较早的大学是意大利北部的波伦亚大学，而较著名的大学有大约建于 1150 年的法国巴黎大学、1167 年建立的英国牛津大学、1366 年建立的德国的查理学院等。这些大学在发展过程中逐步设立图书馆，向各类学者开放使用。可是大学图书馆的藏书用长长的铁链子拴住，可以阅读，却无法外借。

文艺复兴运动极大地推动了图书馆事业的发展。这个时期的图书馆可以分为三类：一是人文主义者的图书馆；二是国王、君侯、贵族等统治阶级的图书馆；三是天主教的梵蒂冈图书馆。图书馆的管理方式和图书馆建筑都有一定的改进。

《英国图书目录》作为现存最早的联合目录，与《世界总书目：拉丁文、希腊文、希伯来文全部书籍目录》两本书是在这一时期出现的重要的书目成果。此外，1537 年法国制定了世界上最早的呈缴本制度，至此一直延续至今。17 世纪以后，全国性的图书馆在许多国家纷纷建立，法国国家图书馆和英国大英博物馆是两个著名的国家图书馆。

从 18 世纪至 19 世纪中期，在英国和美国，各种类型的小型图书馆、读书会、租书店广泛出现。期间，诸如教区图书馆、租借图书馆、机械工人学校图书馆、会员图书馆等大量出现。其中会员图书馆最具典型意义，它是近代公共图书馆产生的先声。

19 世纪中叶左右，专业图书馆也开始出现，并得到发展。专业图书馆最早出现在英国，后来，德国、美国的专业图书馆发展迅速，德国自然科学图书馆、美国哲学学会图书馆、费城医院图书馆是典型的代表。

2. 从 19 世纪中叶到第二次世界大战

随着资本主义制度的形成，这一时期的图书馆在前一阶段图书馆发展的基础上演变而来。其主要标志是公共图书馆的建立。18 世纪末的法国资产阶级革命，推动了西欧各国图书馆事业的蓬勃发展，促进了公共图书馆的普及。19 世纪初，许多国家逐渐建立了公共图书馆，英国于 1850 年颁布了建立公共图书馆的法令，1852 年在曼彻斯特建立了第一所公共图书馆，到 1900 年英国共建立了 300 所公共图书馆。美国于 1854 年在波士顿建立了公共图书馆。19 世纪末到 20 世纪初，世界上绝大多数国家都建立了公共图书馆。

这一时期，西欧和美国等地的图书馆以及图书馆行业组织、图书馆学教育发展十分迅速，美国国会图书馆是当时全世界规模和影响力最大的国家图书馆。在图书分类编目方面，《杜威十进分类法》（简称《杜威法》）影响最大、分类最广。19 世纪末 20 世纪初，美国几乎各大型公共图书馆都展开了参考咨询服务。随后不久，馆际互借在西欧各国的图书馆中也相继发展起来，并成为服务读者的重要形式之一。19 世纪 70 年代，美国图书馆协会（American Library Association，ALA）的成立带动了各国图书馆行业组织的建立，图书馆专业期刊发刊量大大增加，图书馆学术交流日益活跃。此外，图书馆学教育兴起，图书馆工作开始迈向专业化职业教育行列。具有代表性的便是美国图书馆协会图书馆学教育委员会成立、哥伦比亚大学图书馆研究生院成立等。

3. 第二次世界大战至今

第二次世界大战以后，图书馆事业发生了巨大的改变。尤其是现代技术在图书馆的应用，给图书馆带来了一场革命性的变化。图书馆在方方面面都取得了实质性的进展。

首先，第二次世界大战后，亚洲和非洲一些国家纷纷独立，使国家图书馆数量大增。人权、民主、包容等理念开始渗透到图书馆职业理念之中，《公共图书馆宣言》《图书馆权利宣言》相继颁布。大学图书馆、专业图书馆有了更进一步的发展。图书馆国际组织不断增多，图书馆的国际交流合作日益频繁。

其次，电子计算机和现代通信技术应用于图书馆，改变了储存知识的形式和获取知识的手段，使得图书馆工作方法渐趋机械化、自动化，MARC（machine-readable catalog，机读目录）是电子计算机应用于图书馆的标志性事件。光学记录技术、声像技术在图书馆的应用又使得图书馆馆藏内容发生改变。研究报告、学位论文等"特种文献"以及缩微胶卷、缩微胶片、磁盘之类新的出版物成为馆藏的重要组成部分。图书馆网得到发展，馆际互借由国内发展到国际，图书馆立法受到各个国家的重视，图书馆建筑渐趋现代化。这些集中体现在图书馆馆藏布局模式的巨大改变、图书馆基础设施的智能化以及空间再造的兴起。读者工作、参考咨询等图书馆工作和图书馆服务发生根本性变化，由被动服务向主动服务转变，且服务不断深化。

（三）图书馆发展的历史分期

图书馆发展的历史分期实质是对图书馆的发展阶段进行科学划分，并为每个阶段确定一个明确的、可识别的标志，也可以理解为以发展阶段或发展水平为标准来划分图书馆的类型。对图书馆发展进行历史分期划分，不仅有利于我们更好地了解认识图书馆的发展，而且有助于制订图书馆事业总体发展规划。

图书馆发展的历史分期在系统的范畴内被称为图书馆的时间结构。图书馆系统结构的变化制约图书馆的时间结构，当图书馆系统结构的变化引发图书馆的功能变化时，图书馆就从一种形态发展到另一种形态。图书馆的功能变化在反映图书馆的结构变化的同时，也反映了社会对图书馆需求方式的变化，并且会影响图书馆的社会地位、图书馆的工作方法。因此，我们将图书馆功能的变化作为图书馆分期的依据，将图书馆分成第一代图书馆、第二代图书馆和第三代图书馆。

第一代图书馆就是以收藏为主的图书馆，第一代图书馆大多具有以下特征：有一定规模的藏书、藏书有专人管理、藏书经过组织而排列有序便于查找等。世界上最开始的图书馆就可以看作第一代图书馆。第二代图书馆注重文献信息的提供和利用。第一代图书馆向第二代图书馆的过渡，表明图书馆的社会功能由"收藏机构"向"服务机构"转变，图书馆走向开放。第三代图书馆的特点是主动服务，第三代图书馆的工作范式由"被动服务"向"主动服务"转变，从"我们到图书馆去"转变为"图书馆来到我们中间"，第三代图书馆不仅强调将现代化的服务理念运用到图书馆中，还强调图书馆的服务质量与服务效果。

1. 第一代图书馆

1）产生背景

第一代图书馆发端于奴隶社会，发展成熟于封建社会。第一代图书馆产生于文字发明、文献出现以后。第一代图书馆所处的社会生产力发展水平比较低下，受社会物质生产条件的制约，社会是不可能超越其本身能力来支持和负担大量专门从事社会知识创造与生产，以及知识交流的社会职业队伍的，这就从根本上规定了社会知识成果的数量发展水平，规定了文献增长和社会拥有量。科学知识作为推动社会生产力发展的重要力量还没有显示出来。记录知识的技术手段和负载知识的物质材料受到了生产条件的制约，数量上还十分有限，客观上限制了交流规模，也制约图书馆的发展。同时，封建社会的物质生产方式是封闭式的，自然经济阻碍了社会交往，再加上封建专制政治和强大宗教力量对思想的桎梏，知识为少数人占有，劳动者大都是文盲。这种历史环境下的第一代图书馆形态，只能是少数的知识拥有者的封闭式的藏书楼形态，基本上属于宫廷和宗教的附属品。

2）特点

从世界范围来看，第一代图书馆有以下特点和作用。

（1）第一代图书馆注重文献信息的收藏，以收藏为主，这一时期普遍将收藏图书文献的机构或处所称为藏书楼。

（2）收藏图书文献的载体，主要是石头、甲骨、铁器、竹简、缣帛、泥版、纸草、羊皮、纸。记录形式主要是直接书写、雕版印刷等，讲究版本的精良和目录的详细，性质上注重保存性。由于古代图书大多载体笨重或是手抄的，数量较少，较珍贵，基本没有复本，馆外流通较少。

（3）第一代图书馆较为封闭，图书文献不对社会广大读者开放，仅为上层统治阶级、贵族特权等少数人利用，对图书文献的收藏管理具有功利性和实用性，主要是为了维护和巩固统治。

（4）第一代图书馆重视图书文献的收藏和保管，是其职能和任务的主要体现。第一代图书馆为后世积累和保存了大量的文献典籍与史料，对人类文化的持续发展做出了巨大的贡献；促进了当时社会政治、经济、文化的发展，同时经过长期的藏书实践，也创造了搜集与整理图书的宝贵经验和方法，为图书馆学的形成积累了资料，成为图书馆学知识体系中不可缺少的组成部分。

2. 第二代图书馆

1）产生背景

第二代图书馆是伴随着资本主义生产方式的出现而由第一代图书馆转变而来的。第二代图书馆的主要标志是公共图书馆的建立。

文艺复兴运动冲破了宗教势力的桎梏，19世纪中叶英国资产阶级革命，敲响了封建统治的丧钟，然后经过200多年的大动荡、大改组，终于确立了资本主义制度，世界进入了近代史时期。随着资产阶级革命的成功，社会政治、经济、科学、文化得到了迅速的发展，从而为图书馆事业的发展开拓了广阔的前景。首先，新兴资产阶级提倡个性自由和精神解放，要求打破封建的文化垄断，从根本上动摇了封建藏书楼的基础。其次，资产阶级教育的普及，文化启蒙运动的开展，不仅要求从事大机器生产的工人掌握劳动生产技能，还要求一般市民普及科学文化知识，图书阅读成为一种社会需要。再次，近代科学的发展，远洋航路的开通，世界市场的形成，人们频繁的交往活动，也要求图书馆作为广泛传递知识信息的机构而存在。最后，工业革命改进了造纸技术和印刷技术，解决了多种书籍快速生产的问题，使图书馆的藏书增多，复本增加，为更多的人同时利用图书馆创造了物质条件。

2）特点

从世界范围来看，19世纪中叶至第二次世界大战结束这段时期的图书馆，称为第二代图书馆。这一时期图书馆的特点是：从宫廷或私人占有转向社会化，从着重收藏转为收藏与利用并重，性质上强调社会性，重视向社会开放，为社会服务。收藏的图书文献载体，多是纸张印刷的出版物，易于在读者中流通。第二代图书馆除了继续履行古代图书馆保存图书文献的职能外，还具有传播科学文化知识、对人们进行社会教育的职能，因此被人们誉为"知识宝库""社会大学"。

3. 第三代图书馆

1）产生背景

20世纪50年代以来，以计算机技术和网络技术为核心的现代信息技术的快速发展及其在图书馆中的广泛应用，以及Web 2.0、无线射频技术、通信技术、智能技术、大数据与云计算技术等现代先进信息技术在图书馆的推广和应用，使图书馆发展所依赖的技术手段发生了深刻的变化。现代信息技术在图书馆的广泛应用引起了图书馆职能的巨大转变。在技术化背景下，图书馆业务工作和服务的自动化、数字化、网络化、虚拟化、便捷化、智能化等成为图书馆管理与服务追求的核心目标，大大提高了图书馆管理与服务的效率和能力。

在我国，为了积极推动社会主义精神文明建设，国家要求"完善公共文化服务体系，提高公共文化服务效能"，由此正式提出了提升公共文化服务效能的命题。服务效能是衡量现代公共文化服务体系的重要指标，作为公共文化服务体系重要组成部分的公共图书馆，不断提升服务效能既是图书馆的发展要求，也是提升服务质量的重要指标。

在这样的时代背景下，第三代图书馆的工作范式由"被动服务"向"主动服务"转变。其中的"主动服务"不仅仅是向用户提供服务产品，满足用户的服务需求，更重要的是善于利用现代服务的理念和视角提升图书馆的服务效能，来增强群众的阅读质量和精神生活水平。

2）特点

第三代图书馆时期是指第二次世界大战结束至今。这时期图书文献的载体多种多样，除印刷品外，还有缩微品、录像带、磁盘、光盘等非印刷品资料。图书馆用计算机等新技术代替手工操作，实现现代化。图书馆组织向网络化、国际化方向发展，使全球范围的图书资源共享成为可能。图书馆的职能除了保存人类文化遗产、为社会服务和教育外，还有情报信息的选择、传递、交流及智力资源的开发等。图书馆由被动服务变为主动服务，服务内容多种多样，服务向深度和广度进军，尤为重视服务效能的发展。

随着社会发展需要，图书馆必将再次迎来转型升级。第一代图书馆、第二代图书馆、第三代图书馆到将来的第四代图书馆，图书馆不再仅是一个藏有图书的建筑物，图书馆作为"第三空间"，将被赋予更多的内涵，图书馆事业将不断向前推进。值得注意的是，第二代图书馆的出现，并不代表第一代图书馆就不复存在了，只是第二代图书馆成为这一时期图书馆的主流，第一代图书馆仍然存在。同样，第三代图书馆的到来，不意味着第二代图书馆和第一代图书馆已经消失。

三、图书馆发展的影响因素

宏观环境对图书馆的发展产生重要影响，图书馆在不同历史时期具有不同的特点，一般都与其所处的政治、经济、文化和技术环境紧密相关。

（一）政治环境

政治环境、政治制度、法律法规、方针政策、统治者的个人原因等因素都影响着图书馆的发展。稳定的政治环境（包括国际国内环境）有利于图书馆发展，动荡的政治环境阻碍图书馆的发展。社会安定、政治清明时，图书馆发展较快，反之图书馆发展较慢。世界上著名的图书馆都兴盛于社会稳定、国力强盛时期，衰落于战乱和国家灭亡之际。

最典型的就是亚历山大图书馆毁于罗马帝国的战火；我国西晋末年，八王之乱、永嘉之乱给书籍带来了浩劫，使得官府藏书屡次遭到破坏；第一次世界大战、第二次世界大战使得世界绝大部分的图书馆事业停滞不前。

政治制度方面，世界上最早的图书馆都是王室图书馆或皇宫图书馆，均产生于高度发达的奴隶制政治体制，如亚述帝国在公元前7世纪成为两河流域的强国，产生了亚述尼尼微图书馆。公元前4世纪亚历山大建立了亚历山大帝国，他和他的继承者建立了亚历山大图书馆，这是古代最负盛名的图书馆。古埃及、中国古代最早出现的王室图书馆也是处于国家高度发达的奴隶制社会中。法律法规、方针政策方面，没有汉惠帝、汉武帝颁布"除挟书之律"的广开献书之路，就没有西汉官府藏书事业的兴盛。同样，统治者实行错误的统治，图书馆发展就会遇到政治障碍。秦始皇"焚书坑儒"，先秦藏书事业遭到巨大损失。魏晋时期，政府采取多次大规模的禁书活动在一定程度上影响了私人书籍的收藏。

（二）经济发展

社会经济的发展、社会生产力水平的提高是图书馆发展的基本保障，只有社会经济发展到一定阶段，才会有多余的财政来支持图书馆的建设和发展，经济发展为图书馆的长期发展提供资金和物力保障。经济的发展促进社会精神文明的发展，在一定程度上促使社会对图书馆的需求增多，促进图书馆各方面的发展。比如，近代史上，公共图书馆的普及就离不开资本主义经济的发展。

社会经济环境在一定程度上决定了图书馆的发展水平。社会处于生产力发展的什么阶段，图书馆就相应地处于某一发展阶段。如果图书馆的发展与社会经济的发展不相适应，图书馆就会受到经济发展的制约，甚至走向消亡。图书馆发展的速度、规模、内容都必须与国家、地区经济发展水平相适应。在中国特色社会主义新时代，图书馆要紧紧围绕经济建设这一主题发展，既要跟上经济的发展步伐，也要为经济建设贡献文化力量。

（三）社会文化

图书馆是社会文化事业的重要组成部分，社会文化环境会对图书馆的发展产生重要影响。社会文化的繁荣推动图书馆的发展，积极的文化政策为图书馆事业的发展提供有力的保障。例如，古希腊、古罗马时期的图书馆曾经高度发展，这与当时高度发达的社会文化是紧密相关的；我国唐宋元明清时期，文化教育氛围浓厚、学术交流活动频繁，这极大地推动了我国藏书事业的发展。

我国进入改革开放以来，不断重视文化教育事业的发展，从实行科教兴国、文化强国战略，提倡全民教育、素质教育，到提出建设社会主义文化强国、颁布《中华人民共和国公共图书馆法》和相关法律政策以及开展阅读推广、信息素养活动等使得图书馆事业得到了空前的发展。

（四）科学技术

科学技术是图书馆发展的条件和手段，技术在促进图书馆的发展中起到了巨大的作用，图书馆藏书载体的变化，图书馆技术、方法、服务手段的进步，均与科学技术的进步分不开，图书馆在发展过程中，对物质条件和技术手段具有极大的依附性。

从远古到公元 1 世纪这一段时期内，人们使用文字把知识信息记录在龟甲、兽骨、石头、木块、竹片、锦帛等介质上。由于这一时期科学技术水平低下，人类的知识信息活动是非常有限的。后来纸张和印刷术的发明，使收集和传播知识信息的状况得到了极大的改善，使科学交流初步有了广泛而迅速进行的可能，从而大大推动了图书馆的发展。随着近代科学技术的发展，图书馆的发展对物质条件及技术手段的依附性日趋突出。例如，缩微记录材料、通信器材和电子计算机等物质条件及技术手段的提供，使传递知识信息的工具条件从质量上和效率上都有了空前的提高，使人类对于利用图书馆进行继承知识活动的状况产生了革命性的变化。

如果说文字的发明是人类继承知识道路上的第一个里程碑的话，那么以计算机为代表的现代化信息工具及技术手段的提供，正在塑造第二个里程碑。

第二节　图书馆构成要素

对图书馆构成要素的认识是了解图书馆的途径之一。随着人类文明的发展，以及图书馆形态的变化，人们对这个问题也产生着新的认识。

1929 年，陶述先提出"图书馆，其要素有三：书籍、馆员与读者"。1932 年，杜定友提出图书馆的三要素是书、人和法。刘国钧提出了图书馆五个要素，即读者、图书、领导和干部、工作方法、建筑和设备。1985 年，吴慰慈提出"图书馆的构成，有藏书、读者、干部、技术方法、建筑设备等要素"。1988 年，黄宗忠提出："图书馆应由藏书、人（馆）员、读者、建筑和设备、技术方法、管理六个要素构成。"

通过对上述理论的整理和总结，本书将图书馆的构成要素概括为四个方面，即信息资源、图书馆员与读者、信息设施、信息技术和方法这几个模块。各个要素之间相互协调和共同作用，最终构成了完整的图书馆系统。

一、信息资源

图书馆具有保存和传播信息的职能，信息资源是图书馆实现这项职能最基本的工具。

（一）信息资源的定义

信息资源有广义与狭义之分，广义上的信息资源把信息活动的各种要素都纳入信息资源的范畴，即信息只有在实施管理后才具备成为资源的条件，强调信息要素价值的实现离不开信息生产者、信息技术等信息活动要素的参与。而作为图书馆构成要素之一的信息资源，则是取其狭义的定义，即信息资源指的是经过人类选择、组织和加工处理的有序化的各种媒介信息的集合。

（二）信息资源的性质

1. 可共享性

信息资源最本质的特征是可共享性。同自然资源不可复用的特点相比，信息资源是可以同时使用、异地使用、跨时空无损耗反复使用的资源，人们对其检索和利用，不受时间、空间、语言、地域和行业的制约，其价值也在使用过程中得到了体现。正是因为信息资源是可以同时使用、异地使用、跨时空无损耗反复使用的可共享资源，才使得信息资源不断发展、不断丰富。

2. 时效性

时效性是指信息资源从大众媒介发出到受众接收、利用的时间间隔及其效率。随着大众传播科技的飞速发展，人们对信息资源时效性有增无减的需求将会得到进一步满足，信息资源传播与接收将会越来越快。在时间面前，信息资源是易碎品。即使是十分真实的、很有价值的信息资源，一旦失去了时效，也就无人问津。把握信息资源时效性的特点，充分发挥其时效性的功能，及时搜集整理信息资源，发挥信息资源在分析、决策时的作用，是十分必要的。

3. 可建设性

可建设性是信息资源建设概念的逻辑起点，信息资源建设的本质实际上是将信息集合化、资源化的过程。信息资源就是经过人类开发与组织的信息的集合，信息资源同信息的客观存在并不一样，它在更大程度上是人类创造的成果，虽然它的生产和分布是一种客观现象，但其生成更取决于人类的主观努力。

4. 再生性

信息资源的再生性表现在对信息资源的多一分利用不会导致信息资源的损耗，反而增加了一分增值的可能性。从社会信息资源的角度来看，社会生产过程中优势的形成是基于对信息资源的把握而不是垄断，是基于对信息资源充分、深入、持续的利用。作为信息资源的保障，应当改进管理方式，着眼于利用信息的再生性特征，以充分、深入、持续地利用信息资源为其终极目的，确保形成良性循环的社会再生产环境和过程。

5. 可传递性

信息资源可借助一定的载体进行传递，使人们感知并接收。其传递过程包括三个因素，即信源、信道、信宿。信源是指信息的来源，它是信息传递过程的起点；信道是指信息传递的通道，它是信息传递的途径和过程（包括信息传递媒体和方式）；信宿是指信息传递的归宿，包括接收信息资源和利用信息资源，是信息资源传递过程的终点。

6. 依附性

依附性是指信息要借助于某种符号表现出来，如文字、声音、图像等，而这些符号又要依附在纸张或其他载体上才能进行传播，如磁带、磁盘、光盘等。随着技术进步，信息还可以通过数字电视、电脑和手机等新兴载体形式得以传播。

7. 价值性

市场经济条件下，信息资源已经成为一种极其重要的商品。信息社会通常被定义为信息资源生产和消费的集中。信息资源集中度取决于对信息资源的需求以及此需求被满足的程度。

8. 完整性

信息完整性是指信息在输入和传输过程中，如果不被非法授权修改和破坏，就能保证数据的一致性。保证信息完整性需要防止数据丢失、重复以及保持传送秩序的一致等。

（三）信息资源的类型

1. 按载体形态及记录方式划分

由此标准划分，可分为传统文献信息资源与数字信息资源。

1）传统文献信息资源

（1）刻写型。刻写型文献是指以刻画和手工特写为手段，将知识信息内容记录在各种自然物质材料和纸张等不同的载体上而形成的文献，如古代的卜辞、金文、简策、帛书，以及现代的笔记、手稿、书信、原始档案、会议记录等。刻写型文献中有许多稀有和珍贵的文献信息资源。

（2）印刷型。印刷型文献是指通过石刻、油印、复印等印刷方式，将知识信息内容记录在纸质载体上的一种文献形式，如图书、连续出版物、特种文献资料、其他零散资料等。它已有悠久的历史，目前仍然是占主导地位的知识信息载体。它的突出优点是便于阅读，可直接、任意翻阅，可在任何场合下且不需要借助任何设备阅读。缺点是相对其他信息载体来说，体积大，信息存储密度低，收藏占用空间大；受自然条件和纸张自身限制，难以长期保存；难以实现信息自动化和高速度传递。

（3）缩微型。缩微型文献信息资源主要是指缩微资料，它是利用光学记录技术，将印刷型文献的影像缩小记录在感光材料上制成的文献复制品。缩微资料按其外形可分为缩微胶片、缩微胶卷、缩微卡片；按透光性可分为透明体和不透明体。缩微资料的主要优点：一是体积小，重量轻，信息存储量大；二是复制性能好，可缩小，可放大，不走样，不变形，易于转换成其他形式的文献；三是成本相对低廉。主要的缺点是使用不方便，保存与使用条件严格，设备费用投资较大。

（4）视听型。视听型文献信息资源主要是指视听资料，又称声像文献。它是以电磁材料为载体，以电磁波为信息符号，将声音、文字及图像记录下来的一种文献。按人感官的接收方式可分为三种类型：视觉资料、听觉资料、音像资料。

2）数字信息资源

数字信息资源是指以数字化的形式，将文字、图像、声音、动画等多种形式的信息存储在光、磁等非纸质载体中，以光信号、电信号的形式传输，并通过计算机和其他外部设备再现出来的信息资源。随着计算机网络的发展，数字信息资源又可进一步区分为网络信息资源和单机信息资源。

（1）网络信息资源。网络信息资源也称虚拟信息资源，它是以数字化形式记录的，以多媒体形式表达的，存储在网络计算机磁介质、光介质以及各类通信介质上的，并通过计算机网络通信方式进行传递的信息内容的集合。简言之，网络信息资源就是计算机网络上可以利用的各种信息资源的总和。目前网络信息资源以互联网信息资源为主。

网络信息资源是由数字化技术、信息存储技术、数据库技术、网络通信技术与超文本、超媒体技术所支撑的信息资源，是电子出版物发展到高级阶段的产物。和传统信息资源不同，网络信息资源通过计算机技术、通信技术及多媒体技术等在网络上发布、查询与存取利用。它使图书馆的资源基础突破了传统的馆藏文献资源的局限，成为重要的虚拟馆藏，使图书馆提供的信息资源更加丰富多彩。

（2）单机信息资源。单机信息资源是指通过计算机存储和阅读但不在网络上传输的数字信息资源，人们常称为机读资料。单机信息资源按其存储载体可分为磁带、磁盘、光盘等，其中磁盘和光盘是最主要的单机信息资源。

2. 按编辑出版的特征划分

1）图书

狭义的图书是指以纸张为载体材料，记录与传播知识，具有完整装帧形式的非连续性出版物。图书的历史悠久，流传广泛，数量庞大，使用方便，是迄今为止最主要的文献信息类型。

图书的内容特征是主题突出，知识内容完整、系统和成熟，多是著者长期研究的成果、学识的积累。因此，要系统地学习各学科的基础知识，要在某些知识领域做全面的、历史的、深入的研究，图书是无可取代的信息资源。

按照使用目的，可将图书划分为以下两类：一类是提供阅读的著作，包括专著、译著、教材、资料汇编、通俗读物、少儿读物等；另一类是供考查的工具书，包括书目、索引、文摘、指南、百科全书、手册、年鉴、字典、词典等。按照出版方式又可将图书划分为单本书、多卷书、丛书等类型。

2）连续出版物

连续出版物是一种具有统一名称、固定版式、统一开本、连续编号、汇集多位著者的多篇著述，定期或不定期编辑发行的出版物。《国际标准书目著录（连续出版物用）》将"杂志、报纸、年刊（年鉴、行目录等）、各种机构的报告丛刊和会志、会议录丛刊、单行本的丛书"等归入连续出版物。期刊（杂志）和报纸是连续出版物中的主要类型。

期刊的特点是：内容广泛，知识新颖，有不同种类的期刊内容，涉及社会的政治、经济、思想、科学技术、文化教育、文学艺术与社会生活的各个领域；出版周期短，传递信息快，能及时反映新理论、新技术、新方法、新动向；数量庞大，流通范围广，作者与读者人数多，影响面广。由于这些特点，期刊已经成为当今传播信息、交流思想最重要的平面媒体之一。

期刊按其内容性质和使用对象，可以划分为政治性期刊、学术性期刊、工艺技术性期刊、文学艺术期刊、通俗性期刊、检索性期刊、资料性期刊、报道性期刊等。

报纸是出版周期最短的定期连续出版物。它以最快的速度报道世界各地发生的最新事件和科学技术方面出现的最新战果。与杂志相比，它的内容更加广泛，时效性更强，出版量更大，发行更快，读者面更广，是各种信息的主要传播渠道之一。报纸具有报道、宣传、评论、教育、参考、咨询等多种社会职能。按照出版周期，可以将报纸划分为日报（包括早报、晚报）、双日报、三日报、周报、旬报等不同类型。按照内容范围，可以划分为综合性报纸、专业性报纸，或者全国性报纸、地方性报纸等。

3）特种文献资料

特种文献资料是指出版形式比较特殊的科技文献资料。这类文献的特点是内容范围新颖，类型复杂多样，涉及科学技术、生产生活的各个领域；时效性强，情报价值高，从不同领域及时反映当前科学技术的创造发明、进展动态、研究水平及发展趋势；出版发行无规律，有的有一定的保密性，收集起来比较困难。特种文献资料主要包括以下几种类型：科技报告、政府出版物、会议文献、学位论文、专利文献、标准文献、产品资料等。

4）其他零散资料

其他零散资料是指档案资料、舆图、图片和乐谱等。档案资料包括文书档案和科技档案，是记录各种事实进行过程的卷宗材料，有一定的保密性。舆图包括地图、地形图、地质图、行政区划图、各种教学挂图等。图片包括各种新闻照片、美术作品等。乐谱是指单张活页式音乐曲谱艺术作品。

3. 按加工程度划分

按照信息资源加工的程度，将信息资源划分为一次信息资源、二次信息资源和三次信息资源等。一次信息资源是指著作者最初形成的原始文献，是著作者根据自己的科研成果发表的原始创作，主要的类型有期刊论文、研究报告、专利说明书等。二次信息资源是在对大量分散的原始文献信息进行收集整理、内容浓缩的基础上，按照一定体例组织而成的可供检索的一种信息资源，主要类型有书目、索引、文摘等。三次信息资源是指通过利用二次信息资源对一次信息资源进行系统分析、综合研究、评述而加工生成的信息资源，主要有综述、报告等。

二、图书馆员与读者

图书馆员与读者共同构成了图书馆活动的信息主体。这并不意味着信息提供者和接收者的分离，而是一种有机的结合。二者在图书馆活动中，互相都可以作为彼此的信息提供者和接收者，有时仅是读者之间也可以互相构建这种提供与接收信息的关系。

（一）图书馆员

图书馆员是图书馆的管理者，是图书馆中最积极、最活跃的因素。他们构建起图书馆与读者进行信息交流的桥梁。在读者进行信息咨询和信息获取的过程中，图书馆员担任着类似于翻译和转码的功能，以此进行读者需求和信息资源的选择与匹配。

1. 国内知名的图书馆工作者

我国历史上很多著名的思想家、文学家和史学家都曾在图书馆工作。据史料记载，老子曾是周朝官方文献管理员，而作为我国图书馆雏形"守藏室"的管理者，他当之无愧地成为我国最早的图书馆工作者；著有"史家之绝唱，无韵之离骚"的《史记》作者司马迁和《汉书》的作者"汉赋四大家"之一班固也都做过史籍管理的工作。现代，毛泽东、李大钊等伟人，沈从文、梁实秋、钱钟书、莫言等著名学者、文学家，都曾有过在图书馆工作的经历。

2. 国外知名的图书馆工作者

在国外，也有很多著名的政治家、科学家与图书馆有着不解之缘。本杰明·富兰克林，美国著名的政治家、科学家，领导了美国独立战争并起草《独立宣言》。1731 年，富兰克林与其他人合力组建了费城的第一家公共图书馆并主持馆务，图书馆收藏的书籍包括神学、历史、文学、科学等，之后，北美各城市也效法建立，这对北美各地人民的启蒙起了不少作用，富兰克林成为美国公共图书馆的创始人和美国图书馆事业的先驱。

歌德，德国著名思想家、作家、科学家，是魏玛的古典主义最著名的代表。他在 1773 年写了一部戏剧《葛兹·冯·伯里欣根》，从此蜚声德国文坛。1774 年发表了《少年维特之烦恼》，更使他名声大噪。1776 年开始为魏玛公国服务。1831 年完成《浮士德》，翌年在魏玛去世。歌德不但曾当过魏玛图书馆管理者，还参与了耶拿大学图书馆的管理。

杨约翰曾任美国驻华公使。1897 年美国总统委任他为美国国会图书馆馆长，他是第一个由总统任命的美国国会图书馆馆长。

（二）读者

读者是图书馆的用户，是图书馆的服务对象，是图书馆的利用主体。凡是具有利用图书馆资源条件的一切社会成员，都可以成为图书馆的读者。读者是图书馆制度中的活动主体，具有主观能动性，所以读者的需求在一定程度上代表了社会的需求；读者自身之间也存在信息交流，而且这种直接交流的信息交流方式更加高效快捷。因此，读者正在成为图书馆信息资源的重要组成部分。

三、信息设施

信息设施是图书馆开展各项服务的物质基础，它包括了图书馆馆舍建筑以及图书馆内部的各种设备工具等。

计算机存储和检索系统的开发，磁带目录的使用，图书馆服务功能和内部工作方式的变化，使得传统观念的藏书、书库、目录厅、借书处、阅览室发生相应的变化，图书馆建筑和设备也出现了新的格局。例如，书库不会像过去那样臃肿庞大，图书馆网络和新型材料的馆藏形式以及复印、读者个人阅读终端的采用都可大大减小图书馆用房面积。新技术应用为图书馆提供各种各样的先进设备。更加开放的新式服务，要求图书馆在建筑、设备上给予保障，如电源管道铺设、通信管道安置、空调设施、新的文献载体材料的保护设备等。随着时代的发展，图书馆建筑也要适应时代的潮流，从内部结构到外貌风格上都将有新的形式出现。

（一）馆舍建筑

馆舍建筑是图书馆工作的空间，是读者利用图书馆的活动场所。营造一个窗明几净、环境优雅的环境，是提高图书馆效率和方便读者学习必不可少的物质条件。但随着图书馆形态的发展，馆舍建筑作为图书馆的构成要素之一，已经在数字图书馆等图书馆形态中降至次要的地位。

（二）设施设备

设施设备是图书馆开展各种活动的工具，无论是阅览桌椅、书架、书柜，还是现代信息技术设备，都是图书馆必不可少的工具。

1. 传统的图书馆设备

1）书架

书架多采用钢或木材制成。一般书库多用钢架，开架阅览时为了美观而用木架的，多选用较优质的木料。开架阅览室中的书架较普通书架稍矮，便于中等身材的读者从顶层取书。对于非书资料的存放，图书馆一般使用专门设计的橱柜或架子。密架书库的密集式书架一般是将书架装在某种轨道上或在架中装上可滚动的轮子，以便把不常用的文献资料密集贮存，节省空间。

2）目录柜

目录柜是图书馆存放目录卡片的柜子，由众多的目录屉组成。随着计算机检索在图书馆的广泛应用，目录柜基本上不再应用。

3）出纳台

图书馆在总书库的出入口、辅助书库和开架参考阅览室内都设有大小不一的出纳台。大型图书馆的总出纳台一般采用高低柜台，设在辅助书库或参考阅览室中的出纳台一般采用简单的形式，以接近读者。

4）阅览桌椅

图书馆的阅览桌椅多用木料制成。近些年，轻金属及化纤合成品制造的产品也逐渐进入图书馆。有一人或多人、单面或双面的书桌或单人阅读厢，桌上设书架作横档，以保持阅读不受干扰，又能放置多余图书。少年儿童阅览室为适应小读者生理及心理上的要求，分别给幼、小、初、高各级年龄的儿童设计不同尺寸、多种颜色及有图画的家具。一些塑料家具以其色彩绚烂而被选入儿童图书馆。另外，还有专供伤残人士使用的阅览桌椅。

5）办公家具

办公家具是图书馆员工作中使用的一些专用家具，如放置着打字机或终端设备的办公桌及转椅，采编部门需要的能存放少量图书和目录屉的编目桌等。图书馆的现代家具和设备与图书馆现代技术、情报技术的发展密切相关。现代科学技术正越来越多地被应用于图书馆，提高工作和服务效率，引起了图书馆的巨大变革，如在一些较现代化的图书馆中，传统的卡片目录已被机读目录所取代，即目录柜被计算机等设备所取代。现代图书馆员还必须掌握现代化设备的使用、管理和维修技术。

6）目录卡片

图书馆目录卡片的种类主要有：分类目录、书名目录、著者目录、主题目录。

（1）分类目录。以图书分类编码为检索标志的目录体系。卡片按分类号的顺序排列。分类目录是从知识体系方面揭示图书馆藏书。中文的图书分类法主要有《中国图书馆分类法》《中国科学院图书馆图书分类法》《中国人民大学图书馆图书分类法》，外文的图书分类法主要有《杜威十进分类法》《美国国会图书馆图书分类法》。研究者要尽快查找到所需文献，就得熟悉图书分类。

（2）书名目录。以图书书名为检索标志的目录体系。卡片是按书名的字顺排列。研究者可直接从已知的书名来查找所需文献。利用书名目录检索，必须了解书名目录的排检体系。排检方法有部首法、四角号码法、笔画笔形法、汉语拼音法等，最常用的为笔画笔形法和汉语拼音法。

（3）著者目录。以作者姓名为检索标志的目录体系。卡片是按著者姓名的字顺排列。这种目录对研究人物、学说、流派比较便利，在大型图书馆中可集中查到某人的全部著作。著者目录的字顺排列规则同书名目录的字顺排列规则相同，也有部首法、四角号码法、笔画笔形法、汉语拼音法等。

（4）主题目录。以图书内容的主题为检索标志的目录体系。主题目录的基本构成单位是主题词，《汉语主题词表》是唯一的主题检索工具。这种目录比较符合研究人员的检索习惯，即按自己要研究的内容主题，便可找到相关的文献。另外，主题词表的内容本身就是一个很好的分类体系，反映了概念之间的相互关系。

2. 现代化的图书馆设备

1）RFID 技术设备

RFID（radio frequency identification）是"射频识别"的简称，是一种非接触式的自动识别技术，它是利用无线电波识别目标物上的标记，以进行无线数据识别和获取相关信息的工作。

图书馆 RFID 系统是将 RFID 技术应用于图书馆领域管理，以帮助图书馆实现读者自助借阅，24 小时读者自助还书，快速馆藏资料清点，图书自动排架、顺架、倒架，以及安全防盗等功能。

图书馆 RFID 系统的应用使图书馆管理员从大部分烦琐的工作中解放出来，极大地提升了图书馆现代化管理水平。以下是一些 RFID 技术在图书馆中的具体应用。

（1）RFID 图书标签。RFID 标签是一种带有天线、存储器与控制系统的无源低电集成电路产品，可在其中的存储晶片中多次写入及读取图书、媒体资料的基本内容，用于图书和多媒体光盘资料的标签识别。管理员只需要按照书架的排列规则，粘贴层架标签，读者在查找图书过程中就可以定位到图书所在的具体的层架标识。

（2）馆员工作站。RFID 馆员工作站是以计算机为基础，集成 RFID 读写装置，对 RFID 标签进行识别和流通状态处理，辅助以其他装置用于流通部门对粘贴有 RFID 标签及条形码的流通资料进行快速的借还操作，以此提高工作人员的借还工作效率。同时能够通过扫描图书条码对 RFID 标签进行编写，完成简单的加工等工作，也可以将部分未加工图书进行图书标签的加工、图书条码和 RFID 标签的转换等工作。

（3）自助借还设备。图书自助借还设备是一种可对粘贴有 RFID 标签的流通资料进行扫描、识别和借还处理的设备系统，方便读者和工作人员对流通资料进行借还处理，配备触摸显示屏或简单按键操作系统，提供简单易操作的人机交流界面，快速准确地完成图书的借阅和归还。读者也可以通过该设备进行借阅信息查询。

（4）移动清点设备。移动清点设备是一种针对 RFID 标签的扫描设备，通过手持式读写天线扫描在架图书，实现对粘贴 RFID 标签的在馆图书进行盘点、顺架、倒架以及新书上架。在整个实施过程中，移动清点设备支持数据采集和导出功能，支持数据采集处理及批处理功能，可在清点过程中在清点设备中生成表单，清点的同时可改写单册信息（如可借或不可借），也可将表单上传至服务器进行批处理作业。

（5）架位导航查询系统。图书馆架位导航查询系统是图书馆读者服务系统的重要组成部分，也是图书馆 RFID 架位管理的核心部分。该系统嵌入到现有 OPAC（online public access catalog，联机公共检索目录）中，读者在 OPAC 系统上查询到图书信息点击导航按钮，系统即可显示相应图书的架位分布图，并提供明确的路线导引。无论读者是否身处图书馆内、是否来过图书馆、是否熟悉图书馆的馆藏布局均可通过"架位导航查询系统"给出的图书架位导航路线图，清晰、明了地看清图书所在位置。

（6）图书安全检测门。图书安全检测门系统是对粘贴有 RFID 标签的流通资料进行扫描、安全识别的系统设备。图书馆可以通过应用该设备对图书资料的安全进行控制，以达到防盗和监控的目的。

（7）自助办证机。借书证自助办证机可以让读者通过二代身份证，自助办理读者证，减轻人工办证的烦琐，手续方便快捷。设备自助收取并识别借书证的押金后，将相关信息写入借书证或系统，自动吐出 RFID 借书证，整个过程 10 秒钟内即可完成。

（8）RFID 系统软件（终端设备管理监控服务平台）。RFID 终端设备管理监控服务平台连接到 RFID 系统内的所有 RFID 设备（包括图书监测系统、自助借还系统、馆员借还系统及自动化归还系统等）进行集中化的数据统计和配置。服务平台可以实现对 RFID 终端设备进行实时监控，实时的操作方法与操作结果提示，超时控制和故障诊断等功能。

2）人脸识别技术设备

人脸识别技术是通过监测人的脸部特征进行身份认证的技术，将之应用到图书馆门禁系统中，取代现行的图书馆刷卡门禁设备，可有效防止读者证件盗刷行为，避免读者忘记带证入馆的麻烦。不止于此，还能解决许多读者懒于刷卡进出图书馆的问题，提高出入图书馆数据的精确性，更能加强图书馆的安全保障，向读者提供更便利的服务。

四、信息技术和方法

信息方法则包括管理方法与业务工作方法两个方面。管理方法的目的是实现对组织资源的最优配置。业务工作是进行图书馆的信息资源建设和信息服务工作。

图书馆各个要素之间相互影响、相互作用，共同构建了完整的图书馆体系。一方面，各个要素相互联系、共同作用，在满足读者需要、保存人类文化遗产的根本目标下形成了一个不可分割的有机整体——图书馆系统；另一方面，各个要素内部的相互矛盾，使图书馆的各个组成部分与整体处于运动、变革之中，成为图书馆发展的内在动力。构成图书馆的各个要素之间相互支撑、共同作用，使得图书馆能够正常地发挥它的功能。所以，构成要素中任何一项要素的改变都会对图书馆功能的发挥产生影响。

第三节　图书馆类型

在图书馆事业的发展进程中，社会上相继出现了各式各样的图书馆。这些图书馆的具体任务和服务对象不同，对书刊文献资料的搜集、整理、保管和传播的内容与形式方法也各有差异。各种各样的图书馆组成了社会图书馆体系，服务于科学研究、经济建设和文化建设。

一、图书馆类型的划分标准

现存的图书馆类型划分方法是各个国家依据各自图书馆的历史发展轨迹，并结合本国的社会政治体制、文化传统而形成的。采用的标准不同，图书馆类型的划分结果也各不相同。1974 年，国际标准化组织颁布了"国际图书馆统计标准"，此标准中"图书馆的分类"一章将图书馆分为：国家图书馆、高等院校图书馆、其他主要的非专门图书馆、学校图书馆、专门图书馆和公共图书馆六大类型。实际上，其主要是以行业领域为标准对图书馆进行分类的。

我国通常有以下几种划分标准：按照时间维度、形态维度、行业维度划分图书馆类型，以及按图书馆的管理体制（隶属关系）、馆藏文献范围、用户群划分图书馆类型。

按时间维度划分图书馆类型，就要对我国图书馆的各个发展阶段进行准确定位和科学划分，并为每个阶段确定一个明确的、可识别的标志。人们习惯上按时间维度将图书馆划分为古代图书馆、近代图书馆和现代图书馆，但难免会有个别图书馆的事业发展水平与其发展阶段称谓不相符。因此，我们主张用序列化的词语对图书馆进行按时间维度的划分，分别将古代、近代和现代图书馆称为第一代、第二代和第三代图书馆。

依据图书馆的表现形式，可将图书馆分为传统图书馆和数字图书馆两种形态。图书馆形态即图书馆的表现形式，简单地说就是图书馆的外在特征。从最初的古代藏书楼，到随着计算机和网络技术在图书馆工作中的应用而产生的数字图书馆，图书馆的外显形态发生了显著的变化。

在我国，图书馆的管理体制（隶属关系）和行业维度也成为划分图书馆类型的一种标准，通常依此将图书馆划分为国家图书馆、公共图书馆、高校图书馆、科学专业图书馆（科研图书馆）、军事图书馆、儿童图书馆等，其中，公共图书馆、高校图书馆和科学专业图书馆是我国图书馆事业的三大支柱，也是三种主要的图书馆类型。

按馆藏文献范围划分，可分为综合性图书馆，包括各级公共图书馆、综合性大学图书馆、工会图书馆等；专业性图书馆，包括专业科学研究机构、专业院校及专业厂矿技术图书馆（室）等。

按用户群划分，包括儿童图书馆、盲人图书馆、少数民族图书馆等。

本书根据图书馆不同的服务对象和图书馆形态的呈现方式，对图书馆的类型体系进行了重构，基于服务对象，将图书馆划分为公共图书馆、学术图书馆和专门图书馆三大体系，基于不同形态，将图书馆划分为传统图书馆和数字图书馆。

二、基于服务对象的图书馆类型划分

决定图书馆生存和发展的根本点是用户需求，图书馆的一切运转都必须紧紧围绕用户的信息需求，以满足用户的信息需求为组织的根本目的。用户即图书馆的服务对象，由此，考虑到以上几种分类方式的局限性以及用户需求的重要性，本节根据图书馆不同的服务对象,将图书馆划分为公共图书馆(public library)、学术图书馆(academic library)和专门图书馆(special library)三大体系。

（一）公共图书馆

公共图书馆是人类社会文明发展的产物。2017 年 11 月 4 日,我国颁布了《中华人民共和国公共图书馆法》,形成了规范性的公共图书馆界定:"本法所称公共图书馆,是指向社会公众免费开放,收集、整理、保存文献信息并提供查询、借阅及相关服务,开展社会教育的公共文化设施。"它明确了公共图书馆的基本性质、主要功能,并同时规定"国家鼓励公民、法人和其他组织自筹资金设立公共图书馆"。

根据上述规定,公共图书馆实际上可以分为两大类,一大类是由国家和政府投资举办的公共图书馆,称为传统公共图书馆;另一大类则是由政府之外的组织和个人举办的公共图书馆,称为非传统公共图书馆,并将其定义为"由非政府团体、企业或个人举办,向全社会开放,主要服务于特定的区域、组织或群体的图书馆"。非传统公共图书馆是公共图书馆事业的重要组成部分,在经济和社会发展过程中,同传统公共图书馆承担着同样的社会功能。

1. 传统公共图书馆

传统公共图书馆的概念内涵包括以下几部分:一是承办主体是国家或地方政府;二是经费来源是国家或政府;三是服务对象为社会公众;四是服务方式为主要向广大人民群众免费提供服务。传统公共图书馆主要包括国家图书馆,省(自治区、直辖市)图书馆,省级以下图书馆等。

1）国家图书馆

国家图书馆在很大程度上代表着一个国家图书馆事业的发展水平。它对本国图书馆事业的发展起着重要的作用。在国际图书馆界,国家图书馆有多种类型。

（1）公共性的中央图书馆。具有公共图书馆的性质,服务对象是面向社会的,但在服务重点方面与一般公共图书馆不同,侧重于为科学研究服务。例如,法国国家图书馆、大英图书馆、澳大利亚国家图书馆,以及我国的国家图书馆都属于这种类型的国家图书馆。

（2）国会图书馆兼作国家图书馆。例如,美国国会图书馆、日本国立国会图书馆等,都设有相应的研究机构,专门为议会服务,但同时也履行国家图书馆的职能。

（3）大学图书馆兼作国家图书馆。在北欧一些国家中这种类型的国家图书馆比较多,如丹麦哥本哈根大学图书馆、挪威奥斯陆大学图书馆、芬兰赫尔辛基大学图书馆等都肩负着国家图书馆的任务。

（4）科学图书馆兼作国家图书馆。例如,罗马尼亚科学院图书馆、美国国立医学图书馆和美国国立农业图书馆等,都兼作事实上的国家图书馆。罗马尼亚 1859 年在布加勒斯特另建了一所大型综合性的公共图书馆——国立中央图书馆,将其作为国家图书馆,但科学院图书馆仍是国家图书馆之一。

我国的国家图书馆属于公共性的中央图书馆。《中华人民共和国公共图书馆法》规定:"国家设立国家图书馆,主要承担国家文献信息战略保存、国家书目和联合目录编制、为国家立法和决策服务、组织全国古籍保护、开展图书馆发展研究和国际交流、为其他图书馆提供业务指导和技术支持等职能。国家图书馆同时具有本法规定的公共图书馆的功能。"

国家图书馆是担负国家总书库职能的图书馆，是一个国家图书馆事业的核心，大体上具有以下职能。

（1）完整、系统地搜集和保管本国的文献，从而成为国家总书库。

（2）为研究和教学有重点地采选外国出版物，使其拥有一个丰富的外文馆藏。

（3）开展科学信息工作，为科学研究服务。

（4）编印国家书目，发行统一编目卡片，编制回溯性书目和联合目录，利用网络进行远程合作编目，发挥国家书目中心的作用。

（5）负责组织图书馆现代技术设备的研究、试验、应用和推广工作，开展图书馆信息网络的设计、组织和协调工作，在推动图书馆实现现代化中起枢纽作用。

（6）为图书馆学研究搜集、编译和提供国内外信息资料，组织学术讨论，推动全国图书馆学研究的发展。

（7）代表本国图书馆界和广大图书馆用户的利益，参加国际图书馆组织；执行国家对外文化协定中有关开展国际书刊交换和国际互借工作的规定；开展与国际图书馆界的合作与交流。

2）省（自治区、直辖市）图书馆

省（自治区、直辖市）图书馆是我国公共图书馆的骨干，各馆藏书大都在百万册以上。它是由省（自治区、直辖市）文化和旅游厅主管的综合性的、向社会开放的图书馆，是所在省（自治区、直辖市）的文献信息、目录、馆际互借、自动化建设、图书馆学研究和业务辅导的中心。它同时担负为科学研究和广大群众服务的任务，以科学研究服务为重点。它代表着一个地区图书馆事业的发展水平，同本地区其他图书馆相比，通常它的规模最大，馆藏文献最多，干部与设备条件及各项工作都应具有先进水平，应成为本地区图书馆界的表率。

省（自治区、直辖市）图书馆在本地区图书馆事业中的重要作用，主要表现在以下几个方面。

（1）它是为科学研究服务的重要基地。这不仅是因为它有着丰富的综合性馆藏文献信息资源，而且多年来积累了一整套为科学研究服务的实践经验，还培养了一批训练有素的为科研服务的专业队伍。

（2）它应当为地区经济建设服务，为各行各业生产建设提供科技信息和市场信息。

（3）它应当是提高全民族科学文化水平的社会教育中心。省级公共图书馆在为科学研究服务的同时，决不可忽视普及科学文化知识的工作；应该扩大服务对象，改善服务条件，增设服务网点，提高服务质量，以充分发挥其提高全民族科学文化水平的职能作用。

（4）它是地区性图书馆间合作与协调的组织者。省（自治区、直辖市）图书馆是本地区的中心馆，并承担着地区中心图书馆委员会的日常工作，负责组织各系统图书馆之间的合作与协调工作，成为地区性图书馆间合作与协调活动的组织者。

（5）它是图书馆业务辅导和图书馆学研究的推动者。省（自治区、直辖市）图书馆对市、区、县图书馆乃至基层图书馆（室）都负有业务辅导的责任。它应开展在职馆员的业务培训工作，促进馆员业务水平的提高；它还应该为图书馆学的研究广泛搜集和提供国内外的信息资料，组织学术研讨，出版专业刊物，推动本地区图书馆学研究的发展。

（6）省级图书馆是该地区的图书呈缴单位，是地方文献中心。

3）省级以下图书馆

省级以下的公共图书馆，主要是指地区、市、州、盟等行政区图书馆和县（区）图书馆。地区、市、州、盟等行政区图书馆，在公共图书馆系统中的地位和作用，介乎省级馆和县（区）图书馆之间，起着承上启下的作用，是省级馆联系县（区）馆的纽带。尽管它们的馆藏文献信息都是综合性的，但收藏范围和重点往往又体现了所在地区的政治、经济、文化、科学、教育的特点。地区、市、州、盟图书馆，同样是其所在地区的文献信息、目录、馆际互借和业务辅导的中心，承担着协调本地区其他类型图书馆活动的任务，也担负着为科学研究、技术革新和普及科学文化知识、为广大群众服务的任务。

县（区）图书馆，是我国公共图书馆的基础，数量较多，联系群众面广，在普及科学文化知识、丰富群众文化生活、满足群众阅读需求等方面，发挥着十分重要的作用。

县图书馆联系着广大城镇和农村，担负着为本县工农业生产、为广大城镇居民和少年儿童服务的任务，同时，县图书馆对农村图书馆（室）建设也负有重要和直接的责任。因此，办好并发展县图书馆，对于发展农业生产，提高广大农（牧）民的科学文化水平具有特别重大的意义。

大、中城市的区图书馆的主要任务是为城市人民群众服务。其主要服务对象是城市中的各群体居民。我国各大、中城市的区级行政单位，建有区图书馆的很少，这是我国公共图书馆事业中非常薄弱的一环。在今后的区馆建设中，还应考虑同所在市的市图书馆在具体任务、读者对象、馆藏范围、服务重点等方面有所分工，使市、区图书馆共同组成一个完整的藏书体系和服务网络，而不应各自为政、竞相建设"小而全"的馆藏体系。

基层公共图书馆还包括社区图书馆、街道图书馆，这是公共图书馆的一种补充形式。它是居民自办的群众文化机构，所担负的主要任务是：为居民服务，普及科学文化知识，丰富群众的文化生活。

农村乡镇图书馆（室）是我国基层图书馆的另一类型。它通过借阅书刊，对农民和乡镇居民进行政治思想教育，普及科学文化知识，活跃农村的文化生活，促进农业生产的发展。

2. 非传统公共图书馆

非传统公共图书馆是指由非政府团体、企业或个人举办，向全社会开放，主要服务于特定的区域、组织或群体的图书馆。非传统公共图书馆建设主要在城市社区、高教园区、工业园区、乡镇农村等读者最广泛的地区，在我国公共文化服务体系的构建中扮演着重要的角色。主要包括社区图书馆、大学城图书馆、工业园区图书馆、民营图书馆、农家书屋等新型的公共图书馆。非传统公共图书馆作为公共文化服务体系的重要补充，比传统公共图书馆更加贴近社会、贴近公众、贴近生活。

1）社区图书馆

社区的概念属于社会学研究的范畴，我国著名的社会学家费孝通指出，社区是 "若干个社会群体（家庭、氏族）或社会组织（机关、团体）聚集在某一地理区域里，形成一个在生活上相互关联的大集体"。而社区图书馆是指建立在社区内，根据社区居民的需要，通过对文献信息及其他信息源进行选择、搜集、加工、组织，并提供社区居民使用的文化教育机构和社区信息交流中心。社区图书馆是社区服务的一环，是社区文化设施的重要组成部分，具有小型、服务灵活、贴近居民等特点，在丰富小区居民生活、普及科学文化知识和提高居民素质等方面起着重要的作用。

目前，社区图书馆的主要类型是城市社区图书馆。在我国特别是在一些经济比较发达的城市，城市社区图书馆发展最为迅速和规范，社区图书馆已逐渐成为人们公共文化生活中不可或缺的重要阵地。但按照所处的地域不同，除城市社区图书馆之外，广义的社区图书馆还包括乡镇社区图书馆和农村社区图书馆。随着公共文化服务体系的构建，社区图书馆服务逐渐向农村延伸、向弱势群体延伸已成为社区图书馆发展的重要趋势。

2）大学城图书馆

大学城作为一种高等教育现象，率先出现在英国、美国等一些高等教育发达的国家，如英国的牛津大学城、美国的哈佛大学城和麻省理工学院大学城等。大学城是指由于高校自身的发展及高校的集聚效应，以一所或者多所高校为核心构成的具有特定功能、整体功能和环境特征的社区，也被称为高教园区。在我国，随着高等教育规模的不断扩大，大学城的数量也越来越多，目前我国已建设多所不同规模的大学城，如深圳大学城、广州大学城、重庆大学城、宁波高教园区等。大学城图书馆是伴随着大学城的发展而出现的一种图书馆新类型，是 "对信息、知识的物质载体进行收集、整理、加工、保存、转化、传递和提供使用，服务大学城内所有公众的图书馆"。大学城图书馆并不是大学城中某个具体的高校图书馆，而是整个大学城里图书馆的集群，强调一种整体观念，强调大学城图书馆作为一个系统的内涵。由各图书馆共同建设的共享信息资源组织，在数量、质量和功能上，都大于孤立状态下的各图书馆资源之和。大学城图书馆是大学城的有机组成部分，是大学城的信息资源中心和文化中心。

由于大学城的开放性，大学城图书馆不但为大学城各高校的教学科研和人才培养服务，而且也对全社会开放，特别是对大学城所属社区和周边的公众开放。例如，深圳大学城图书馆同时还是深圳市科技图书馆，面向深圳市全体市民开放，是深圳市重要的科技文献资源保障基地和社会化公共信息资源的交流服务平台。因此，大学城图书馆的"开放性"和"社会性"也十分明显，具有公共图书馆的特征。

3）工业园区图书馆

工业园区在我国各地的称谓并不一致，又被称作"经济技术开发区""高新技术园区"等，是我国改革开放的产物，大都是由政府划定，实行优先鼓励工业、技术发展的特殊政策地区，其主要目标是促进地方经济发展。工业园区图书馆是指建立在各企业聚集区（包括开发区、高新区或工业园区），在为社会大众服务的同时更加致力于为本园区经济发展提供信息服务的图书馆。工业园区图书馆一方面承担着服务社会公众的公共图书馆职能，另一方面也承担着企事业单位情报咨询中心的职能。其主要任务是为园区经济建设、科技发展服务，为招商引资、领导决策服务，为文化教育、社会发展服务。

4）民营图书馆

在我国，民营图书馆的概念虽然出现较晚，但民营图书馆的形式却由来已久。我国古代漫长的图书馆发展历程中，私家藏书一直是古代图书馆文献资源的重要组成部分，在我国近代先进知识分子西学东渐等思想解放思潮中，我国私家藏书率先向社会开放，开创了我国公共图书馆建设的先河。1902 年，徐树兰创建了古越藏书楼，虽然仍名为藏书楼，但却是公认的我国第一座公共图书馆。随着西方文化的传入，我国逐步确立了公共图书馆制度，并出现了一些具有公益性质的民营图书馆，可以认为民营图书馆的建设推动了我国近现代公共图书馆事业的发展。在图书馆事业发展更为成熟的西方国家，以民营资本建立的图书馆也早已存在，并且在图书馆发展中起到了不可或缺的推动作用。国外民营图书馆 17 世纪开始萌芽，开始是由贵族或者上流社会人士利用私家藏书开办的小范围内开放的图书馆，藏书种类与办馆者的经济水平、文化素质及社会地位有很大的关系。

5）农家书屋

农家书屋工程主要是由政府投入建设的公益性文化事业，是社会主义新农村建设的重要组成部分，是保障人民群众基本文化权益、满足人民群众基本文化需求的重要途径，是农村文化建设的基础性工程。农家书屋虽然也是政府出资建设，但它并非由文化和旅游部门主管，因此也属于非传统公共图书馆的范畴。农家书屋的主要职能是促进农民增收致富，提高农民文化素质，引领农民生活风尚，关注青年健康成长等。

（二）学术图书馆

学术图书馆的服务群体为教师、学生及科研人员，是具有学术性质、为教学和科研服务的图书馆，包括高等学校图书馆和各类科学专业图书馆。

为了避免高等学校图书馆与科学专业图书馆在以行业领域划分时出现的大量交叉现象，此划分方法根据馆藏范围和图书馆所涉及的研究领域，将学术图书馆分为综合性学术图书馆和专业性学术图书馆两大类。

1. 科学专业图书馆

1）概况

科学专业图书馆属于专门性图书馆，这种专门图书馆，是依靠一些专门人才及其所掌握的专业知识，用科学的方法搜集、整理、保存、提供信息资料的机构。

在我国，科学专业图书馆种类多、数量大、馆藏文献专深，是直接为科学研究和生产技术服务的图书馆。它是按专业和系统组织起来的，在一个专业或系统内，形成了一个上下沟通、联系紧密的图书馆体系。

科学专业图书馆的类型很多，有综合性的，也有专科性的。在我国，科学专业图书馆主要包括中国科学院系统图书馆、中国社会科学院系统图书馆、中国农业科学院系统图书馆、中国医学科学院系统图书馆、中国地质科学院系统图书馆、中医研究院系统图书馆、政府部门所属研究院（所）图书馆、大型厂矿企业的技术图书馆，以及其他专业性图书馆。

在科学专业图书馆中，历史较久、规模较大的中国科学院文献情报中心、中国农业科学院科技文献信息中心、中国医学科学院医学信息研究所、中国中医科学院中医药信息研究所等，都是本系统的中心图书馆，在外文书刊的采购、文献调拨、编制联合目录、馆际协作、图书馆自动化、干部培训等方面，起着组织和推动的作用。

2）性质和任务

国外有些科学图书馆是公共性质的专业图书馆，其主要任务是为科学研究服务，广泛开展科学信息活动，收集和提供最新信息资料。在我国，科学专业图书馆尚不具备完全公共性质，而是隶属于各类科学研究机构。

科学专业图书馆是交流科学信息的机构，是我国图书馆体系的一个重要组成部分。它在为科学研究服务方面，起着"耳目""尖兵""参谋"的作用。它所担负的主要任务如下。

（1）紧密结合本系统、本单位的科研方向与任务，搜集、整理、保管和提供国内外科技文献，为科学研究和生产技术服务。

（2）积极开展信息的调研和分析，摸清各研究课题的国内外发展水平和趋势以及有关的指标、参数，不断向科研人员和领导部门提供分析报告和有科学价值的信息资料。

（3）组织本系统科技信息交流，协调本系统文献信息刊物的编译出版，宣传报道国内外的最新科学理论和技术。

（4）加强文献信息工作协作的组织工作和业务辅导，做好本系统的文献信息资料调剂、工作经验交流和干部培训等工作。

（5）开展文献信息理论、方法和现代化手段的研究。

3）特点

科学专业图书馆可分为综合性和专科性两种类型，具有以下特点。

文献信息一体化是科学专业图书馆的主要特点。文献与信息本来都共存于图书馆之中，二者存在着密切的内在联系。图书馆是收藏、管理和传播书刊文献资料的知识宝库，科技信息单位是提取、研究和加工书刊文献资料所含信息的服务中心。二者都是以文献信息为工作对象，都是采用从搜集到利用的技术方法，都服务于同一对象读者或用户，都是为了达到继承人类知识成果这个共同的目的。尽管图书馆工作与科技信息工作在为科学研究服务的广度、深度、方式和手段等方面还存在着某些差异，但是它们在工作内容和工作方法上具有相似的程序，即重视科技文献信息的搜集、加工、分析、报道、检索和提供。

服务是一切图书馆的共性，而服务方式多样化则是科学专业图书馆的又一特点。科学专业图书馆的服务方式早已突破单一的借阅形式，重点在于各种信息服务项，如开展文献信息定题跟踪报道、受理大宗的专题回溯检索、科技查新，编制各种推荐性和参考性的书目索引等。

科学专业图书馆的馆藏文献大都反映出学科专业性。学科的基本理论著作，特别是最新科学著作是收藏的重点。所藏国外文献占有较大的比重，其中又以国外期刊为重点。凡与本单位科研方向和任务有关的文献信息资料均力求系统搜集，本门学科的相关学科的文献信息资料也根据需要予以搜集。对于能够成为信息源的文献资料很重视，入藏量也较大。由于这部分文献资料老化周期短，因而馆藏新陈代谢较快。

科学专业图书馆的服务对象，主要是本系统、本单位的科研和工程技术人员。根据科研工作的特点，文献信息工作必须走在科研工作的前面，要求广、快、精、准地提供文献信息资料，发挥科研工作的"耳目""尖兵""参谋"的作用。为此，要求文献信息人员加强信息分析研究，掌握国内外的专业研究水平和动向，以及科研人员的实际需要，紧密配合科研任务，采取多种方式提供有效的服务。

2. 高等学校图书馆

1）概况

高等学校图书馆是学校的文献资料信息中心。文献资料信息工作是高等学校教学、科研工作的基本条件之一，加强图书馆、资料室的建设，搞好文献资料的搜集、整理、保管和借阅，是高等学校的一项重要工作。国外把现代化的图书馆视为现代化大学的三大标志之一，由此可见高等学校图书馆在高等学校中所处的重要地位。高等学校图书馆是我国图书馆事业中的一个重要类型。

根据馆藏文献范围划分，高等学校图书馆大体上可分成两类：综合性的和专业性的。综合性大学图书馆和师范院校图书馆属于综合性的图书馆；多科性理工科院校图书馆和单科性院校图书馆基本上是专业性的图书馆，只是在专业的范围上有所区别。

2）性质、地位

高等学校图书馆是为教学和科学研究服务的学术性机构，它的工作是学校教学和科学研究工作的重要组成部分。为教学和科学研究服务，是高等学校图书馆基本的特征，也是高等学校图书馆的价值所在，是它的全部工作的出发点和归宿，并贯穿于它全部工作的各环节之中。

高等学校图书馆从服务内容、服务手段到服务方法，无不反映它的学术性质。高等学校图书馆的学术性同样贯穿于图书馆服务的各个环节之中。高等学校图书馆的服务性和学术性互相渗透、互相统一、紧密联系、不可分割；二者不是互相平行，更不是互相对立的。两者是一个统一的整体，紧密结合，不能割裂。

高等学校要出高质量的适应现代化要求的合格人才和高水平的科研成果，必须要有高质量的文献资料信息工作的保证。现代高等教育要求高校图书馆从被动的低水平的服务发展为主动的高水平的服务，要求高校图书馆在原有基础上大力加强和发挥教育职能与传递信息职能。高校图书馆工作是教学、科研的有机组成部分，是办好高等学校的基本条件之一。

3）任务和作用

高等学校的根本任务是立德树人。高等学校的主要职能是人才培养、科学研究、服务经济社会发展、文化传承创新。高等学校图书馆的任务服从服务于高等学校的根本任务和职能。

2015 年教育部修订后的《普通高等学校图书馆规程》规定，高等学校图书馆的主要任务如下。

（1）建设全校的文献信息资源体系，为教学、科研和学科建设提供文献信息保障；

（2）建立健全全校的文献信息服务体系，方便全校师生获取各类信息；

（3）不断拓展和深化服务，积极参与学校人才培养、信息化建设和校园文化建设；

（4）积极参与各种资源共建共享，发挥信息资源优势和专业服务优势，为社会服务。

3. 综合性学术图书馆

综合性学术图书馆的馆藏范围涉及各个学科，如多科性、综合性大学图书馆以及综合性科研机构的科学专业图书馆等。在一些国际划分方法中，科学专业图书馆常被独立列类，其服务对象主要是科研人员和工程技术人员，从事的多为前沿和尖端课题。在我国，科学专业图书馆是主要的图书馆类型之一，被按照专业和系统组织起来，隶属于各类科学研究机构。其中，中国科学院国家科学图书馆和中国社会科学院图书馆都属于综合性学术图书馆，它们为自然科学、交叉科学和高技术领域的科技自主创新，以及经济、法律、文史哲等方面的研究提供了文献信息保障。

4. 专业性学术图书馆

专业性学术图书馆是指该图书馆的某一专业领域很突出，其馆藏建设以收集与该研究领域密切相关的信息资源为重点，建立专业的馆藏体系，馆藏范围围绕该馆的科研任务和方向。单科性院校图书馆以及理工类、文学类、法学类、农学类等学科类别较单一的高校图书馆都属于此类。除此之外还包括军事院校图书馆、医学院校图书馆、中国农业科学院图书馆、中国地质图书馆等研究方向专一的科学专业图书馆。学术图书馆的馆藏具有专业性和学术性的特点，且服务方式多样化，要求图书馆的工作人员具有一定的专业知识背景、文献信息知识和较高的外语水平。学术图书馆向科研人员提供有科学价值的信息资源，宣传报道国内外最新的理论和技术，是高校和科研机构的文献信息中心，是广大师生、研究人员进行学习和学术研究的重要场所。

（三）专门图书馆

专门图书馆的服务群体面向的是某一行业或某一特殊人群。

在各类图书馆中，专门图书馆是构成最为复杂的一类，它数量繁多，涵盖了各种行业的图书馆。因此，将专门图书馆分为面向特殊行业的专门图书馆和面向特殊群体的专门图书馆。

面向特殊行业的专门图书馆，即为各个行业领域服务的专门化图书馆。我国行业领域众多，除公共图书馆外，几乎所有行业领域的图书馆都可归入面向特殊行业的专门图书馆一类中，并且也可将随着社会发展而产生的新的行业图书馆随时归入此子类。而面向特殊群体的专门图书馆是针对不同的服务人群进行划分的，概括来说，专门图书馆具体包括军队图书馆、医院图书馆、工会图书馆、儿童图书馆、盲人图书馆、监狱图书馆，以及为宗教徒和部分信徒服务的宗教图书馆等。中小学图书馆由于不具备高校图书馆的学术性，也应归入此类中。

需要注意的是，这里的军队图书馆和医院图书馆与学术图书馆体系中的军事院校图书馆、医学院校图书馆不同，军队图书馆和医院图书馆分别服务于广大指战员和医患人员，其作用是丰富读者的业余文化生活，藏书通俗易懂，而军事院校图书馆和医学院校图书馆则具有很强的学术性，主要面向师生和科研人员，馆藏具有一定的专业性，其任务是满足相关领域科学研究的需要。

1. 工会图书馆

工会图书馆是工会组织举办的群众文化事业。它是向职工进行思想教育的重要阵地，也是职工学习政治、科学文化知识的场所。它对于提高广大职工的思想、科学文化水平起着重要的作用。

工会图书馆的种类较多，有中华全国总工会图书馆，有省（自治区、直辖市）总工会图书馆，有市、县（区）工会图书馆，有专门的产业工会图书馆，还有基层工会图书馆（室），以及各工厂企业、机关俱乐部和文化宫的图书馆（室）。工会图书馆主要服务对象是所属系统、地区或单位的职工、干部及其家属。

各级工会图书馆应根据客观条件不断充实馆藏，既要补充一般通俗读物，也要注意入藏适合较高文化水平阅读的政治理论、科技和文艺著作。各级工会图书馆要建立方便读者利用藏书的规章制度，不断提高管理水平。

2. 中小学图书馆

中小学图书馆也称学校图书馆，在有些国家称之为"学校媒体中心"或"学校图书馆电教中心"。中小学图书馆是中小学的有机组成部分，是学校教育和教学必不可少的条件。宗旨是：为教师教学、学生学习、提高教育质量和培养人才服务。中小学图书馆是学生的第二课堂。

教育部 2018 年印发的再次修订的《中小学图书馆（室）规程（修订）》，明确规定了中小学图书馆（室）的作用、任务和性质。

图书馆是中小学校的文献信息中心，是学校教育教学和教育科学研究的重要场所，是学校文化建设和课程资源建设的重要载体，是促进学生全面发展和推动教师专业成长的重要平台，是基础教育现代化的重要体现，也是社会主义公共文化服务体系的有机组成部分。

图书馆的主要任务是：贯彻党的教育方针，培育社会主义核心价值观，弘扬中华优秀传统文化，促进学生德智体美全面发展；建立健全学校文献信息和服务体系，协助教师开展教学教研活动，指导学生掌握检索和利用文献信息的知识与技能；组织学生阅读活动，培养学生的阅读兴趣和阅读习惯。

中小学图书馆可以在许多方面发挥作用。它在培养学生的思想品德，进行科学文化知识教育、自学方法教育、图书馆知识教育以及培养自学能力、分析鉴别能力等方面，均可发挥重要的作用。

公共图书馆既可以为一般社会民众服务，也可以为某一特定的读者人群服务，如儿童、盲人、农民等，所以从某种意义上来说，面向特殊群体的专门图书馆也具有公共图书馆性质，但因为利用的大众人群较少，多数为小众人群，所以将其归为专门图书馆。此外，育儿馆、婴幼儿培养馆、特殊疾病心理辅导图书馆、老年图书馆等虽然在我国还有待建设，但也将成为专门图书馆的重要组成部分。面向特殊群体的专门图书馆的服务方式是根据不同人群的阅读习惯和阅读需求构建的，如在儿童图书馆内进行的阅读指导、对青少年开展的信息获取能力培养等服务，可以让少年儿童养成良好的阅读习惯。总之，此类专门图书馆的发展使图书馆的服务更加人性化，能更好地服务于全社会。

三、基于形态的图书馆类型划分

（一）传统图书馆

传统图书馆是大家熟悉的名词，一般人的理解是指手工操作图书馆。我们这里所说的传统图书馆是与数字图书馆相对而言的，其含义广泛，包括手工操作图书馆与计算机自动化图书馆。也就是说，除数字图书馆之外，其他一切类型图书馆统称为传统图书馆。从本质上来说，手工操作图书馆与计算机自动化图书馆区别不大，只是在技术方法、操作程序、工作效率与效益上有所区别。与数字图书馆比较，传统图书馆是一个物理概念，是一个实体，是社会的一种装置，有固定的处所、一定规模的建筑和藏书，它通过图书馆工作人员为一定范围内的读者或专门读者提供服务。这种服务包括馆内阵地服务和馆外送书上门服务，服务是有区域、时间、数量限制的。传统图书馆结构（也称图书馆构成要素）主要有信息资源、图书馆员与用户、信息设施（馆舍建筑、设施设备）、信息技术和方法四个要素。

（二）数字图书馆

1. 发展历程和产生背景

1）发展历程

随着当代信息技术的飞速发展，以印刷型书刊资料为主要收藏载体的传统图书馆逐渐难以适应信息社会不断增长的信息需求，信息量的激增、信息传输速度的提升以及信息利用的网络化，要求图书馆调整自身的馆藏结构和服务方式，这就促使了数字图书馆的出现。

数字图书馆的概念，最早可以上溯到 1975 年 R. W. Christian（克里斯蒂安）在《电子图书馆：书目数据库：1975—1976》一书中提出的电子图书馆（electronic library），现在一般认为电子图书馆是数字图书馆的早期提法，1992 年前大多使用"电子图书馆"，1992—1994 年这两个概念并行使用，1994 年后多用"数字图书馆"。

1994 年 9 月，美国国家科学基金会等单位正式启动实施一项为期 4 年、耗资 2440 万美元的"数字图书馆创始"（digital library initiative, DLI, 或译为"数字图书馆先导"）计划，可以视为数字图书馆从概念走向实践的开端。由卡内基·梅隆大学、斯坦福大学、密歇根大学、加利福尼亚大学伯克利分校、加利福尼亚大学圣塔芭芭拉分校、伊利诺伊大学等六所著名大学进行的这项"数字图书馆创始"实验，开创了数字图书馆时代。

随后，数字图书馆建设热潮席卷全世界。1997 年后，我国图书馆学界也掀起了研究数字图书馆的浪潮。1997 年 7 月，由国家图书馆、上海图书馆、南京图书馆、中山图书馆、深圳图书馆、辽宁图书馆以及文化部文化科技开发中心联合承担的"中国试验型数字式图书馆"（Chinese pilot digital library, CPDL）项目经国家计划委员会批准立项，成为国家重点科技项目，标志着我国数字图书馆建设拉开序幕。

2）产生背景

图书馆的发展和演变离不开内部环境的驱动力和社会环境的推动力。内部环境主要是指社会对图书馆的需求所产生的驱动力，促使其改变传统图书馆的服务环境，实现图书馆的数字化和自动化。社会环境的变化主要包括社会经济结构、信息技术结构、文化结构的变动，进而推动图书馆的发展和演变。

2. 定义

上海图书馆刘炜等认为可以给数字图书馆下一个比较宽泛的定义："数字图书馆是社会信息基础结构中信息资源的基本组织形式，这一形式满足分布式面向对象的信息查询需要。"其中"分布式"和"面向对象"的含义可以简单地理解为：前者是指跨图书馆（跨地域）和跨物理形态的查询，后者是指不仅要查到线索（在哪个图书馆），还要直接获得要查的东西（对象）。这个定义类似于说目前的图书馆"是社会信息资源的一种主要组织形式，满足了人们借阅书刊等基本信息的需要"。这是一个在传统图书馆与数字图书馆相互参照基础上提出的数字图书馆定义，具有一定的综合性。

有关数字图书馆还有如下定义。

数字图书馆是图书馆在线服务系统。

数字图书馆是以数字形式存储和处理信息的图书馆。

数字图书馆是以数字形式提供信息服务的机构或组织。

数字图书馆是指图书馆所有的工作流程都基于计算机，而且馆藏资源都实现了数字化。

数字图书馆是指图书馆馆藏实现数字化管理，并提供上网服务，供读者随时随地查阅。

数字图书馆是指通过多种技术将各种文献数字化，并将其组织起来在网上提供信息服务的信息中心或数据库。

数字图书馆实际就是人们所说的电子图书馆、虚拟图书馆、无墙图书馆，不同的称谓只是人们从不同的角度描述数字图书馆的特征。

数字图书馆是一个数字化系统。它将分散于不同载体、不同地理位置的信息资源以数字化的形式储存，以网络化的方式互相连接，提供及时利用，实现资源共享，其核心是数字化和网络化，其实质是形成有序的信息空间。

数字图书馆是一个大系统，它拥有分布的、大规模的和有组织的数据库和知识库，用户或用户团体可对系统内的数据库和知识库进行一致性的访问，获得自己所需的最终信息。

数字图书馆为国家信息基础设施提供关键性的信息管理技术，同时提供主要的信息源和资源库。换言之，数字图书馆是国家信息基础设施的核心。

数字图书馆一般而言是指利用当今先进的数字化技术，通过如互联网等计算机网络，使人数众多且又处在不同地理位置的用户能够方便地利用图书馆。

数字图书馆，就是对有价值的图像、文本、语音、影视、软件与科学数据等多媒体信息进行收集、组织和规范再加工，通过网络提供高速横向跨库连接的多媒体信息存取服务，促进社会各类信息高效、经济地传递，从而极大地方便人们的学习、交流和生活。

第四节　图书馆的性质、功能与核心价值

图书馆是一个独立系统，具有专业性，有它自身固有的本质特征与发展规律。图书

馆的性质、功能、核心价值是一个有机整体，三者是不可分割的、相互联系的。

一、图书馆的性质

事物的性质就是某一事物所具有的特质。大千世界之所以会有各种各样的事物，均出于客观事物的本质差异。作为社会系统的图书馆，是一个教育、科学、文化的复合体，它既受到社会生活生产方式的制约，又受到科学文化教育事业的影响，其性质呈现出较为复杂的状况。但它毕竟是一种独立的社会事物，同样具有本质和一般属性，从而决定了图书馆与其他教育、科学、文化机构既有区别，又有联系。

（一）图书馆的本质

科学的使命在于透过事物的表象形态去寻求事物内在机制的必然联系，将客观事物的现象描述上升到本质的揭示。图书馆是一个客观实体，图书馆活动是这个社会实体的外在表现形式；对文献的搜集、整理、保管、流通和利用，则是其活动内容的具体体现，关于图书馆的本质，有两种重要的观点。

1. 图书馆是知识集合

知识集合是指用科学方法把客观知识元素有序组织起来形成提供知识服务的人工集合。知识集合既是一个结果，又是一个过程。这一定义包含以下几层含义：①知识集合是由客观知识元素汇聚而成的，这些知识元素的汇聚组织依据了一定的科学方法；②知识集合一经形成便是一个完整的实体，它在客观知识世界中独立存在形态；③知识集合的目的是保存、传播知识，为人类提供知识服务。根据知识集合的定义，可以说，图书馆就是知识集合。然而，在客观知识世界中，具有知识集合性质的却不仅仅是图书馆，还存在着多种多样的知识集合，如百科全书、字典词典、知识库、数字图书馆等，它们也具有知识集合这一性质。

2. 图书馆是动态的信息资源体系

前文提到信息资源是指人类社会信息活动中积累起来的以信息为核心的各类信息活动要素的集合，那么信息资源体系则是对应于用户需求而存在的。作为总体的信息资源体系（即世界图书馆网络）所反映的是全人类的信息需求。作为个体的信息资源体系（具体的图书馆）所反映的是特定用户群的信息需求。信息资源体系本身包含着图书馆的特殊矛盾，即信息资源的有限性与用户需求的无限性的矛盾；而信息资源体系的运动过程就是寻求解决这一矛盾的过程。

将图书馆视为动态的、有机的信息资源体系，合理地继承了印度图书馆学家阮冈纳赞提出的"图书馆是一个发展着的有机体"的观点。主要体现在：①图书馆所采集的信息资源彼此之间有着种种联系，这些联系使本来相对独立的信息资源形成了一个整体，这就是信息资源体系；其结构是与用户群的需求结构相对应的，使任何形式的信息资源都可以收集起来形成一个信息资源体系，被用户使用。②信息资源体系是一个动态发展的有机体，其发展过程有形成、维护、发展、开发四个主要阶段。

（二）图书馆的属性

图书馆本身所具有的、失去这种属性图书馆的性质就会发生变化的属性，就是它最根本的属性——中介性，中介性对图书馆的存在起了决定性作用。但图书馆不是孤立的系统，而是整个社会文献信息交流系统中的一个子系统，是科学技术文化教育系统的一个组成部分，因此具有它所属系统的一些共性。这些共性就是中介性、社会性、科学性、教育性和服务性。

1. 图书馆的中介性

从图书馆工作的基本过程来看，它包括文献的搜集、整理、流通三个主要环节。文献资料是人们思想认识的物质形态，是信息存储的载体，所以这一过程的基本着眼点就是文献信息的输入、存储和输出。图书馆根据特定环境的需要，将数量众多的、散乱无序的、处于随机变量状态的文献资料，经过选择而收集起来，就等于输入了社会信息，为信息交流准备了充分的内容。然后对收集的文献进行分类编目、加工整理、组织保管，把零散的单元知识组成有序的知识系列，把无序的个体信息纳入社会信息的科学体系之中，为信息的有序输出和交流的定向化创造条件。图书馆通过图书流通，把文献形态的信息输送给用户，调整个体信息量与社会信息量的位差，起到信息交流的作用。文献借助图书馆在时空中得以传播，这一传递渠道被称为文献交流的正式渠道，而文献的直接传递则是非正式渠道，图书馆的中介性得以体现。通过图书流通，读者阅读、吸收、利用文献中的信息，以进行人工信息的再创造。新的信息一经得到社会承认，又成为图书馆新文献的来源，如此循环往复，使图书馆日益发展壮大，成为社会信息交流体系中不可缺少的组成部分。

2. 图书馆的社会性

社会性就是人与人之间、事物与事物之间相互联系、相互依存的关系。图书馆作为人们共同使用的文献财富、进行文献信息交流的一种组织形式，它与社会各行各业有着广泛而深刻的联系，因而它具有明显的社会性。

（1）文献是人类共同的精神财富。图书馆的物质基础——藏书，既是人类社会的产物，又是人类社会共同享用的精神财富。一方面，文献是人类智慧的结晶，是古今中外千百万人，将丰富的社会实践经验加以概括、抽象而创造出来的知识，成为全人类共同的精神财富；另一方面，科学技术的发展，社会实践的需要，人们还要从文献里汲取各种文化知识，借鉴先进的科学技术成果，文献又成为人类共同享用的精神财富。科学无国界，以及"资源共享"的口号正是图书馆社会性的外延。

（2）图书馆是组织人们共同使用文献的场所，通过图书馆，将人类的知识向社会广泛传播交流。图书馆有计划地搜集文献，系统地积累文献，目的是供人们使用。但古代的藏书楼，由于文化被少数统治阶级和宗教所垄断，文献被禁锢在深院秘阁之中。到了18世纪下半叶和19世纪上半叶，资产阶级产业革命的兴起引发了资产阶级的教育革命，接着又产生了公共图书馆运动，公共图书馆的大门向社会敞开，组织社会大众利用图书馆的藏书，从此图书馆就具有了广泛的社会性。尽管在不同的社会制度下，图书馆使用藏书的目的各不相同，但凡属于社会的成员，不管男女老少，都可以成为公共图书馆的读者，都可以利用图书馆的藏书，充实自己，提高自己的科学文化素养。特别是社会主义国家的图书馆，它的藏书是全体人民的文化财富，组织广大人民群众充分利用馆藏书刊资料，为社会主义建设服务，更是它光荣而神圣的职责。

（3）图书馆网的形式，使图书馆具有更大范围的社会性。在知识激增，出版物大量涌现的形势下，任何一所图书馆都不可能将所有的出版物收集齐全，也不可能满足所有读者的需要。为了应对社会的各种挑战，早在 20 世纪末、21 世纪初就开始了以编制联合目录和书刊互借为主要内容的图书馆之间的协作协调活动，这是传统的图书馆网的形式。一直到图书馆采用电脑存储、检索文献之后，形成了现代化的图书馆网络，使各种类型图书馆的藏书成为社会的共同财富。图书馆担负着社会知识交流的巨大职责，社会的各行各业，出于生产、科研的需要，又都要从图书馆获取情报文献，因而各行各业都离不开图书馆，各种类型的图书馆与社会各行各业都有着密切的联系，图书馆将办成社会和学校文化、学习、学术的中心，成为一种社会事业。目前西欧一些大学图书馆向社会开放，英国的公共图书馆已成为一个地区科学文化活动的中心，日本政府提倡把图书馆办到人们的身旁，所有这些都表明，图书馆的社会性越来越引起人们的重视。

3. 图书馆的科学性

图书馆本身就是科学劳动的成果，图书馆汇集着各类知识门类的书刊资料，是构成社会的科学能力的重要因素，是科学研究事业的重要组成部分，因此它具有科学性。

（1）图书是一种劳动资料，图书馆是科学研究工作的据点和基地。科学劳动是社会的一种劳动，它具有明显的连续性、继承性和创新性。任何科学研究工作都必须从搜集、掌握、熟悉各种文献开始，从中借鉴前人的劳动成果。因此，科学劳动所使用的资料，不仅包括实验设备和多种材料等物质资料，还包括各种文献等知识形态的资料。科学工作者只有从各种文献中获取自己所需要的专业知识、数据、观点、图表等，才能在前人的基础上实现科学创新。所以教学、科研人员都把图书馆和实验室当成自己的左右手，离开了它们，就像体力劳动者缺少了手中的生产工具一样，必将一事无成。特别是在新技术革命席卷全球的今天，世界上不少国家都把科学家队伍、实验技术装备、图书情报系统、科学劳动结构以及全民教育等有机结合起来，作为社会的科学能力予以积极发展。

（2）图书馆的文献服务工作，是科学研究工作的前期劳动。马克思在《资本论》中论述到科学劳动的特点时指出："这种劳动部分地以今人的协作为条件，部分地又以对前人的劳动的利用为条件。"这样的论断道出了科学劳动的继承性和协作性。"前人的劳动"指的是凝聚在各种文献中的科学知识；"今人的协作"是其中一种特殊的方式，就是图书馆所进行的文献信息交流工作，因此，图书馆的文献服务工作鲜明地反映了科学劳动的这种特性。图书馆利用文献将知识创造者与知识利用者联系起来，使他们进行科学劳动的协作。也就是说，现代社会化了的集体劳动，不仅包括科学家的研究工作，而且还包含图书情报工作者的文献工作。科学工作者在科研活动中，要用大量的时间查阅文献资料，而图书馆收集书刊资料，解答读者咨询，编制书目索引、文摘、评介等文献服务工作，就代替了科学工作者的前期劳动。在知识激增的今天，正是由于图书情报工作者的辛勤劳动，才保证了科学家能坐在办公室里，直接从"信息库"里提取到各种资料，进行比过去效率高得多的现代科学劳动。

（3）图书馆工作本身就是一项具有科学研究性质的工作。图书馆工作属于知识性的工作，它以文献为工作对象，其学术性和专业性都很强。图书馆的各项工作，如文献的采选、整理、保管、流通、参考咨询等都带有学术性，都需要精心地研究，才能掌握其客观规律，把工作搞好。特别是现代化的图书馆事业，广泛应用计算机技术，使文献检索和文献管理自动化、图书情报资料存储数据化，应用现代通信技术，使信息传递网络化。如果没有掌握各种专门知识的人才去研究、开发和应用，那是决然适应不了图书馆现代化要求的。从图书馆事业的发展上看，为了不断提高工作效率和服务质量，总结经验，探索新的方法和途径，还必须开展图书馆学的研究，把研究的成果运用到工作中去，才能促进图书馆事业的发展。所有这些，都体现了图书馆的科学性。

4. 图书馆的教育性

图书馆通过书刊资料，传播科学文化知识，对读者进行教育，促进科学文化事业的发展，所以它具有教育的性质。早在 1876 年美国图书馆学家杜威就说：图书馆是一个学校，图书馆员是广义的教师。著名的教育家蔡元培赞许道，教育不专在学校，学校之外，还有许多机关，第一是图书馆。以上说明，图书馆的教育性已被举世公认。

图书馆的教育性，主要表现在它是专业教育的补充、学校教育的辅助机构、社会教育的重要场所。其教育的特点如下。

（1）图书馆是组织教育的基础和手段。图书馆运用图书记录知识，传递知识的特点，通过自己丰富的书刊资料，传播科学文化知识，对读者进行宣传教育。广大读者通过学习和利用书刊资料，不断丰富自己的知识，提高自己的科学文化水平。根据图书馆教育的特点，美国佛罗里达州立大学联合其他十多所大学，于 1964 年创办了世界上第一所新型大学——图书馆大学。

（2）图书馆的教育方法是通过读者自学实现的，因而图书馆是大众自学和深造的场所。历史证明，许多伟大的科学家不一定都出身于学校。据国外统计，一个科学家知识的获得，20%来源于学校，80%来源于自学和实践经验。因此社会教育对一个人世界观的形成、知识的积累、道德的修养都具有深远的影响。图书馆是社会教育的重要场所，是推行终身教育制度的有效设施。儿童在入学前可以到图书馆看图认字；在校求学的学生，可以利用图书馆的藏书来扩大自己的知识视野，弥补课堂学习之不足；离开学校的读者，可以一边工作，一边在图书馆自学、进修。总之，凡是具有一定阅读能力的社会成员，都可以借助图书馆丰富的藏书、参考资料以及各种有利条件，通过自学获得新知识，研究新问题。所以图书馆是读者的良师益友，是自我教育的阵地，是社会的大学。

（3）图书馆教育形式的多样性。图书馆对读者进行教育，有很多途径，方式方法灵活多样。人们通过借阅图书报刊，收听收看视听资料，利用计算机及移动终端设备检索文献等获得需要的知识和信息；图书馆还举办各种学术报告会、作家演讲会、读书座谈会、图书展览会、音乐欣赏会及多种形式的文学艺术宣传活动，吸引读者参加，使人们从中受到教育和智能锻炼，通过多种形式的启发引导，大大增强教育的效果。

（4）图书馆教育对象和教育内容的广泛性。人类社会的教育机构首推学校。学校教育不仅有对象的选择，而且有专业、年龄的限制。图书馆基于藏书知识门类的广泛性和图书资料使用的公共性，从横向来说，几乎包括所有学科的专业知识；从纵向来说，包括各种知识水平、各种深度的读物，有科普读物、入门基础、一般教材，还有较专深的学术专著和专题论文。因此，它能满足各种专业、各种职业、各种学历、各种文化程度的读者的需要，更优越于其他任何社会教育设施。学校教育限于学生，图书馆教育基于社会；学校教育止于毕业，图书馆教育直至终身；学校教育仅限于某一专业，图书馆教育则涉及众多知识领域；图书馆的教育不受时间、空间、年龄等限制，深入到社会的每一个角落，这是其他任何教育机构所不能相比的。总之，不论是初具阅读能力的儿童，还是专家、学者，不管是国家领导人，还是一个普通的公民，都可以成为图书馆的读者，都可以从浩如烟海的馆藏图书中汲取所需要的科学文化知识。

5. 图书馆的服务性

图书馆虽然具有科学性、教育性，但它不是专门的科研机构和教育部门。图书馆通过书刊资料的收集、整理和传播使用，将一部分人创造的精神财富转移给另一部分人，并在文献流通借阅的过程中表现出服务性。这种服务性，不同于那些满足群众物质生活需要的餐馆、旅社、商店等服务行业的性质。图书馆是科学文化、意识形态领域里的服务部门，是教学、科研、普及文化知识的服务性机构。其工作任务是"为人找书"和"为书找人"，实质上就是传播科学文化知识和传递情报，以满足人们学习、生产、科研的需要。所以图书馆工作者是知识的传递者，要做好传递知识的服务工作，同时还要熟悉和掌握业务工作的技能和方法，以文献资料为工具，促进人类文明向前发展。

二、图书馆的功能

图书馆功能（library function）就是图书馆对人类社会的发展所能产生的有益作用或推动作用，又可分为基本功能和社会功能。图书馆的基本功能，就是图书馆工作过程本身的直接社会作用；图书馆的社会功能，就是图书馆活动的间接社会效果。基本功能决定社会功能，促进社会功能的发展；社会功能以基本功能为基础，促进基本功能的完善。

（一）图书馆的基本功能

图书馆的社会功能是以其基本功能为基础的，是图书馆与外界环境相互作用的产物，是其基本功能的社会表现形式，会随着社会的发展而扩展和深化。因此，在研究图书馆社会功能过程中必须首先紧紧把握住图书馆的基本功能，进而在此基础上结合读者不同层次的社会需求来确定图书馆的各项社会功能。

1978 年出版的《美国百科全书》中"图书馆"词条绪论指出："图书馆出现以来，经历了许多世纪，一直担负着三项主要功能：收集、保存和提供资料。图书馆是使书籍及其前身发挥固有潜力的重要工具。"

日本野村综合研究所情报管理开发室长井如在《大学图书馆的经济管理》一文中认为："图书馆的工作通常就是收集、整理和提供。其中提供又可以称之为使用或服务，可以认为这种分法在一定程度上是标准的。"

图书馆的基本功能就是指反映图书馆本质、特征的功能，是所有图书馆所共有的，不管过去、现在、未来，或国内与国外，或大馆与小馆都是一样的存在。从综合来看，图书馆的基本功能包括两个方面：保存功能与利用功能。保存功能即图书馆收集、整理各种文献信息资源并对其进行保存；利用功能则是指在保存的基础上根据用户需求提供使用。保存和利用概括了图书馆的全部工作，构成了图书馆基本功能不可分割的两个方面。只有具备了保存的物质基础，才会有利用的实际内容；通过传递利用，进一步促进保存体系，二者相互依存，形成一个有机整体，反映出了图书馆最基本的社会活动。

总之，图书馆以其保存文献而成为一个独立的社会机构，以其利用情报信息体现出它存在的社会价值。保存和利用图书情报是图书的自然功能和社会分工，它构成了图书馆活动的特殊规律，反映了图书馆收藏与利用这一最基本的矛盾运动，成为决定图书馆存亡的关键性因素，是图书馆区别于其他社会事业的特征。如果离开这一基本功能，图书馆就不复存在，图书馆的社会意义和社会作用也就无从谈起。虽然不同类型、不同时期的图书馆，在保存和利用两方面会有所偏重，但从一般意义上讲，凡图书馆都必须具备这种基本功能，因此它贯穿图书馆发展始终，带有稳定性和永恒性。

（二）图书馆的社会功能

随着当代科学技术的突飞猛进和新技术革命的到来，人们对信息知识的需求越来越迫切，图书馆作为人类智力资源中心和文献信息交流的重要渠道，在社会上所占的地位越来越重要，图书馆的社会功能日益引起人们的广泛关注。结构对于功能的发挥具有决定作用，因此在进行图书馆社会功能的研究时必须依据图书馆构成结构来理解图书馆的功能，只有这样，对图书馆社会功能的认识才能更为深刻、全面。图书馆主要是由信息资源、图书馆员与用户、信息设施、信息技术和方法四个方面的要素组成的。图书馆诸要素相互结合、相互作用，构成了图书馆这个发展着的有机体，因而图书馆社会功能的发挥相应地随着图书馆结构要素的改变而改变。

以第一代与第二代图书馆功能的变化为例，第一代图书馆注重文献信息的收藏，而第二代图书馆注重文献信息的提供利用。两代图书馆间功能的差异主要源自两方面要素的改变。首先，在信息主体方面，第一代图书馆注重收藏，并没有把信息主体作为其主要的构成要素，不向大众开放，而第二代图书馆则把信息主体放到了一个相对重要的地位，实现了由"收藏机构"向"服务机构"的转变。其次，在信息方法方面，第一代图书馆并没有对服务与利用的方法进行研究，而是重视收藏方法，重藏轻用，第二代图书馆则更加注重服务的提供，除了收藏方法外，资源利用方面的技术方法也成为图书馆方法研究的重点。

从图书馆形态上来说，传统图书馆与数字图书馆在各自功能的发挥上也有所区别，具有不同的侧重点。两种形态的图书馆在结构上最明显的区别体现在信息设施上，传统图书馆主要是通过馆舍建筑所营造的空间环境，为读者提供读书、学习、交流、进行知识共享的场地空间与环境；而数字图书馆则更多地通过计算机、网络等所营造的数字环境，为读者查找、获取、交流、共享信息等提供便捷的渠道，数字图书馆更注重自身的数字化建设，重视信息的提供与交流，建筑并不是必不可少的。传统图书馆更加突出的是其社会教育功能，并为读者创造了一个可以感知文化、体验文化、交流文化的公共文化空间，而数字图书馆则侧重的是提供信息服务。

图书馆的社会功能是多方面的，并且随着社会的文明进步，在不断地发展、深化和完善。不同的社会功能在图书馆的发展过程中所扮演的角色、所处的地位各不相同，几种社会功能间相互联系、相互补充，共同推动图书馆事业的发展。由此，现代图书馆的社会功能主要体现在以下四个方面。

1. 最基础的社会功能：保存人类文化遗产

保存人类文化遗产的社会功能是图书馆区别于其他信息部门的重要特点之一，是图书馆最基础的社会功能。文献是保存人类文化遗产的重要载体，在各种社会机构中，只有图书馆担负着保存人类文化典籍的任务。保存功能是图书馆的基本功能，有藏才能供用。文献出现伊始便是为了记录，而这些记录下来的信息则作为某种文化线索，将各个年代串联起来，在进行知识传递的同时，也使文明得以保存、文化得以传承。图书馆的保存功能是从古代时期的图书馆开始便一直具有的社会功能。例如，亚历山大图书馆就是为了"收集全世界的书"，实现把人类知识全部保存起来的梦想而建立的。

对于现代图书馆而言，其发展也必须以保存为基础。近些年来，随着诸多媒体、计算机以及网络技术等信息技术的日益成熟，拥有与存取问题成为国内外图书馆界研究热点之一。拥有与存取的关系其实就是在图书馆信息资源建设与服务中处理"拥有"馆藏信息资源和"存取"馆外信息资源之间的关系。关于二者的争论还在继续，但必须明确的是，"存取"是无法取代"拥有"的。拥有与存取互相辅助、长期共存、缺一不可。存取，无论是传统的馆际互借，还是今天的文献传递、数据库或互联网服务，实质上都是一种基于资源共享的信息保障或信息服务方式，存取的前提是他馆的拥有，反过来说，一个馆的拥有可供许多馆存取。因而，即便是信息技术高度进步、图书馆间信息资源共建共享不断发展的现在，保存功能仍然是图书馆发展过程中最基础的社会功能。

但必须注意保存人类文化遗产这一社会功能并不是由一个图书馆来实现的，保存功能由个别图书馆实现的观点是对图书馆保存功能的错误理解，一个图书馆包罗所有珍贵的文献是不可能实现的。强调拥有的重要性，并不代表每一个图书馆都必须拥有相应的文献，而是指图书馆作为一种社会机制所应承担的社会历史功能，是针对图书馆群体而言的。哲学家卡尔·波普尔曾说过："假如世界毁灭了，图书馆还在，很容易重建世界，如果图书馆也没有了，我们就会变成原始人。"这说明图书馆作为一种机制通过对人类文化遗产的保存，起到了文化传承的作用，使得文明在灾难面前得以恢复。在漫长的历史过程中，许多珍贵文献通过各个时期图书馆人的共同努力得以保存，而随着社会的进步，图书馆所保存的文献资源也不再局限于印刷型资源等实体文献，像网络信息等虚拟资源也成为图书馆重要的保存对象。图书馆已逐渐成为人类文化遗产的贮存中心。当前，图书馆的保存功能与早期相比则更多地体现在对文献的利用上。

2. 最首要的社会功能：提供信息服务

提供信息服务功能是图书馆最首要的社会功能。图书馆作为社会的信息传播与交流中心、重要的信息枢纽和网络节点，毫无疑问应当将提供信息服务的功能作为其最首要的社会功能，无论图书馆经历过还是将要经历怎样的发展，这一点都不会改变。虽然，把提供信息服务视为图书馆唯一的社会功能的唯信息服务论是错误的，需要警惕；但是，提供信息服务功能在图书馆发展过程中的首要地位是明确的，需要坚持。图书馆的日常工作以及开展的很多活动都是提供信息服务功能的体现，如图书借阅、馆际互借、文献传递等。传统信息服务的提供是图书馆通过对文献信息资源的收集、整理、存储、加工等，在充实其馆藏的基础上根据用户信息需求提供相应的文献内容信息、馆藏文献信息等信息服务。信息时代，伴随着科学技术的发展，数字图书馆应运而生。数字图书馆通过各种虚拟信息服务的提供，扩充了图书馆信息服务的范围和领域，并凭借其提供信息快捷、方便、不受时间地点局限等方面的特点而受到人们的追捧，为社会成员更加便捷、有效、全面地获得文献信息资源提供了途径。同时，提供信息服务功能的首要地位还可以从图书馆学研究的主要内容中反映出来，当前很多学者对图书馆学的研究多涉及信息服务的提供这一领域，如对数字图书馆、信息资源共建共享机制的研究等。

3. 最核心的社会功能：开展社会教育

虽然图书馆最首要的社会功能是提供信息服务，但正如上文所述，我们要警惕唯信息服务论，图书馆的社会功能是多种多样的，其中最核心的社会功能是开展社会教育。这里所说的图书馆教育功能并非仅仅指具体的读书内容、读书方法等方面的细节教育，而是针对整个社会而言，是指图书馆在社会系统中的教育功能。图书馆是社会教育系统中的一部分，是人类知识聚集地，它为读者提供良好的阅读、学习环境，通过对读者潜移默化的影响达到其开展社会教育的目的。

社会教育功能之所以重要，是因为其凸显了图书馆的价值。在信息交流过程中，图书馆既不是信息的生产者，也不是信息的使用者，只是在信息的生产与使用之间建立了一种信息传播渠道，而在信息技术的冲击下，图书馆作为信息渠道的这种作用完全可以被网络所取代。比如，在一种理想的状态下（不考虑知识产权问题等，各方达成了利益的平衡），可以由出版方进行数字出版并进行分类整序后直接提供给用户，用户在获取资源时直接与出版方进行联系、交易从而获取所需信息。在这种状态下，如果一味强调图书馆提供信息服务功能，那么图书馆的最终结果将是走向消亡。因此，图书馆必须注重除信息服务功能以外的其他社会功能。其中，图书馆的社会教育功能对图书馆的存在与发展有着更加突出的意义。

现代社会科学技术高速发展、知识更新速度加快、经济和社会不断发展与变革，在此环境下"学习型社会"这一概念逐渐引起了各国的高度重视，并成为各国在社会发展和社会进步过程中追求的一个重要目标。建设学习型社会作为我国全面建成小康社会的一个重要方面，要"形成全民学习、终身学习的学习型社会，促进人的全面发展"。随着经济的发展、人民生活水平的提高，无论是出于职业规划的需要、满足精神上的需求还是从社会发展的角度，都需要提供一种方式或途径使全体社会成员进行终身教育的需求能够得到实现。而实现这一目标，图书馆具有得天独厚的优势。作为社会教育机构的图书馆以其丰富的馆藏和良好的设施、环境与服务，以足够的深度和广度为社会成员提供一个进行终身学习、全民学习的场所与空间。因此，图书馆的社会教育功能在当前社会背景下效果更加明显。

4. 最突出的社会功能：营造公共文化空间

营造公共文化空间的功能可以提高图书馆的核心竞争力，是图书馆最具竞争力、现阶段应大力发展的社会功能。与咖啡厅、电影院等娱乐性质的公共空间相比，图书馆在自由、开放的基础上更具文化特性。图书馆不仅是自由交流、休闲放松的场所，更是一个自由的文化空间。读者在这里不仅可以看书，还可以通过图书馆提供的各种形态的文化活动分享知识、交流思想，这就是图书馆作为公共文化空间的社会功能的体现。

国外一些国家的图书馆早已不单单是看书的地方，如美国的图书馆会组织各种免费课程和展览活动，金融危机后还针对就业人群专门组织了求职指导服务，包括简历和面试辅导；加拿大的图书馆很多都配有咖啡厅或水吧，很多居民将这里作为一个休闲娱乐中心，甚至在这里聚会活动；英国99%的图书馆目前都开展了面向儿童的特别服务，尤其是面向低幼儿童。现今国内的一些图书馆也开始注重公共文化空间的构建，以杭州图书馆为例，杭州图书馆的目标正是打造一个集学习空间、交流空间、创意空间、展示空间、娱乐空间于一体的公共文化空间。为了实现这一目的，杭州图书馆为儿童提供玩具游艺、智力启蒙、习惯培养、亲子阅读等服务，并通过开设文化沙龙、主题书会、图书推荐、名家讲座、作品展览、文艺欣赏、科学普及等公益性社会文化活动和阅读推广活动，满足广大读者的终身教育、文化休闲、情感交流的需要。

图书馆营造公共文化空间的社会功能，是在人们物质生活水平不断提高、精神文化需求不断加强的大背景下逐渐突显出来的，是与社会发展、用户需求相一致的图书馆功能。这要求图书馆合理组织并优化配置各种要素，在资源共建共享的基础上充分开发空间资源，营造一个满足社会发展要求的公共文化空间。

三、图书馆的核心价值

价值是指客体的存在、作用以及它们的变化对于一定的主体需要及其发展的某种适合、接近或一致。核心价值就是组织拥有的区别于其他组织的、不可替代的、最基本最持久的那部分组织特质，是组织赖以生存和发展的根本原因，是一个组织DNA中最核心的部分。

图书馆核心价值应是图书馆最核心的和最独特的价值内涵，是图书馆界对于自己社会责任或使命的一种系统说明和确认，图书馆核心价值研究是继图书馆的性质、功能研究之后的又一重要课题，是图书馆理论深化的具体表现，是图书馆功能的总结与延伸。为了图书馆事业的发展，为了使图书馆界形成一个基本统一的价值观，对图书馆核心价值展开研究具有重要的现实意义。

图书馆作为公共文化服务体系的组成部分，它是一个独立的组织机构，其核心价值属于公共文化服务的范畴，因此图书馆核心价值层次划分可以借鉴组织文化的划分方法。以文化机构关于"核心价值"的解释与理解为基础，可将图书馆的核心价值分为物质、精神和制度三个层面，与图书馆核心价值相对应的三个层次分别是物质层面的资源、精神层面的创新和制度层面的服务。

（一）资源是图书馆物质层面的核心价值

资源是一切可被人类开发和利用的客观存在，它具有使用价值，可以为人类开发和利用。图书馆藏书又称馆藏文献信息资源，是指图书馆收藏的，经过认真选择、加工整理、组织保管并能提供读者利用的各种文献资料的总和。从古至今，无论是哪个时代的图书馆，馆藏资源建设都是图书馆建设的重中之重。图书馆以知识承载文明，通过搜集、处理、存储、传递人类共同的知识财富，有效地管理着人类的智慧结晶，为人们利用这些有序化的知识体系进行终身学习、独立决策和文化发展提供了基本条件。图书馆信息资源对其他功能具有统摄性作用，在图书馆价值体系下居于主导和支配地位，没有资源的保障就没有服务，没有资源的保障就没有教育、没有创新，也就没有图书馆的生存价值，更无从谈起民主、自由、公平，所以信息资源是图书馆一切工作的出发点和归宿点。丰富的馆藏资源是促使公共图书馆成为知识存储中心、知识传授服务中心、文化理论研究中心、文化传播服务中心、文化交流中心、农村文化服务中心的基本条件，体现了图书馆"终身教育"的优越性和可操作性。因此，做好馆藏资源的建设工作，为用户提供高质量的信息资源，这是图书馆产生的根源、存在的基础和发展的动力，更是图书馆能够发挥社会公共文化服务职能的基础和前提。

（二）创新是图书馆精神层面的核心价值

创新是以新思维、新发明和新描述为特征的一种概念化过程。它原意有三层，第一，更新；第二，创造新的东西；第三，改变。创新是人类特有的认识能力和实践能力，是人类主观能动性的高级表现形式，是推动民族进步和社会发展的不竭动力。图书馆不仅为读者提供阅读的信息空间，其重要功能还包括为学术科研服务，开发智力资源，促进社会教育等。知识经济时代，作为社会重要信息枢纽的图书馆显得越来越重要，要充分利用其丰富的馆藏资源促进用户智力资源的开发，激发其创造力，把"为学术科研服务"摆在构建公共文化服务体系的突出位置，使"创新"成为图书馆重要的核心价值之一。

图书馆通过开展科研定题、科技查新等方式直接参与社会经济和文化建设，激发公民创新意识。其创新作用表现为以下几个方面：第一，图书馆为科学研究创造条件，为科学研究的全过程提供信息保障和服务，为科研机构提供系统性、连续性和科学性的信息，通过对知识的获取、组织和整理加工帮助科研工作者获得需要的知识，并提供最新的科研信息；第二，图书馆利用信息原料创造知识，直接参与科研活动；第三，图书馆通过对知识的传播、分配与共享，以知识为桥梁使创新成果转化为现实生产力，促进社会经济的进步；第四，图书馆通过知识创新和对社会公众的教育作用，在社会风气、公民素质、道德培养、思想觉悟、知识水平等方面对社会产生着积极的影响，为社会发展营造一种积极向上的文化氛围，这也是公共文化服务体系建设目的之所在。

在各机构、学者关于核心价值的表述中，教育、学习和促进思想交流的目的不仅仅在于利用信息资源，而是通过对信息资源的利用来促进用户智力资源的开发，以实现智力资源的创新。无论是通过学习和教育产生的新型产品，还是产生出来的独创性研究成果和理论，或是新提升的文化氛围和公民文化品位，都伴随着对原有知识的创新。所以，创新贯穿在整个社会文化发展过程的始终，是图书馆在精神层面核心价值的重要体现。

（三）服务是图书馆制度层面的核心价值

服务是指为他人做事，并使他人从中受益的一种有偿或无偿的活动，不以实物形式而以提供服务或者劳动的形式满足他人某种特殊需要。深化图书馆服务是构建公共文化服务体系的必然要求，是满足人民群众日益增长的精神文化需求的必然要求，更是新形势下图书馆事业发展的必然要求。深入开展公共文化服务是时代和社会赋予图书馆的重要任务，是图书馆的核心价值之一。

构建公共文化服务体系的根本目的在于不断满足广大民众日益增长的文化生活需要，努力提升全体社会成员的文化素质。因此，公共图书馆要充分发挥其文化服务功能，始终把对读者的服务放在建设和发展图书馆公共服务体系的第一位，着力提高文化服务能力，推动服务工作广泛、深入、持久开展，保证人民群众共享文化发展成果，继续在社会公共文化服务体系构建中发挥重要作用。图书馆的价值是通过读者利用文献知识而体现出来的，图书馆要以公平、民主等理念为指导，以服务读者为第一宗旨，为公众提供信息服务。图书馆将整合过的高质量文献资源提供给读者，经过读者吸收和转化，使其形成具有学术价值或经济效益的知识成果，为社会发展所用。这是图书馆提供服务的目的，也是图书馆核心价值最直接的体现。

面临计算机技术和网络技术的迅速发展，图书馆应以服务创新来迎接时代的挑战，充分利用现代技术，努力为读者提供舒适的阅读环境。树立以人为本的科学理念，满足公众多样化、个性化的信息需求。切实全面地服务于社会大众，为提升广大人民群众的文化素养，满足社会大众的精神文化生活需求，建设社会主义和谐社会贡献力量。

所有机构和学者关于图书馆核心价值的表述之中都包含图书馆的服务功能。保障公众对信息的自由获取，保护读者隐私，以及提供学习技巧与方法，都是对服务这一核心价值的充分解释。服务是贯穿在图书馆发展过程中的一条主线，是图书馆在制度层面的核心价值。

综上所述，图书馆核心价值包含三个层面，分别是物质层面的资源、精神层面的创新和制度层面的服务。三者的关系相辅相成，资源是图书馆核心价值的基础，是图书馆发展和前进的基石，创新则是图书馆存在和发展的精神目标。同时，物质和精神层面价值的实现需要制度层面的服务作为依托，服务作为图书馆的核心价值凌驾于资源和创新之上，是图书馆价值最核心的部分。换句话说，图书馆要基于核心价值的导向和目标做好信息资源的整合工作，坚持创新精神，将以人为本的服务理念贯穿在图书馆工作的始终。这三个层面环环紧扣，充分体现出图书馆内部人与物、人与人及图书馆与社会之间和谐、互动的关系。

思 考 题

1. 简述世界上最早出现的图书馆。
2. 简述我国图书馆的发展史。
3. 简述第一代图书馆、第二代图书馆、第三代图书馆产生的背景和特点。

4. 简述图书馆的发展规律。

5. 研究图书馆构成要素的意义是什么？

6. 为什么说读者是图书馆的构成要素之一？

7. 如何看待图书馆中馆员与读者的关系？

8. 分析国家图书馆在全国图书馆事业中的地位与作用。

9. 高等学校图书馆馆藏丰富，力量雄厚，你认为是否有必要面向社会开放、如何开放？

10. 图书馆的中介性是如何体现出来的？

11. 谈谈图书馆基本功能和社会功能的关系。

12. 为什么将资源作为图书馆核心价值之一？

参 考 文 献

郭星寿. 1992. 现代图书馆学教程[M]. 太原：山西高校联合出版社.

韩平. 1980. 关于图书馆发展规律的几个问题的探讨[J]. 图书情报工作，（1）：19-25.

韩永进. 2017. 中国图书馆史[M]. 北京：国家图书馆出版社.

胡松庆. 2001. 对现代图书馆构成要素的再认识[J]. 常熟高专学报，（3）：106-107，110.

黄宗忠. 1998. 论 21 世纪的虚拟图书馆与传统图书馆（下）[J]. 图书馆理论与实践，（2）：3-7.

黄宗忠. 2000. 论我国公共图书馆事业（上）[J]. 江苏图书馆学报，（1）：33-36.

黄宗忠. 2002. 图书馆学导论[M]. 武汉：武汉大学出版社.

黄宗忠. 2007. 论图书馆核心价值（上）[J]. 图书馆论坛，（6）：3-8.

黄宗忠. 2011. 充分发挥图书馆功能[J]. 图书馆论坛，31（6）：14-22.

黄宗忠. 2013. 图书馆学导论[M]. 武汉：武汉大学出版社.

蒋永福. 2009. 图书馆学通论[M]. 哈尔滨：黑龙江大学出版社.

蒋永福，黄丽霞. 2005. 信息自由、信息权利与公共图书馆制度[J]. 图书情报知识，（1）：20-23.

金胜勇. 2007. 关于图书馆学发展的根本规律——协变性之分析[J]. 图书馆，（1）：22-24.

金胜勇. 2010. 目标导向型图书馆信息资源共建共享理论体系研究[D]. 天津：南开大学.

金胜勇，宋国栋. 2004. 关于我国第三代图书馆标志的新视角[J]. 图书馆建设，（1）：16-17.

金胜勇，宋家梅. 2021. 论非传统公共图书馆[J]. 图书馆论坛，31（6）：88-94，126.

金胜勇，张吻秋. 2014. 关于图书馆社会功能的再认识[J]. 图书馆，（6）：38-41.

金胜勇，李晓璐，章亭. 2019. 公共图书馆法的价值体现与阙如[J]. 情报资料工作，40（6）：98-103.

金胜勇，齐文君，李小北. 2016. 我国民营图书馆发展的困境与破局[J]. 情报资料工作，（5）：101-105.

李德顺. 1987. 价值论[M]. 北京：中国人民大学出版社：13.

李培. 2004. 数字图书馆原理及应用[M]. 北京：高等教育出版社.

刘红菊，金胜勇，刘红梅. 2014. 农家书屋开设家庭作业中心探析[J]. 图书馆建设，（8）：37-39.

刘时容. 2013. 人性备忘录中的图书馆——读《图书馆：不落幕的智慧盛宴》[J]. 新世纪图书馆，（7）：90-93

刘雁，王卉. 2014. 对图书馆类型的再认识[J]. 图书馆，（5）：10-13.

刘兹恒，薛旻. 2002. 论社区图书馆的功能、模式及管理机制[J]. 中国图书馆学报，（5）：31-34，59.

刘兹恒，张久珍. 2000. 对存取与拥有的再思考[J]. 图书馆杂志，（12）：12-16.

卢波，段进. 2005. 国内"大学城"规划建设的战略调整[J]. 规划师，（1）：85-87.

马炎. 2008. 中外图书馆发展史概论[M]. 北京：兵器工业出版社.

宓浩. 1988. 图书馆学原理[M]. 武汉：华东师范大学出版社.

倪波，荀昌荣. 1981. 理论图书馆学教程[M]. 天津：南开大学出版社.

邱源. 2014. 古亚历山大图书馆的兴建与焚毁[J]. 内蒙古科技与经济，（1）：158，161.

桑健. 2013. 图书馆学概论[M]. 北京：国家图书馆出版社.

施建明. 2020-05-22. RFID 技术在公共图书馆中的应用[N]. 新华书目报，（14）.

宋剑祥. 2008. 论图书馆核心价值的内涵与现实意义[J]. 深图通讯，（4）：16-23.

宋姗姗. 2020. RFID 技术在高校图书馆的应用研究[J]. 科技资讯，18（32）：9-11.

王细荣.2012. "世界图书馆"理念及其实践述评[J]. 大学图书馆学报，30（5）：39-45.

王子舟. 2003. 图书馆学基础教程[M]. 武汉：武汉大学出版社.

文庭孝，刘晓英. 2012. 论图书馆的文化职能[J]. 高校图书馆工作，32（2）：28-30.

吴慰慈，董焱. 2002. 图书馆学概论[M]. 北京：北京图书馆出版社.

吴慰慈，董焱. 2008. 图书馆学概论（修订二版）[M]. 北京：国家图书馆出版社.

奚从青. 1995. 社区研究：社区建设与社区发展[M]. 北京：华夏出版社.

肖珊，范并思. 2007. "图书馆核心价值"调查与分析[J]. 图书与情报，（3）：15-21.

肖希明. 2002. 藏书发展模式的选择：拥有还是存取?[J]. 图书馆论坛，（1）：56-59.

徐引篪，霍国庆. 1999. 现代图书馆学理论[M]. 北京：北京图书馆出版社.

严惠英，夏勇. 2003. 论大学城公共图书馆建设[J]. 大学图书馆学报，（4）：12-14，26.

杨威理. 1988. 西方图书馆史[M]. 北京：商务印书馆.

佚名. 2021. 宁波大学园区图书馆本馆简介[EB/OL]. https://nlic.cn/index/danye/id/94.html[2021-11-10].

佚名. 2021. 深圳大学城图书馆本馆概况[EB/OL]. https://lib.utsz.edu.cn/page/about.html[2021-11-10].

于佳璐. 2008. 试论图书馆核心价值体系的定位与构建[J]. 图书情报工作，（2）：13-15，92.

俞金玲. 2013. 新农村"农家书屋"建设的现状、问题及对策建议[J]. 安徽农学通报，19：20-21.

张道义. 2002. 数字图书馆构成要素探讨——以深圳大学图书馆数字化建设实践为例[J]. 图书馆论坛，
　　（4）：43-45.

张荣，金泽龙. 2015. 图书馆学基础[M]. 成都：电子科技大学出版社.

张新民.2004.目录学知识积累时期的中西目录学比较[J]. 现代情报，（1）：9-11

郑翠珍. 2004. 从文献管理到知识管理——图书馆基本功能的嬗变[J]. 图书馆学研究，（6）：20-22，28.

中华人民共和国中央人民政府. 2021. 中华人民共和国公共图书馆法[EB/OL]. http://www.gov.cn/xinwen/
　　2017-11/05/content_5237326.htm[2021-11-10].

第三章 图书馆工作

图书馆通过与文献、信息和知识的交流来维持自身的生存与平衡，这种相互作用就产生了一定的行为——图书馆活动，即图书馆工作。图书馆工作是指图书馆根据一定的方针和任务，系统地、有计划地收集和整理，有秩序地存储和保管，有针对性地交流和传递文献资料，为一定社会的广大读者和用户提供服务而进行的一系列实践活动。图书馆的社会作用、图书馆的价值都需要通过图书馆工作来实现。

第一节 图书馆工作概述

图书馆是一个运动着的整体，它是由信息资源、馆员、用户、信息设施、信息技术与方法等诸多要素构成的。这些要素之间既相互联系，又相互矛盾，形成了一个矛盾的统一体。这种既联系又矛盾的现象，使得图书馆各组成部分和整体始终处于运动和变革之中，这是图书馆发展的内在动力。此外，图书馆是整个社会系统中的一个组成要素，各要素之间相互矛盾，又推动了社会的发展。所以，图书馆既作用于社会，也受到社会的影响和制约。概括地讲，图书馆工作分为两大类，一类是图书馆业务工作，包括信息资源建设和用户服务；另一类是图书馆管理工作。图书馆工作的具体内容如图 3-1 所示。

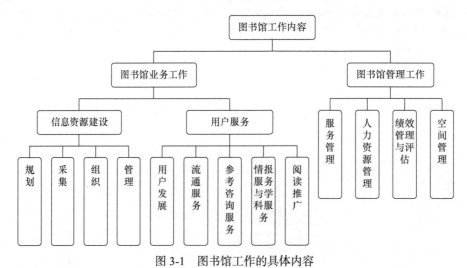

图 3-1　图书馆工作的具体内容

图书馆是社会信息传递装置之一，信息资源建设是图书馆业务工作的基础，提供用户服务是图书馆业务工作的目标。香农的信息框图可以良好地描述图书馆作为信道进行信息降噪并提供使用的过程，图 3-2 虚线框中的内容为图书馆的主要业务工作。

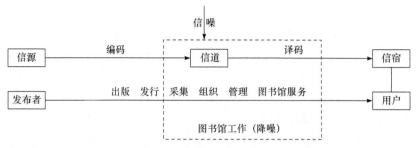

图 3-2　图书馆业务工作流程

在图书馆的业务工作中，信息资源建设是基础，用户服务是永恒的主题。在新技术环境下，馆藏信息资源的种类和数量更加丰富，既包括传统文献资源，又包括电子图书、电子期刊、多媒体等数字化资源，还包括图书馆订购的或免费的、不储存在图书馆本地的、通过网络获取的网上虚拟资源。图书馆要实现满足用户信息需求的目的，就必须依据一定的原则标准对图书信息资源进行合理的采集、分类、加工、处理和存储，以使信息资源有序组织，可以为每位用户提供有价值的信息、咨询和教育服务。

图书馆联系文献信息与社会成员的社会功能的发挥，离不开管理活动。图书馆管理包括服务管理、绩效管理与评估、人力资源管理和空间管理等，具有系统性、关联性和均衡性的特征。科学有效的管理是图书馆工作顺利开展的基础。随着人类社会的进步和科学文化的发展，图书馆已不是孤立的存在，而是一个社会化的有机整体。因此，需要通过管理密切图书馆与图书馆之间、图书馆与用户之间的联系。图书馆管理的有效性和科学性，既是图书馆工作现代化的需要，也是实现图书馆工作现代化的基础。

第二节　图书馆信息资源建设

图书馆信息资源建设在狭义上是指图书馆对信息资源进行采集的过程，广义上则包含对信息资源进行选择、采集、整理、加工等全过程。本节从图书馆信息资源建设概述、图书馆信息资源建设政策、图书馆信息资源采集和图书馆信息资源建设组织管理四个角度进行详细阐述。

一、图书馆信息资源建设概述

图书馆信息资源建设是一项复杂的系统工程，本节主要对图书馆信息资源建设的基本问题进行研究，这些基本问题包括图书馆信息资源建设的主要内容、影响因素。

（一）图书馆信息资源建设的主要内容

图书馆信息资源建设的目的是建立可资利用的信息资源体系。信息资源体系是指信息资源各要素相互联系、相互作用而形成的具有特定功能的有机系统。信息资源建设就是围绕这个体系的形成、发展而进行的全部活动。其主要内容可概括为如下几个方面。

1. 信息资源建设政策的制定

信息资源建设政策是指人们为实现信息资源建设目标而确立的方针、原则、策略等。信息资源建设政策的制定是根据信息资源体系的功能要求，来设计体系的微观结构和宏观结构。在微观层次上，就是每一个具体的图书馆根据本馆的性质、任务和读者对象的需要，确定信息资源建设原则、收集的范围和重点及采集标准，提出本馆信息资源构成的基本模式。在此基础上，制订信息资源建设计划，安排各类型信息资源的数量、比例、层次级别，形成有内在联系和特定功能的信息资源结构，建立有重点、有特色的专门化的信息资源体系。宏观层次上，就是从一个系统、一个地区乃至全国这个整体出发，对信息资源建设进行统筹规划、合理布局，制定各种类型的图书馆在信息资源的收集、组织、储存、书目报导、传递利用等方面的协调与合作的政策，从而形成相互依存、相互联系的整体化、综合化的信息资源体系。

2. 信息资源的选择与采集

信息资源的选择与采集是根据已确定的信息资源体系的基本模式，通过各种途径，选择与采集信息资源，建立并充实馆藏，扩大"虚拟馆藏"，是图书馆信息资源建设的基础工作。这一工作至少包括以下内容：一是印刷型文献的选择与采集，即根据既定的信息资源选择与采集的原则、范围、重点、复本标准、书刊比例等，通过各种渠道和各种方式，采集所需要的文献，建立并不断丰富馆藏资源。在传统文献还会长期存在、还要大量产生的今天，对于大多数图书馆来说，信息资源建设的重点仍应是文献资源建设。二是电子出版物的选择与采集是指以实体形式存在的、单机使用而非网络传递的电子信息资源。图书馆要根据读者需求、电子出版物本身的质量、电子出版物与本馆其他类型出版物的协调互补、电子出版物的成本效益等原则进行选择和采集。三是网络数据库的选择和采集，互联网信息资源极为丰富，图书馆对其进行开发和组织就是根据用户的需求与资源建设的需要，搜索、选择、挖掘互联网中的信息资源，下载到本馆或本地网络中，经过分类、标引、组织，通过网络或其他方式提供给用户使用，或者链接到图书馆的网页上，如建立 Internet 信息资源导航库，以方便读者迅速检索到自己感兴趣的、有价值的网络信息资源。虚拟馆藏对图书馆的信息资源建设和信息服务具有重要意义，其汇集了全球范围内有关专业的信息资源，其网络终端无论延伸到何处，用户都可以自由地利用信息资源，这不仅丰富了图书馆的资源，还增强了图书馆的可扩展性。

3. 信息资源的组织管理

馆藏信息资源的组织整理是图书馆信息资源建设的重要环节。馆藏文献的组织整理是指为了实现图书馆有效保存和积极利用文献资源的目的，对馆藏文献进行整序、布局、排列及科学的管理，使之成为有序化的、科学的文献资源体系的过程。其具体包括：一是对入藏的文献信息资源进行加工、整序、布局、排列、清点和保护。科学地组织管理信息资源的作用在于完整地保存和有效地利用信息资源，满足用户的信息需求，保持信息资源处于最佳流动状态。对保存性强的信息资源，要注意完整性、稳定性、可检性；对流动性强的信息资源，要注意实用性、现实性、针对性。要通过对信息资源的调配、调整、重新排列组合，使信息流有序运动。二是对数字化信息资源进行整合，将购买的数据库与自建的数据库有机地集成在一起，对其内容进行充分的揭示，实现跨库检索，提供"一站式"服务，使用户能够像利用传统文献一样熟悉和利用数字信息资源。馆藏文献组织整理的原理是指导图书馆馆藏文献组织整理工作的基本环节，它来自图书馆文献资源建设的实践活动，同时又促进实践发展，是对图书馆馆藏文献组织整理实践活动的理论概括。因此，它是馆藏文献资源组织管理的基本指导思想，也是图书馆文献资源建设最基本的、不可缺少的原理。

（二）图书馆信息资源建设的影响因素

信息资源是人类认识活动的产物，信息资源建设是人类选择、采集、组织和开发信息资源的社会性活动，因而这种活动必然会受到来自社会政治、经济、文化、科学技术等各方面因素的影响和制约。

1. 现代信息技术的发展

现代信息技术是指在计算机、通信技术和网络传输技术支持下完成信息的收集、获取、加工、传递和使用的各种技术。具体来说，现代信息技术包括用以收集、获取、加工、存储、转换、显示和传递文字、数值、图像、视频、音频等多种信息资源的数字压缩、数据库构建及多媒体传播的技术与方法。在图书馆活动中，现代信息技术不仅仅是一种信息处理的手段，而且还充当了图书馆信息资源、用户和社会的媒介与桥梁，使之不断地融合、促进和发展。随着现代信息技术的日益渗透和运用，图书馆不可避免地受到了由信息技术环境所带来的根本性影响和冲击。在网络环境中，传统的信息提供和获取方式被彻底改变了，分散于不同地理位置的信息资源以数字化方式存储，通过通信网络相互连接，用户可以借助网络上任一终端获取所需要的信息资源，不受时间限制，不受信息存放地点的影响。因此，新的信息环境具有电子信息资源急剧增加、信息服务网络迅速发展、用户信息需求多元化等特点，直接或间接地影响着图书馆信息资源的组织与建设，也为图书馆拓展信息服务提供了广阔的空间。

2. 知识经济的兴起

知识经济是建立在知识和信息的生产、分配与使用基础上的经济，是继农业经济、工业经济之后的一种新的经济形态。它的兴起源于20世纪末的信息技术革命，是芯片技术、光通信技术、网络技术及软件技术的发展，使知识的生产、传播、应用及存储方式变革，引发了知识创新、加工和使用方式的革命，并成为经济增长的核心。知识经济使社会的经济增长方式发生了根本性变化，更加依赖于知识的创新、生产、扩散、应用。知识经济作为一种新的经济形态，其主要特征是：第一，科学技术知识是知识经济形成的基础；第二，科学与技术共同支撑着知识经济的发展；第三，学习、创新是知识经济不可或缺的条件。

图书馆作为一个与知识有着天然联系的社会科学教育与文化机构，必然会受到知识经济的影响，其主要表现就是图书馆用户信息需求的多元化，体现为：信息需求主体多元化、信息需求内容综合化、信息需求载体的形式多样化、信息资源利用高效化。信息资源是图书馆提供知识信息服务的基础，是满足社会知识信息需求的资源保障。社会信息需求的变化，必然会对图书馆信息资源的发展体系产生深刻的影响。首先，图书馆作为完整、系统的知识信息载体，集散中心的地位将更加重要；其次，图书馆信息资源结构必须因知识信息需求的变化进行调整；最后，必须建立信息资源社会保障体系，满足多元化的知识信息需求。

3. 国家政策的影响

图书馆与社会的经济、科技、教育、文化事业具有密不可分的联系，图书馆信息资源建设作为选择、收集、组织、布局、开发和利用信息资源的社会性活动，必然直接和间接地受到国家政策的影响。同时，国家的政策也对图书馆等信息机构的信息资源建设起着重要的推动作用、直接的指导作用和有效的调节作用。改革开放以来，党和政府制定了一系列的方针政策，极大地促进了我国国民经济的发展、民主政治的建设、先进文化的繁荣，同时也大大推进了图书馆事业的发展。对图书馆信息资源建设来说，具有重要意义的政策有：科学发展观、国家创新体系建设、面向21世纪教育振兴行动计划、推进社会主义文化大发展大繁荣方针。

4. 文献出版发行情况

文献出版是指运用社会化生产工具将人们智力劳动的成果，通过标准化、批量化的制作转换为社会产品的活动。它是图书馆文献信息资源建设的物质基础和源泉。文献发行是指以商品销售形式传递各种正式出版物的活动。在商品经济社会中，文献发行是获得文献所有权的必不可少的环节。尽管在新的信息环境中，各种非纸质的信息载体大量涌现，并通过网络广泛而迅速地传递，已成为图书馆信息资源结构中不可或缺的一部分，但对大多数图书馆来说，印刷型文献依然是信息资源体系的主体部分，印刷型文献的采集、加工、组织依然是信息资源建设的主要内容。因此，文献的出版发行状况依然是影响图书馆信息资源建设的重要因素。文献出版发行业作为社会文化创新的前端，是整个社会文献信息资源交流的源头。它的发展为图书馆信息资源的采集与积累提供了选择的空间，也为构建信息资源保障体系打下了坚实的基础。

5. 知识产权制度

信息资源建设不仅需要国家政策的指导和调控，也需要国家法律的调节与规范。与信息资源建设关系最为直接的是知识产权制度。知识产权是指知识产品所有人对其智力创造成果依法享有的权利，包括专利权、商标权、著作权、发明权、发现权和其他科技成果权。知识产权制度就是把人们在科学、技术、文化、艺术等领域从事智力活动时创造的精神财富的享有权通过法律确认下来，以调整因智力成果的取得、使用、转让和保护等产生的各种社会关系，保护知识产权创造者的合法权益，鼓励人们的创造性，促进科学、技术与经济的发展。因此，知识产权制度是保护科学技术和文化艺术成果的重要法律制度，对信息资源建设起着规范作用，具有积极意义。

在新的信息环境中，图书馆信息资源建设中涉及的知识产权问题主要有以下几个方面。

第一，翻印和影印外国出版物涉及的知识产权问题。对国外出版物的采集和收藏是图书馆信息资源建设的重要任务。随着《中华人民共和国著作权法》的颁布实施，与外国签订的有关著作权的双边和多边合作条件增多，尤其是我国加入世界贸易组织（World Trade Organization，WTO），知识产权制度与国际接轨以后，国外出版的作品也受到我国著作权法的保护。未经著作权人许可，大量影印在版权保护期内的作品，不是因为保存版本的需要，而是用以借阅，则构成侵权。因此，图书馆在采集、影印国外出版物时，必须考虑避免侵犯著作权的问题。

第二，文献复制中涉及的知识产权问题。当馆藏不足，通过预定、选购、邮购等方式都无法获得所需的重要资料时，图书馆往往委托其他单位代办复制，或通过馆际互借方式由本馆自行复制。知识产权制度实施后，使用文献复制手段收集文献资料的方式受到了影响。根据《中华人民共和国著作权法》的规定，"图书馆、档案馆、纪念馆、博物馆、美术馆、文化馆等为陈列或者保存版本的需要，复制本馆收藏的作品"，属于合理使用范围，可以不经著作权人许可，不向其支付报酬。但这种复制是有严格限制的，一是必须是本馆收藏的作品，非本馆收藏作品不能复制；二是数量上限制在最低限度。因此，图书馆在使用复制手段收集文献时，如果并非为陈列和保存版本的需要而复制，或者复制他馆的各类文献以增加馆藏，则会构成侵权。

第三，馆藏文献数字化建设的知识产权问题。馆藏文献的数字化是图书馆网络信息资源建设和数字图书馆建设的基础，其目的是将本馆收藏的文献提供给用户，使之更加方便、快捷地利用，以促进文献信息资源的广泛利用和共享。图书馆在文献数字化过程中通常采用纸质文本扫描、电子出版、汉字文本键盘输入、手写识别技术、语音识别等将图书、期刊、报纸等纸质文献转换成 PDF、JPG、GIF 或其他格式存储于计算机系统中，这是对原作品内容所进行的复制活动①。利用数字信息出版技术，将文字、图片、图像、动画、声音等各种信息以数字化的形式存储于信息库中，也是复制行为。因而馆藏文献数字化的权利实质上就是著作权中的"复制权"，而"复制权"是著作权中最重要的权利。如果未得到著作权人同意，而将其作品复制（包括数字化），并将数字化产品用于商业性或大众性的经销、传播，则侵犯了该作品的著作权。

第四，数据库建设涉及的知识产权问题。图书馆数据库资源建设就内容而言包括指南型数据库和源数据库两种类型。指南型数据库主要是指图书馆开发的馆藏书目数据库、联合书目数据库及特色文献数据库。源数据库是指读者可通过此类数据库直接获取原始文献及其有关数据的数据库，这部分数据库大多是图书馆通过购买服务权或建立数据库镜像站点等方式提供利用的信息资源，通常具有独立的知识产权。对数据库资源建设的知识产权限制主要是合理使用。按照《中华人民共和国著作权法》的规定，为个人学习、研究或者欣赏，使用他人已经发表的作品；为学校课堂教学或者科学研究，翻译、改编、汇编、播放或者少量复制已经发表的作品，但不出版发行；将已经发表的汉族文字的作品翻译成少数民族文字作品在国内出版发行等行为，均属合理使用。

第五，下载网络资源涉及的知识产权问题。利用网络资源充实馆藏，是新的信息环境中图书馆信息资源建设的重要内容。而下载则是利用网络资源的重要形式。图书馆可将数据从主源上转移到一个外围设备上，或将文件从网络文件服务器拷贝到网络中的任意一台计算机上。在网络上传输的作品大概有两类，一是社会公有信息，二是受版权法

---

① PDF 是指 portable document format，意为可携带文档格式；JPG 是一种常见的图像格式文件；GIF 是指 graphics interchange format，图像交互格式。

保护的作品。一般来说，这些都是已经发表过的作品，他人是可以使用的，但下载时应考虑其知识产权问题：①版权人明确宣布不允许下载的作品及其片段，他人不可下载；②下载的目的、数量对版权作品销售市场的影响。根据版权原则，下载他人作品一般只能供本人学习、研究之用，不可有商业上的目的，也不可对版权作品的潜在销售市场产生很大影响。如果是商业上的使用必须向版权人支付许可使用费。总之，不管是作品的片段或全部，或分数次将同一作品全部下载，都应受到著作权法的制约。

上述情况表明，知识产权制度对图书馆信息资源建设具有制约作用。它要求信息资源建设必须符合法律规范，在法律允许的范围内进行。

二、图书馆信息资源建设政策

随着我国社会信息化进程的加快，信息资源建设已经成为国家信息化发展战略的重要内容。图书馆是信息资源建设的主体之一，是整个社会信息资源建设的重要基地。图书馆信息资源建设的对象不再是传统的文献概念，而是包括传统文献、电子出版物和网络信息在内的广泛的信息资源。对于图书馆来说，信息资源建设既是一项传统的工作，更是一个极富挑战性的崭新的课题，如何使图书馆的信息资源建设适应网络环境的要求，是当下亟待解决的问题，因此加强信息资源建设政策的制定与实施就显得尤为迫切和必要。

（一）图书馆信息资源建设政策的基本概念和重要作用

政策是指人们为实现某一目标而确定的行为准则与谋略。图书馆信息资源建设政策在传统环境下称为馆藏发展政策，就是图书馆工作委员会为实现信息资源建设目标而制定的方针、原则、策略、措施、对策等。具体地说，图书馆信息资源建设政策要解决的问题包括：明确信息资源建设的目标、原则；规划图书馆信息资源的结构和信息资源的宏观布局；确定图书馆各种类型的信息载体的采集原则、选择标准、入藏比例及经费安排；制订适应新的信息环境的数字化信息资源建设规划、步骤；规定图书馆藏书资源管理的原则、方法、措施；提出信息资源共建共享的目标、任务、实施步骤等。对于图书馆而言，研究和制定信息资源建设政策的作用主要体现在以下几个方面。

1. 信息资源建设政策为图书馆信息资源建设提供宏观指导

第一，信息资源建设政策为图书馆信息资源建设模式提供指导。信息资源建设模式是对图书馆信息资源建设所做的方向性、原则性的规定，对信息资源建设全过程起着决定性的作用。不同类型的图书馆，由于其任务、服务对象的需要及客观条件的不同，所确定的信息资源建设模式是不同的。因此，确定信息资源建设模式是一项十分重要而又复杂的工作，需要进行认真的调查研究和全面综合的考虑，切忌主观随意。而信息资源建设政策指导图书馆要在考虑本馆的特点、中心任务、发展方向、客观条件及由此而决定的整体发展战略的基础上，确定本馆信息资源建设的最佳模式。

第二，信息资源建设政策为图书馆信息资源建设目标的确定提供指导。信息资源建设目标包括数量目标、质量目标、特色化目标等，每一项目标都包含着丰富的内容。这是一个复杂的目标体系，而影响这些目标的主客观因素也非常多。因此，确定信息资源建设目标必须进行科学的论证，分析各项目标的必要性和实现的可能性，切不可盲目草率。

第三，信息资源建设政策为确定重点藏书发展领域提供指导。确定重点藏书发展领域，就是从众多学科领域中，选择对完成本馆的主要任务和满足本馆主要服务对象需求具有决定性作用的某些学科或专题，对这些学科或专题的各种信息载体完整系统地收藏。重点藏书是图书馆藏书的核心，反映图书馆信息资源建设的水平。图书馆要根据本地经济建设及科学、教育、文化发展的需要和本馆承担的主要服务任务，本校的重点专业或本单位的主要科研方向，本馆主要读者或用户的需求，原有藏书基础及各馆重点藏书分工协调等因素，确定本馆重点藏书的发展领域。

2. 信息资源建设政策为图书馆信息资源建设提供标准和规范

随着信息环境的变化，图书馆的文献采访策略、选书原则、复本标准、购书经费分配方法、文献获取的具体方式等，都发生了明显的变化，对此，图书馆需要制定明确的政策加以规范。例如，购书经费的分配问题，一些图书馆对各门学科、各种类型、各种语种、各种载体的文献资料采集的经费分配比例缺乏合理的标准，在经费使用中，还存在着经费充足时突击购书，经费短缺时又随意中止应订书刊的情况。信息资源建设是一项延续性很强的事业，它的现状既受历史因素制约，同时又对未来产生决定性的影响，工作中的失误往往给信息资源建设带来难以弥补的损失。因此，信息资源建设要加强政策的规范作用，避免信息资源建设中的盲目性和随意性。

3. 信息资源建设政策为图书馆资源建设质量提供重要保证

信息资源建设政策是图书馆资源建设人员的工作指南。信息资源建设政策将全馆的信息资源建设放在了一个统一体中，这有助于统一和规范资源建设中的各种业务行为，从而使信息资源建设从传统的分散个体行为转变成规范的团体合作行为，在集中信息资源建设力量的基础上保证信息资源建设的质量。信息资源建设政策是图书馆信息资源建设质量的评估依据，具有权威性与约束性。它是由图书馆内各部门有经验的专家参与，经过充分的调查研究提出，经馆内权威部门审批后颁布实行的，是图书馆资源建设质量的重要保证。

4. 信息资源建设政策为信息资源共建共享提供依据

信息资源共享以网络环境为依托，以现代信息技术为支撑，使信息资源在最大范围内、最可能的情况下、最方便、最快捷地为全社会公众所享用。制定信息资源建设政策，就其微观而言，可以使各馆的信息资源特色更加鲜明，结构更趋合理，从而为馆际合作、资源共建提供基础；就其宏观方面来看，可以明确参与信息资源共建共享的各馆的权利和义务，建立一种利益的平衡机制，以保证参加合作的成员馆都能得到实惠，调动其积极性。从馆际合作、资源共享的实践来看，建立平衡机制是十分重要的。虽然从整体上看，信息资源共建共享对所有图书馆都有利，但从局部上看，如果没有一种利益平衡机制，就很难保证参加共建共享活动的每个成员都能获得与其投入相应的利益，有的甚至会相差很远。因此，要有效地开展信息资源共建共享活动，必须建立一种利益平衡机制，使各图书馆之间都能依据其在资源共建共享中的投入和贡献，获得相应的利益。信息资源共建的关键在于制定既符合客观事实，又有一定灵活性，能适应情况发展变化的信息资源建设政策。

（二）图书馆信息资源建设政策的主要内容

图书馆信息资源建设政策的主要内容主要包含三个方面。随着信息环境的变化，它将不断接纳新的要素，同时更新和充实各要素的内涵。

1. 图书馆信息资源建设规划

1）建设目标

信息资源建设目标是图书馆对经过一段时期后信息资源建设应该达到何种水平所做的规定，包括下面几个方面。

（1）数量目标。数量目标即在一定时期内图书馆拥有和可获取的信息资源增长应达到什么目标，对各学科文献的覆盖率应达到什么比例。必须指出的是，由于现代图书馆信息资源结构的变化，信息资源建设数量目标已经不仅仅是印刷型文献入藏的数量目标。

（2）质量目标。质量目标即对入藏文献信息内容的科学价值、现实使用价值提出明确的标准，对入藏文献信息应达到的广度、深度、新度和各类信息载体的比例提出明确的要求。广度主要表现在文献覆盖的学科、类型、语种及参考工具书的配备是否全面广泛和相互联系。核心书刊的完备程度、相关书刊的广泛程度、外文书刊的比例、期刊及内部资料品种的丰富程度、各种参考工具书和检索工具的配备程度，以及各种信息载体的比例与各种文献数据库、事实数据库、数值数据库的覆盖面等，都是衡量藏书广度的具体标准。深度主要是指重点专业文献的系统完整程度，包括各个时期、各个国家、各种主题范围、各种代表性著述的文献是否齐备。新度主要是指各学科领域最新书刊、新学科资料和新型信息载体的资料在藏书中所占的比重，以及能否反映各学科的新进展、最新研究成果与最新的知识信息内容。

（3）特色化信息资源建设目标。其是现代信息环境对图书馆信息资源建设的客观要求。图书馆应根据本地区的地理、历史与文化特点，本地区、本单位赋予图书馆的服务任务，本馆读者的需求等因素，确定本馆的特色藏书与特色数据库，并对评估特色化信息资源建设目标达成的各项指标做出具体的规定。

2）图书馆信息资源结构的规划

图书馆信息资源结构是组成图书馆信息资源体系的各种不同部分的联系、组合形式，而不同成分的信息资源，其联系、组合的形式多种多样。因此，图书馆信息资源结构是一个由多种构成面形成的结构。一般认为，信息资源的学科结构、等级结构、时间结构、语种结构和载体类型结构是信息资源体系的几个基本的构成面。信息资源结构是信息资源建设中极为重要的问题。因为图书馆信息资源是一个系统，而这个系统功能的发挥，不仅取决于系统的组成要素，即各种成分信息资源的质量，而且取决于这些信息资源的构成、组合状况，即信息资源结构的合理程度。

2. 各类型资源具体的建设政策

传统图书馆是以馆藏为中心的，因此馆藏建设是传统图书馆中最重要的一项工作。即使当今以读者为中心的观念已深入人心，馆藏建设也还是向读者提供服务的基础和首要环节，当然其含义、内容、方法、原则会随时代的变化而发生一定的改变。

1）印刷型馆藏建设政策

（1）印刷型馆藏采访政策。文献采访政策作为一个馆文献采访工作的基本政策和行为准则，其名称可能不同，如采访规则、采访条例、采访指南等，但其内容应涵盖本馆文献采访工作的方方面面。国家图书馆 1996 年重新修订的《北京图书馆书刊文献采选条例》可谓一个范例，其内容有七个方面，即总则、通则、各类型出版物、国际书刊交换、接受赠书、采选工作规则、采选工作的岗位要求。参照该采选条例，一个较为完整的文献采访政策的内容应该包括以下几个方面。

第一，文献采访总则。总则主要是对本馆的性质与任务、馆藏文献的品种与结构、文献收藏的层次与重点、文献选择的基本原则、文献采访经费的来源、经费使用分配原则等，进行说明和规定。

第二，采访文献的类型与级别。这一部分是对本馆采访文献的类型和级别加以规定。例如，确定哪些类型的文献是本馆的采访重点，哪些类型要全面采访、重点采访、适当采访或不宜采访，各类型文献采访复本量等。

第三，文献采访方式。这一部分是对本馆文献的主要获取方式进行说明和规定，如呈缴、征集、受赠、购买、交换等。对于具有一定规模馆藏的图书馆来说，其文献的获取渠道和采访方式一般都较稳定，不会轻易改变。

第四，文献采访工作程序。文献采访是一个过程，涉及文献的选择、获取、验收、登记、移交等多个环节。不同的文献其采访程序可能不同，不同馆文献采访操作过程也可能不同。这一部分的内容是对本馆采访工作的各个环节加以规定。

第五，采访部门的责任与要求。这一部分内容是对本馆有关文献采访工作的组织（采访委员会）、部门（采访部）、个人（采访馆员）的工作责任和工作要求加以规定，使本馆文献采访的各个方面、各个层次有序决策和协调发展。

（2）书刊交换与接受赠书政策。书刊交换与接受赠书是扩充和丰富馆藏、节约经费与获取难得资料的有效途径。在书刊交换方面，应规定交换对象的原则、交换书刊的专业学科范围、以什么出版物进行交换、从对方交换来什么书刊资料，以及书刊交换的方式。

国外图书馆在制定藏书发展政策时，一般专列出"赠书"一章，明确规定接受或拒绝赠书的原则，什么是不能接受的附加条件等。我国图书馆在制定信息资源建设政策时，也应对国内外书刊交换和接受赠书做出相应的规定，应规定接受赠书的原则、范围、可以接受或不能接受的条件等。

2）数字馆藏建设政策

数字馆藏又称电子馆藏，是指以数字形式存储在光、磁等介质（如 CD-ROM[①]、磁盘）上，并可通过计算机设备读取使用的出版物。它是信息时代的产物，具有存储信息量大、占地小、查找方便等优点。随着现代化、网络化的发展，电子型出版物将占有越来越重要的地位。在今天的图书馆，印刷型文献资源和数字馆藏共同构成了图书馆信息资源体系。因此，数字馆藏建设政策无疑是图书馆信息资源建设政策的重要组

---

① CD-ROM 是指 compact disc read-only memory，只读存储光盘。

成部分。

数字馆藏建设政策模式包括综合型、专门型、流程型。

综合型模式的数字馆藏建设政策涉及数字资源建设政策的方方面面，主要内容包括政策的目的、范围、选择标准、各种载体和复本、许可使用、存档、责任和图书馆部门合作、应用和评价。这种模式的数字馆藏建设政策体系完整，有指导原则，有具体目标，充分考虑了数字资源与印本资源的不同特点，具有很强的针对性，因而影响很大。

专门型模式是根据数字资源载体制定数字资源建设政策，如数字图书建设政策、数字期刊建设政策、Internet 资源建设政策等。每项政策都包括某种特定载体的数字资源建设政策的各个方面。

流程型模式是将数字资源建设政策体现在图书馆馆藏建设政策或者图书馆战略计划中。根据数字资源的生命周期和其在图书馆中被处理的业务流程来制定数字馆藏建设政策。这种模式的数字馆藏建设政策内容一般包括数字资源的选择、经费预算、技术、员工分配、许可使用、授权用户、编目、保存、剔除、存档等。

数字馆藏建设政策的内容主要包括数字馆藏采访政策、数据库自建政策、网络信息资源开发政策、数字馆藏建设中图书馆各部门的合作。

（1）数字馆藏采访政策。数字馆藏采访政策是选择数字资源时应遵循的一系列原则和标准。数字资源的选择原则与传统的印刷型资源并没有本质不同，基本的指导原则是一致的。但数字资源有不同于印刷型资源的一系列特征，选择时除了考虑设备、检索方式、购买方式及技术等因素，需对主题、用户需求、资源质量进行广泛而深入的了解。数字资源的选择原则，一般包括用户需求、资源的内容、使用的方便程度、使用与运行的环境、成本效益和后续服务等。

（2）数据库自建政策。特色数据库是图书馆吸引读者、提高社会影响力的核心资源，它不仅充分展示了图书馆的个性，也成为图书馆提高信息服务竞争力的重要因素。因此，图书馆要根据本系统、本地区的社会信息需求和本馆的技术力量、经费等条件，选择合适的主题，系统地将馆藏资源中的特色文献制作成独具特色的文献数据库或专题数据库，在统一的宏观调控下，按统一的标准来规范数据库的工作，坚持标准化、规范化和质量第一的原则，长远规划，合理布局，并搞好前期准备工作以确保数据准确。在制定数据库自建政策时，要正确分析本馆资源的特色和优势是什么，要建设什么类型的特色数据库（专业特色、主题特色、地方特色等），要达到什么目标，以及计划采取哪些措施与步骤等。

（3）网络信息资源开发政策。互联网传输着极为丰富的信息资源。图书馆根据读者需求搜索、选择互联网上的信息资源，下载到本馆或本地网络中，或者链接到图书馆的网页上，以方便读者迅速检索到自己感兴趣的、有价值的网络信息。

（4）数字馆藏建设中图书馆各部门的合作。数字馆藏建设涉及图书馆的多个业务部门，需要各部门的协调与合作。因此，在数字馆藏建设政策中对此应该进行专门的规定，规定应包括在数字资源的评估、选择、采访、续订等方面各部门的合作，相关技术支持和维护方面的合作，对馆员和用户开展培训方面的合作等。

3. 图书馆信息资源管理方面的政策

1）组织管理政策

馆藏信息资源管理包括印刷型馆藏文献的管理和数字馆藏的管理。其中，印刷型馆藏文献管理包括传统的馆藏文献的清点和保护、馆藏文献布局调整等内容。图书馆信息资源建设政策要明确提出馆藏文献的保护目标和任务，确立保护的原则，落实保护的经费，制定保护的技术标准和措施等。馆藏文献的布局调整是改善信息资源构成质量，保持信息资源利用活力的重要保证。图书馆必须使更新馆藏、剔除呆滞书刊的工作经常化、制度化。为此，信息资源建设政策应对馆藏文献布局调整的目标和任务、标准和范围、方法和程序都加以明确地规定。

在数字环境下，数字馆藏已经成为图书馆信息资源体系的重要组成部分，数字馆藏的管理也成为馆藏信息资源管理的重要内容。数字馆藏管理不同于印刷型馆藏文献的管理，它既有技术的因素，又有法律的因素，还有经济的和管理的因素，因而比印刷型馆藏的管理更为复杂。数字馆藏管理主要包括四个方面的内容：选择什么样的模式存放数据，选择什么样的方式组织信息，选择什么样的策略供读者访问，选择什么样的思路保证馆藏的可持续发展。

2）评估、维护政策

信息资源评估是对图书馆馆藏资源的整体状况及其功用进行分析与评价，为图书馆的信息资源建设和发展提供指导。在信息资源建设政策中明确馆藏信息资源的评估内容、要求，确定文献信息的剔除要求，确定文献信息的剔除、更新和维护的相关规定，有助于保障图书馆馆藏资源建设的健康发展。这里的馆藏信息资源包括"实有"馆藏和"虚拟"馆藏。"实有"馆藏的评估、维护、剔旧的内容，可以沿用传统图书馆的相应做法。"虚拟"馆藏中的电子文献的评估和维护，是图书馆信息资源建设的新课题。特别值得重视的是，可以规定相应的评估体系和操作方式。通过评估，了解建立的馆藏信息资源是否符合发展目标，总结经验教训，提高工作质量。

3）经费分配政策

经费问题无疑是影响信息资源建设的至关重要的问题。尤其是在经费有限的情况下，以最小的经济代价，获取最大的文献信息利用效益，已经成为经费分配政策追求的目标。因此，信息资源建设政策中应该根据本馆的性质、任务和读者的文献信息需求状况，确定经费的使用原则、目标和方法。怎样合理安排"实有"馆藏和"虚拟"馆藏等各种不同的文献形式、信息载体的经费投入比例，已经成为经费分配政策最值得研究的问题。

传统的经费分配主要是书刊经费比例、中外文书刊经费比例的划分问题。而图书馆提供服务的网络信息资源则需要缴纳相关的费用，如入网费、检索费、租借费等。随着信息时代的到来，传统图书馆的经费预算分配使用从单纯的购买资料的形式，转变为购买、租借、联网检索等相结合的形式。图书馆用于购买印刷型图书和期刊的一次性投资将减少，而用于使用与检索联机目录、全文数据库、电子期刊等数字化资源的连续性投资将增加。

因此，图书馆信息资源建设政策应该明确地指出选择印刷型文献和电子文献及网络信息资源时使用的标准与策略，应该就购书经费如何在拥有馆藏和存取两方面保持恰当的比例给以指导性的说明。

（三）图书馆信息资源建设政策的制定与维护

1. 图书馆信息资源建设政策的制定原则

1）客观性原则

从实际出发，实事求是，是制定各项政策的基本原则，也是制定信息资源建设政策必须遵循的原则。首先，信息资源建设政策必须符合图书馆的任务与读者的实际需要。其次，信息资源建设不能脱离图书馆客观的条件：经费条件、设备和技术条件、资源条件。图书馆必须根据现有的或在可以预见的时间内能够具备的设备和技术条件等去制定信息资源建设政策。

2）系统性与协调性原则

系统性是事物本身固有的相互作用、相互依赖，共同结合成一个具有特定性质和功能的有机整体的特性。图书馆是一个整体系统，信息资源建设是这个整体系统的组成部分。信息资源建设政策要服从于和服务于图书馆的整体发展战略，协调好与图书馆其他子系统的关系。

协调性是事物之间相互补充和配合、相互依托与制约的特性。制定信息资源建设政策，不仅要协调好与图书馆其他子系统的关系，而且要着眼于信息资源整体布局，注意与其他馆的协调与合作。各馆都要将本馆的信息资源纳入整体信息资源系统，通过分工协调，规定各馆信息资源建设的责任和范围，使不同学科、不同主题或不同类型的文献由不同图书馆分担收藏，通过馆际互借、文献传递，实现资源共享。

3）可持续发展原则

可持续发展不仅要求我们坚持稳定性原则，还要着眼未来。图书馆信息资源建设是一项连续性很强的事业，它的现状既受历史因素制约，同时又对未来产生重要影响。政策一旦制定，就要保持它的相对稳定性。政策的制定不仅要以现状为基础，而且要对影响馆藏发展的各种因素及发展趋势进行科学的分析和预测，如信息技术的发展，信息载体的变化，图书馆服务任务及读者需求的变化，社会经济、政治、文化发展的影响等。信息资源建设政策不仅要具有现实指导意义，还能适应未来环境的变化。

2. 图书馆信息资源建设政策的制定程序

制定信息资源建设政策必须有一定的程序，以保证政策的正确性和科学性。政策制定是一个有序的动态过程。美国图书馆学家 Elizabeth Futas（伊丽莎白·富塔斯）在《藏书发展政策与程序》一书中提到制定馆藏发展政策的四个步骤：建立制定政策的筹备委员会；收集做出各项正确决策的各类信息；拟定草案并广泛征求意见；批准草案形成正式的政策文件。这一程序的逻辑顺序对我们来说也是适用的。一般来说，制定信息资源建设政策包括以下几个环节。

1）成立工作小组

信息资源建设政策的制定应该由图书馆馆长决定，并组建一个专门的小组来负责制定政策的具体工作。这个小组的成员必须具备图书馆的专业知识和图书馆服务领域的其他学科知识，熟悉出版情况和文献类型，了解图书馆所服务的社区和读者的信息需求，确定这个工作小组的负责人、工作任务、完成期限、经费等。

2）收集决策信息

工作小组应深入调查研究，收集和图书馆相关的个人或团体、读者、社区等信息，以做出正确决策。这些调查包括对馆藏现状的调查，以摸清家底，了解本馆各学科文献收藏的强弱情况；对读者利用本馆文献现状的调查，以了解读者对馆藏文献的使用状况；对图书馆服务的社区读者学习和科学研究的文献信息需求的调查；对读者获取知识、信息常用的方法的调查；对文献时效要求的调查等，并对这些调查的结果进行定性和定量的分析、评价和确认。

3）拟定政策草案

政策文件不仅是本馆的工作文件，而且要向读者公布，因此应该用通俗而明白的语言阐述政策的内容。

4）征求修改意见

馆务会议应对政策文件草案进行讨论，并向馆员和读者公布，征求修改意见。制定信息资源建设政策要有图书馆员和读者的参与，这是因为图书馆信息资源建设的目的是更有效地为读者提供文献信息服务，读者的满意程度是评价图书馆信息资源建设的一个重要指标。

5）修改政策草案

根据馆员和读者的意见对草案进行修改，并提请图书馆咨询委员会（如大学里的图书馆工作委员会）进行讨论，再次进行修改。

6）报批政策草案

由于信息资源建设政策规定着图书馆未来信息资源建设的方向和经费的需求与流向，获得图书馆上级主管部门的支持是非常必要的。在大学，信息资源建设政策必须得到以校长为代表的领导层和学校有关职能部门的参与与支持。没有上级主管的审核与批准，信息资源建设政策的作用将是十分有限的。

7）公布政策文件

公布政策文件是指将正式审核通过的信息资源建设政策以各种形式向全体馆员和读者公布，并向有馆际协作关系的图书馆公布。

3. 图书馆信息资源建设政策的维护

社会环境的变化，图书馆所服务的社区或机构的目标、任务的变化，图书馆所能获取的条件的变化，读者对象及其需求的变化，以及图书馆协作组织的变化等，都会对信息资源建设产生影响。信息资源建设政策应定期修订和维护，以适应这种变化，保持其生命力。

三、图书馆信息资源采集

图书馆等文献机构要实现最大限度地满足信息用户需求的目的，就必须依据一定的原则标准，通过各种途径采集各种类型的信息资源。科学的信息资源采集方法是采集到高质量信息资源的保证。现代图书文献数量庞大，类型复杂，学科广泛，出版发行分散多头，有商品性的、有交流性的、有公开的、有内部的。因此，信息资源采集必须采用多种渠道、途径和方法。信息资源采集主要有以下几种方式。

（一）购买

购买是图书馆向出版发行单位和个人有偿获取文献信息的方式，是补充藏书的主要方式和经常性来源，是保证图书馆有计划、有针对性地入藏文献，建设系统的藏书体系的主要方式。下面，将从传统资源和数字资源两个角度来阐述。

1. 传统资源

1）传统资源的购买方式

（1）订购。传统的订购就是预订，是指文献采访人员依据出版发行部门提供的征订目录进行圈选，然后送交出版发行部门，按预定计划购买文献资料的方法。它包括期货文献预定和现货文献订购两种方式。预订是图书馆等文献信息机构有计划采集文献比较可靠的方法。其优点是文献信息来源保障率高，文献采访人员和出版发行部门都能够掌握主动权，不至于重复和遗漏。但这种方式也有局限性：一是征订目录的著录过于简单，采访人员单凭书目订单根本不能完全了解图书的内容和水平，加上有时带有广告色彩，就容易错购或漏购；二是目录所登载的文献仅是计划出版，因此会出现因订数过少而不出版的情况，从而影响图书馆的文献采集计划；三是通过预订的文献到馆周期过长，预订手续复杂，这些都给文献采集带来困难；四是各种各样的书店书社、图书中心、发行公司及出版社、编辑部乃至著者本人，纷纷将订单寄到图书馆采访部门，使得工作人员无法得到准确的出版信息，同一选题重复出版、同一种书在不同书目中重复征订不做说明，这种情况很容易造成重购。

传统的预订是某出版商在出版书籍之前，向图书馆或其他相关单位征求其订购数量，以确保出版书籍的销售渠道，这种方式与出版商的利润联系紧密，却忽视了这本书对图书馆的利用价值。传统的文献采集方式明显存在着弊端，因为文献采集人员获得图书出版信息的唯一来源是各类征订目录。随着出版发行行业的发展，传统的预订已经逐渐被现代新型订购方式所取代，如网上选购、委托代购等。

网上选购是图书馆采集人员利用书目信息进行鉴别、筛选后可在网上直接订购或向出版社、图书进口公司订购。网上选书、订书的优势是能迅速准确地获得所需图书，而且漏购率低，时间短，还可节省购书经费，因为大多数网上书店会提供一些优惠。但利用网上书目直接选书、购书的工作方式将大大地增加信息采集人员的工作量及工作难度。

委托代购是指文献采访人员委托他人在外地或国外选购所需文献材料。一般来讲，代购的文献都是具有一定价值或信息用户急需而本地又没有货源的文献材料。代购的形式有两种：一是临时性代购，就是委托他人按照所列书单到外地、外单位选购文献资料，如果是外文文献资料则可委托出国人员或外文书店采购人员代购。二是长期性相互代购，就是委托外地有友好关系的单位按一定的范围和数量代购当地的信息资料，建立起长期互相代购的关系。采用这种方法的优点是及时有效，但委托他人代购必须开列书目和限量，要注意避免错购和重购。

（2）现场采购。现场采购即现购，是指文献采访人员直接到书店、书市或出版销售部门选购书刊。这种方法能获得预订所得不到的书刊，如有些发行量小的书、内部发行的图书、古旧图书、地方出版物等，往往不经过征订就直接在市场上销售。有些漏订的书、预订不足的书，以及需要临时补配的书，都需要到书店、书市、出版社及有关单位直接选购，因此，文献现场采购成为文献补充和采集的重要方式。随着现代信息技术的飞速发展，以前采访人员在现购时面临的重购问题迎刃而解，采访人员通过笔记本电脑或电子信息网络就可解决查重的问题。

现购的方法有两种：一是在本地区直接选购，图书馆可与各类图书发行机构建立长期购销关系。书商根据图书馆提供的藏书范围、重点和复本基数预留新书，采购人员定期去书店购买所需图书品种与复本，经过筛选后不需要的图书可及时退还。二是到外地采购，主要是利用书展和书市的机会前去采购。文献采访人员在外出采购时，必须先要熟悉馆藏，明确外出采购补缺范围，编制补充采购计划等。现购可以弥补预订方法的不足，一些漏订的文献和发行量小的文献都可以通过现购的方式来获取。更重要的是，现购能看到实物，并据此进行鉴别和选择，了解其内容与质量，以决定取舍，简便而迅速。但由于现购受文献服务部门拥有的品种数量的限制，在采购时偶然性大，很难保证文献采访的完整性和系统性。所以，直接选购图书的方法对于小型图书馆来说，是一种主要的购书方法，而对于大中型图书馆，仍是一种辅助的购书方法。

（3）招标采购。招标采购也是图书馆在采购信息资源时常用的方法。1999年《中华人民共和国招标投标法》及2002年《中华人民共和国政府采购法》的先后出台，为图书馆的规范采购提供了法律依据，各高校图书馆基本都实行了招标采购。招标采购是图书馆向书商公开交易条件，以征询书商最佳报价的图书采购方式，招标方式将市场竞争机制引入图书馆图书采购过程中。

招标采购主要有五种方式：一是公开招标。公开招标是指采购人以招标公告的方式广泛邀请不特定的供应商参加投标。二是邀请招标。邀请招标是指采购人依法从符合相应资格条件的供应商中随机邀请三家以上供应商，并以投标邀请书的方式邀请其参加投标。三是竞争性谈判。竞争性谈判是指采购人通过与符合相应资格条件不少于三家的供应商分别进行谈判，商定价格、条件和合同条款，最后从中确定成交供应商的采购方式。四是询价。询价是指采购人从符合相应资格条件的供应商名单中确定不少于三家的供应商，向其发出询价通知书让其报价，最后从中确定成交供应商的采购方式。五是单一来源采购。单一来源采购是指采购人直接与唯一的供应商进行谈判，签订合同的采购方式。

图书馆图书采购招标工作首先应做好前期准备工作，包括确定招标原则，确定招标标的。其次，根据各图书馆的有关规定组织评标小组专家，主要由纪检、审计、财务等部门以及图书馆的相关人员组成。招标工作的具体实施操作步骤如下：组建图书采购招标工作小组，由工作组拟定投标内容、方式、招投标日期；由招投标工作组制定评标标准，并经各方讨论后确定；拟定图书采购邀标书，邀请符合资格条件的图书发行商积极参与投标；认证投标书商资格、确认参加投标的商家，通知经确认具备投标资格的投标单位，进行述标答辩，结束后招标工作小组进行开标议标，统计结果并公布招标结果；

图书馆与中标单位进行商务谈判并签订合同。

招标采购具有以下优点：第一，采购质量有了基本的法律保障，有利于将图书采购工作规范化。通过招标，图书馆与供应商双方的合作得到了法律的保护，图书资料的采购质量有了基本的法律保障。图书招标采购有利于将图书采购工作规范化，并纳入采购工作整体管理的范围，这也符合《中华人民共和国政府采购法》中对大额固定资产采购的管理规定。第二，有利于提高图书采购透明度。从随机抽取委托招标公司，至整个图书招标采购过程，均严格按政府和单位采购的有关规定程序去操作，实行"公开、公正、公平"的竞争原则，以往供应商用"回扣开道"的做法已行不通了，折扣率成为阳光下的行为，避免了暗箱操作和图书馆领导及采购人员在经济问题上的尴尬处境，国拨经费完全用于馆藏建设，树立了图书馆的良好形象。第三，最大限度地发挥图书经费的效益。虽然每年的购书经费都有不同程度的增长，但与日益增长的图书价格和读者需求还存在着很大的差距。因此如何发挥现有资金的最大效益是每一个图书馆都必须面对的问题。实行文献公开招标采购，引入市场竞争机制，市场上的各类图书发行商，为了争取图书馆这类大用户，会在图书价格方面让步，并在服务方面尽量满足图书馆的要求。图书馆可以用较少的资金购得更多的图书，并得到一些附加的服务，如部分供书商为招标单位提供所供图书的编目加工及上架服务等。

虽然采购招标具有很多优点，但是仍有许多问题需要我们重视：第一，图书购置的时效性降低。招标程序复杂、周期长、成本高、效率低。从着手准备前期资料、部门人员安排草拟招标书等有关方面的准备工作，到招标成功开始业务运作，需要一到两个月的时间，如果每年都搞招标，每次外地现采都搞招标，图书馆将陷入招标的泥潭中，采购人员也无法集中精力于业务工作上。第二，招标采购不专业。虽然法律和文件制定评分标准与招标流程，但招标过程中图书馆方的主张往往不能得到充分体现，在与馆配书商签订合同之后，图书馆的控制能力就十分有限了，图书馆必须依靠馆配书商获得采访数据，数据是否适合该馆的需要、是否完备、是否及时高效，图书馆都很难把握。本该作为主体的图书馆专业人员在招标小组中的所占比例非常有限，非图书馆专业人员所占比例过大，造成整个招标过程中图书馆的话语权无法得到有效保证，导致整个采购过程不够专业化。

（4）其他。除上述几种传统资源的采集方式外，还存在其他的采购方式，如邮购、复制等。

邮购也称函购，是指文献采访人员根据有关的广告、书目、订单等直接与外地书店的邮购部、出版社的读者服务部、有关单位的图书经销部挂钩。按照所开列的书目或范围数量要求，采用邮寄托运的方法购买所需文献资料。邮购的对象一般都是在本地脱销或购买不到的出版物，这种方式能起到补漏、补缺的作用，是一种辅助性购书方法。

复制是指采用多种复制方法获得复制品。对图书馆来讲，复制也是一种补充稀缺书的好方法，如孤本、善本、无法购入的原版本等，均可通过复制获得，这样复制品可代替原版书刊供读者使用。复制的方法包括抄录、照相复制、缩微复制、录音录像复制、扫描仪扫描、光盘刻录复制等。复制文献虽然通常需付一定的费用，但却是获得珍贵书刊和罕缺资料的好形式。另外，复制文献也需注意解决版权问题。

2）传统资源的购买流程

图书文献采选一般要经过三个流程，即选书阶段、订书阶段和验收阶段。各阶段都有具体程序和要求，彼此间相互衔接，构成科学合理有序的文献采集流程。

（1）选书阶段。选书阶段是订购前的准备阶段。这一阶段的工作主要包括：制订采访工作计划；研究图书市场，调查书源信息，收集有关书目；调查读者需求；研究书目进行初选；查重；审核初选书目。

图书馆进行文献采选，首先要制订采访工作计划。计划内容包括：一定时间内的采访目标；确定学科范围、语种结构、文献收藏级别；各种介质文献的比例关系（类型结构）；文献采访协作及其对本馆采购工作的影响；文献选择的标准和基本原则；采选模式与采选程序；采访人员的责任与权限；文献经费预算与分配；工作进度。其次是对各种征订目录的收集。书目信息齐全，才能有更好的选择余地，对同类书刊通过比较来选择比较优秀的进行订购，才能使购书经费得到更有效的利用。另外，还要对读者需求进行分析，确定大体用户群。再次，要对征订目录上的文献进行初选，选择的文献是否合适，直接关系到馆藏文献资源的质量。最后，采访人员对经过选择决定采集的文献进行查重，即检查核对本馆以前是否订购过某种书及订购的数量，以免重复浪费，并对确定的订购书目进行审核。

随着计算机在图书馆的普及与应用，用计算机进行查重已十分方便快捷，以目前我国公共图书馆使用的图书馆自动化集成系统（integrated library automation system，ILAS）中的采访子系统为例，它提供了文献名、责任者、国际标准书号（International Standard Book Number，ISBN）等检索途径，文献采访人员只要将所需查重的文献从任一检索途径按照要求输入相应的内容，就可以很快地得到结果。在选书的程序中，查重是较为重要的一环。图书的查重也叫"查复本"。采购查重主要有两个方面：一是现采过程中的查重，书商把中央数据库拷贝，在图书订货会上用采集器扫描 ISBN，将采集到的未重复的 ISBN 形成文件输出，根据 ISBN 再进行系统查重。二是书商定期给图书馆发送新的书目数据，图书馆工作人员利用自己的自动化系统逐条对照去重，再向书商反馈书单。

（2）订书阶段。初选和查重之后，由采访人员进行综合平衡，确定合理的复本数。准确制定具体图书的复本数量，采访人员必须掌握各类藏书的流通与滞架情况，掌握读者的使用与需求信息，掌握藏书的使用效果反映，掌握有关书刊复本标准及经费分配比例。这就要求采访人员到读者工作的第一线去调查研究，到外借处、阅览室、目录室、咨询室接触读者和工作人员，征求他们对藏书补充的意见和建议；到各种书库调查各类书刊的流通率和滞架数量，并对各种统计材料进行认真的综合分析，研究判断，验证和修订补充计划、复本标准，以便合理地确定具体书刊的品种与复本量，合理地分配经费比例，使数万乃至数十万元购书经费得到合理使用。目前，国外文献信息机构多通过网上书店购买选定所需文献，国内则较少。网上订购方式要采访人员将所选文献放入购物篮，并查看购物篮内所选的文献，然后提交订单，书店收到订单后会很快给用户发出"订购确认"的电子邮件，如果用户发现订单有差错，可以及时纠正。这种方法便捷有效，而且还可享受打折优惠。

（3）验收阶段。图书馆预订的书到馆后，要及时进行验收。验收包括三个步骤：一是按发票验收，即验收人员用发票或清单核对拆包书刊，查清单价、种册数、总金额；二是抽取样本核对预定目录，即将书刊中的每种书抽出一册样书逐一核对预定目录，仔细检查收到的书刊是否与预订品种、册数完全相符合，如发现多发、少发、漏发、错发及整套书搭配不准等问题，必须及时向发书单位反映，纠正差错；三是财务报销，核对完毕后，在预订目录上注明"已到"标识，在发票与经核对过的单上办理盖章手续，进行书款结算，并在文献的书名页和特定的书内页上盖上馆藏章，然后将验收好的文献成批移交给登录人员，完成验收程序。以现场采购为例的简易结构图见图 3-3。

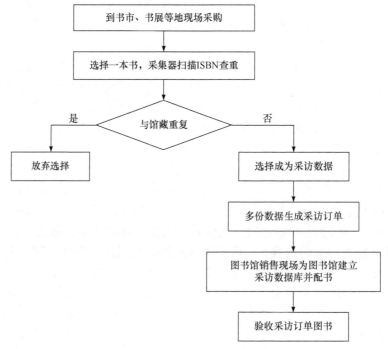

图 3-3　以现场采购为例的简易结构

随着计算机在图书馆的广泛应用，图书馆员传统馆藏文献采访工作程序也发生了改变，更多的大中型图书馆采用了计算机文献采访系统，这些系统一般都具有处理订单、制作预订卡、查重、登录、验收、统计等多项功能，初步实现了文献采访的现代化管理，提高了工作效率和质量。

2. 数字资源

1）数字资源的采购方式

图书馆在采集数字资源时，主要有以下几种采购方式。

（1）单独采购。单独采购是指独家图书馆购买方式，要以有充足的资金实力为前提。但在单独采购时，又出现许多问题。首先，计价模式的紊乱。图书馆和厂商的谈判工作非常艰辛，其中一个重要因素是电子资源的价格模式趋于多变，不仅基本价格模式不同，各种附加条件更是多样而复杂。其次，厂商将电子与纸本期刊绑在一起计价，造成垄断。

（2）捆绑采购。捆绑采购是指图书馆在采集信息资源时将纸质信息资源与网络数据库捆绑在一起，一并加以购买的方式。其分两种情况：一种是以购买一定金额的纸质信息媒体为前提，同时购买网络数据库；另一种是以购买网络资源为前提，同时获得优惠购买该资源的纸质或镜像型信息资源的权利。

（3）协调采购。协调采购即分工协调与合作采购，它是信息资源共享的需要，是指一个地区或一个国家内不同的信息资源机构，或相邻的不同国家之间共同制订信息资源采购计划，分工协作采购信息资源，以建立一个完整的信息资源保障体系。协调采购的合作方式主要有三种：一是集中式；二是分散式；三是集中和分散相结合的方式。协调采购不仅能使信息资源机构有重点地采集信息资源，避免重复浪费，节省人力、物力和财力，完善信息资源保障体系，更好地满足信息用户的需求，实现信息资源共享，还能节省大量的资金，这对一些采集资金紧张的信息资源机构来说，确实是非常好的资源采集方法。

（4）集团采购。由于数字资源，尤其是电子出版物采购费用昂贵，单个图书馆购买能力有限，信息资源机构可以建立电子出版物联合采购机制进行购买，如集团采购模式。集团采购是指由多个图书馆自愿组成集团，联合采购某种电子资源，共同承担电子资源的购买费用，以最少的经费，获取最优价格、最佳服务和最符合需求的电子资源，主要包括地区集团、全国集团、行业集团三种形式。它已成为电子资源尤其是网络数据库的主要购买方式，是图书馆资源共建共享在网络环境下产生的一种新模式。

2）数字资源的采购流程

数字资源采购流程主要包括三个阶段，即采购前的准备阶段、采购进行阶段、使用跟踪阶段。

采购前的准备阶段：成立专门的数字资源采购小组，其成员主要包括馆长、采访人员、参考咨询人员、技术保障人员等。该小组负责对图书馆引进的数字资源进行全方位深入调研，并参与同数据库商的协商谈判。采购前的准备阶段的主要工作是确定数字资源采购的需求分析，制定符合本馆实际的采购原则。在数字资源采购过程中，一般以读者需求为导向，注重质量、协调性、特色化及成本效益等。

采购进行阶段：该阶段主要是和数据库商进行谈判，对数据库购买的订购方式、价格、服务等进行实质性洽谈，签订合同，完成数字资源的购买行为。采购进行阶段的规范化操作将为数字资源采购的规范化提供程序方面的保障。数字资源采购按照资源语种一般分为外文数字资源和中文数字资源两大类。

使用跟踪阶段：该阶段的主要工作是图书馆结合读者服务工作，了解数字资源使用过程中出现的各类问题，对数字资源使用的效益进行分析评价，为以后数字资源采购提供可靠的依据。使用跟踪阶段是对前面两个阶段的总结、验证、评价，也为下一次数字资源的采购提供了全面的依据。

以集团采购为例，其具体流程如图3-4所示。

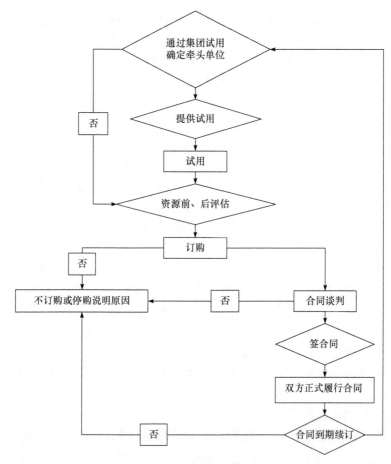

图 3-4　集团采购流程

（二）自建

前面所提的购买主要是针对传统资源或数字资源的采购，在此主要针对的是数字资源的自建。

除了购买以外，各图书馆还可以把本馆的文献资源数字化，形成自建数据库。自建数据库可以分为两类：一是馆藏书目数据库；二是特色数据库（即特色馆藏或专题数据库）。

1. 馆藏书目数据库

馆藏书目数据库的资料主要来源于各馆的回溯书目数据库和添加的新数据库。回溯书目数据库的建设又称回溯建库，即将书目文献信息资源数字化，并采用科学的方法将它们合理组织成相互关联的数据组合，存放在计算机的存储器中，便于有关软件的存取，供用户随时在网上查询利用。我国书目数据库建设主要有三种模式：一是自建数据库；二是套录标准源数据；三是套录与自建相结合。还有较多的图书馆采用联机编目合作建库与业务外包方式。

（1）自建数据库。自建数据库即将本馆图书书目数据逐条输入计算机中形成馆藏书目数据库。通常有两种方式：一种是使用编目子系统的录入功能，直接形成馆藏书目数据库，又称原始编目；另一种是通过格式转换将标准 MARC 格式数据转入系统形成的馆藏书目数据库，大批量回溯建库，可采用此模式。

（2）套录标准源数据。套录标准源数据简称套录，即通过对外来数据源进行查对，将符合馆藏记录的数据进行补充、修改，并加注馆藏信息的过程。将外来数据源作为本馆回溯建库套录依据，其质量的好坏，必然影响到本馆书目数据的质量。因此，在选择外来数据源时，一定要选择编制机构力量强、权威性高、严格按 CNMARC（China MARC，中国机读目录）格式著录的标准化、规范化数据库。

（3）套录与自建相结合。先通过套录外来数据建库，对于套录不到的图书，采用自建数据库的方式，这种方式即套录与自建相结合的方式。建设书目数据库应尽量利用现有的标准书目数据，对于现有的标准书目数据上没有的书目，应集中力量，统一标准，联合建库，实现信息资源的共建。一般来说，联合编目大都采用这种方式。

（4）联机编目合作建库。联机编目是指利用计算机和网络环境，由多个图书馆共同编目，合作建立具有统一标准的书刊联合目录数据库，在此基础上实现联机共享编目，即任何一个授权成员馆将入馆新书刊编目上传以后，其他馆就可以在网上查询下载。

（5）业务外包方式。编目业务外包是指图书馆与书商（信息公司）之间通过合约，由图书馆将其编目的整个工作委托给书商（信息公司）代为加工。业务外包可以分为两种模式：一是外送加工模式，该模式是指图书供应商按图书馆的要求将图书资料在供应商自己的经营加工场地进行加工的一种模式。图书加工所需的辅助材料和人工费用都由供应商承担。书商在图书加工完毕后，将图书送到图书馆，由图书馆验收上架。二是到馆加工模式，该模式是指图书供应商根据图书馆的要求，派出专业的图书编目加工人员来到图书馆帮助完成图书分类、编目、加工等工作的一种模式。图书加工所需的材料成本和人工费用仍均由供应商提供。

2. 特色数据库

特色数据库是指依托馆藏信息资源，针对用户的信息需求，对某一学科或某一专题有利用价值的信息进行收集、分析、评价、处理、储存，并对照一定标准和规范将其数字化，以满足用户个性化需求的信息数据库。

建设特色数据库要注意以下三点：第一，独特性，要使建成的数据库具有其他数据库不具备或很少具备的特点。第二，全面性，要保证建立的数据库的数据完整全面。第三，标准化。一般来说，特色数据库可以分为以下几种类型：根据本校重点专业和馆藏特色建立的数据库，如通信电子系统与信息科学数据库等；为本地区经济、文化建设服务而建立的数据库，如巴蜀文化数据库、长江资料数据库、东北亚研究文献数据库、上海作家作品资料等；为抢救各种濒临湮灭的珍贵史料而建设的数据库，如清华大学图书馆搜集整理有关我国工程技术史文献资料而建设的中国科技史数字图书馆资料库等；为各种专题提供循证的数据库，如在医学方面、法学方面、史学方面等建立循证数据库，以高效的信息服务为用户提供最佳证据。

（三）其他采集方式

除采购和自建外，还存在许多信息资源采集方式。

1. 呈缴

呈缴本制度是指一个国家或地区为完整地收集和保存全部出版物，用法律或法令形式规定所有出版机构或承担出版责任的单位，凡出版一种出版物，必须向指定的图书馆或出版主管机关免费缴送一定数量的样本。此样本叫呈缴本、样本或缴送本。而接受呈缴本的图书馆大多是国家图书馆、其他大型图书馆或专门建立的版本图书馆。呈缴本是这些图书馆馆藏的固定来源。这种制度即出版物呈缴制度。

根据性质可将呈缴本制度分为三类：一是法律呈缴，为了检查出版物是否有违法的记载；二是著作权呈缴，为了取得著作权的保护而承担缴送其作品或出版物的义务；三是文化呈缴，为了保存国家民族文化而将其出版物送到一定的机构，以供保存利用。

呈缴受体即接收呈缴本的单位，主要有中国国家图书馆、中国版本图书馆和国务院出版行政部门。中国国家图书馆是国家总书库、国家书目中心、国家古籍保护中心，履行国内外图书文献收藏和保护的职责，指导协调全国的文献保护工作；为中央和国家领导机关、社会组织及社会公众提供文献信息与参考咨询服务；开展图书馆学理论与图书馆事业发展研究，指导全国图书馆业务工作；对外履行有关文化交流职能，参加 IFLA 及相关国际组织，开展与国内外图书馆的交流与合作活动。中国版本图书馆是隶属国家新闻出版广播电视总局的单位，是收集新中国成立以来出版物的单位。

2. 交换

交换是指信息资源机构用自己采集的信息资料同其他相关部门直接展开交换，或通过协调机构间接开展交换，以达到互通有无、调剂余缺的目的。这种方法是获取内部文献资料和难得文献资料的主要来源。文献资源交换类型多样，从范围上可分为国内交换和国际交换；从时间上可分为长期固定交换和短期临时性交换；从形式上可分为直接交换和间接交换。具体的交换方法有三种：一是对等交换，即书换书，小册子换小册子，杂志换杂志；二是等价交换，即在一定时期内，交换者双方互相提供同等价值的出版物；三是不对等交换，即交换者双方互相根据实际情况，不定期不定量地自出交换信息资源。

3. 接受赠送

赠送一般是指社会团体或个人向信息资源机构赠送一定数量的文献或信息设备，以支持社会文化、教育事业的发展和交流图书、产品信息。这也是丰富馆藏信息资源的重要形式之一。赠送大致有以下几种：一是知名人士将其著述或藏书赠给信息资源机构；二是国外友好人士和社团为促进文化交流而进行的赠书；三是一些出版发行商及个人著者，将其出版发行的书刊赠给信息资源机构；四是一些厂商或企业信息部门为了推销自己的产品，常无条件地赠送作为广告用的文献，如产品样本、产品说明书、产品目录、厂刊、专刊等。通过各种展览会和博览会获得这些文献是较好的途径。

4. 调拨

接受调拨是无偿获得大批藏书、迅速增加藏书量的途径之一，尤其是新建馆和基础薄弱馆补充大宗藏书的有效方法。调拨单位与调拨性质有三种类型：第一种，变动撤销单位或无保存藏书任务的单位，将所收集积累的藏书，移交给有关图书馆保存利用；第二种，基础雄厚的图书馆，将部分藏书支援给基础薄弱或新建的图书馆；第三种，有大批多余复本和积压品种藏书的图书馆，将部分有价值的藏书调拨给缺藏的图书馆，以充分发挥藏书的作用。书刊的调拨大部分是在行政主管机关的领导之下的一个系统内的各馆之间，有计划地相互调拨。接受调拨的图书馆应有针对性、有选择地接受，不应盲目地接受不需要的藏书，避免因接受不实用的藏书造成后患。

5. 征集

征集主要是对非正式出版单位出版的内部书刊资料，采取主动发函或上门访求的方法，有针对性地进行征集，也可采取在报纸上刊登广告或征书启示的办法征集有关书刊。征集的对象主要是政府机关、学术团体、厂矿企业、学校、科研单位、商业部门等非正式出版单位。征集的内容主要是上述单位出版、编印的内部资料、学术论文、科研成果、试验总结以及产品样本、目录、价格表等难得的书刊资料。为做好出版物的征集工作，要求采访人员了解书源，经常查阅检索资料，参加有关专业会议和学术活动，掌握资料线索，主动开展各种形式的征求收集活动。具有主动精神和社会活动能力是采访人员做好征集书刊资料的关键。

6. 索取

索取是信息资源机构直接用通信联系或派人上门去取回自己所需文献信息的一种方法。这种方式虽比较经济，但也不能盲目索取，否则会给文献资源的筛选和鉴别造成麻烦。

四、图书馆信息资源建设组织管理

图书馆信息资源组织管理是图书馆信息资源建设的基本内容之一。它是指将图书馆收集并加工的文献，按照一定的要求，进行合理的布局、排列及科学的管理，使馆藏文献与读者需求能在适当的地方得到相互沟通并有序结合，从而达到对馆藏文献积极利用和有效保存的目的。

（一）图书馆信息资源的组织

图书馆信息资源的组织是为了实现图书馆有效保存和积极利用文献信息资源的目的，而对馆藏文献进行整序、布局及科学管理，使之成为有序化的、科学的文献资源的过程。图书馆信息资源组织的意义在于，使图书馆的资源始终保持良好的结构状态和可持续发展的生命力。图书馆的信息资源不仅包括传统的实体馆藏资源，也包括虚拟的数字资源。

1. 传统资源的组织

分类法、主题法和集成法是人们在长期的文献组织中创建的基本的组织方法。

1）分类法

分类法是按学科知识的系统性分门别类地组织与揭示文献的方法。分类法按学科专业或范畴领域，组织与揭示信息资源，具有很好的稳定性与系统性，不仅适用于文本信息，而且适用于非文本信息、超文本信息等。要有效地对信息资源进行分类，需要了解信息资源的本质属性和非本质属性。信息资源的本质属性是指载体上所记录的科学知识内容，它从根本上体现信息资源的价值、使用价值。信息资源的非本质属性是指与本质属性相对应的属性，一般体现在信息资源的形式特征上，如载体、语种等。信息资源分类具有以下作用：一是揭示信息资源，就是对信息资源的内容特征和形式特征等进行比较、分析、研究、评价，并进行揭示；二是区分信息资源，就是根据揭示出来的信息资源的内容特征和形式特征，将不同类型的信息资源的内容特征或形式特征进行比较，从而将信息资源区分开来；三是组织信息资源，就是将区分开来的信息资源，按照一定的标准（如分类标准等），将信息资源及其相关记录存储于文献体系的逻辑系统中。

分类法是自古以来人们在信息资源组织实践中常用的方法，如西汉学者刘向、刘歆父子在整理官府藏书时编成的《七略》，作为我国第一部官府藏书分类目录，开创了文献分类的先河。四部法也是古代占主导地位的一种图书分类体系，如《隋书·经籍志》和《四库全书总目》的分类体系。我国文献分类法经历了一个比较漫长的过程，至 20 世纪初期，开始受到西方新学的影响。从早期分类思想的萌芽到现代分类法的发展，无不体现了价值取向、社会环境、学术面貌、编制技术、知识体系的发展与进步。通过对国内外文献分类法的编制方式、类目体系，以及类目的内涵等方面进行分析，将文献分类法分为三种类型，即等级列举式、分面组配式、半分面分类法。

2）主题法

主题法是从具体事物、对象和问题的主题名称字顺来揭示文献的知识内容。主题法打破了学科界限，建立了文献知识内容之间的内在关联，把同一主题的相关文献集中，使用户的查找快捷方便，而且文献信息的对口性更强，查准率更高。主题法实际上有两种含义：一种是指信息资源的主题整序方法，是用语词标识标引信息和组织检索系统的方法；另一种是指主题标引语言，也就是说，主题法包含主题标引语言和主题标引，主题词就是该语言的主体，而主题标引是指对信息进行主题分析，用主题语言表达分析出的主题，赋予主题检索标识的过程。目前，国内外采用的主题法类型很多，其基本的共同特征有：直接以语词作为检索标识，以字顺作为主要检索途径，以特定的事物、问题、现象，即主题为中心集中信息资源，往往是通过详尽的参照系统揭示主题词间的关系。

主题法在信息资源组织中的作用，主要是用来处理信息资源、编制各种检索工具及检索系统。与分类法相比，两者都是揭示信息内容，都需要对信息进行主题分析，一般都使用预先编制的专门语言工具（分类表或词表），赋予的检索标识都是对信息主题概念的表达。但是，分类法与主题法之间因使用不同类型标引语言而存在一些差异。主题法也有其自身的规律和特点，它的特点是可以集中于一个与主题有关的各个方面的信息资源，检索的直接性、通用性好，适用于进行各种专指检索，在性能上具有与分类法相互补充的特点。

3）集成法

相对于分类法、主题法而言，集成法是指一种对多种方法进行整合而形成的一种新的结构模式或方法，主要表现在以下几个方面。

首先是信息组织工具的集成。信息组织工具的集成就是通过各种组织工具结构上的有机配合及兼容转换，集多种信息组织工具的功能于一身，既能使作为单一信息组织工具的原有功能得到进一步保留和加强，又能通过各种组织工具结构上的有机配合，产生出更加强大的信息组织及检索的总体功能。

其次是分类主题一体化集成方式，它是指分类系统与主题系统实现完全兼容，既能充分发挥各自特有的功能，又能互相配合，发挥最佳的整体效应。它包括检索系统的分类主题一体化和检索语言的分类主题一体化。

最后是元数据集成方式。网络信息组织标准的提出，元数据的映射、复用和集成一直是解决互操作问题的主要关注点。信息资源的种类和数量成倍增加，要实现资源的无缝集成，不同的信息系统、不同格式和不同渠道的信息应该有一个互操作框架和标准规范。从目前的互操作来看，集成方式主要包括：不同的元数据标准通过元素之间的映射来进行互操作；通过构建应用说明体系来进行实际应用中元素的互换和映射，来实现复用与集成的功能；通过元数据标准与分类法或主题词表集成，来提高元数据信息资源描述的规范控制效果。

2. 图书馆数字资源的组织

数字资源整合不是简单的"库集合"和"库连接"，而是依据一定的需要和要求，通过中间技术（即数字资源无缝链接整合软件系统），把不同来源和不同通信协议的信息完全融合，使不同类型、不同格式的数字资源实现无缝链接。通过整合的数字资源系统，具有集成检索功能，是一种跨平台、跨数据库、跨内容的新型数字资源体系。数字资源整合要建立在知识组织的基础之上，以知识组织的理论为指导。知识组织是对知识的本质及知识之间的关系进行有序揭示，主要利用面向对象数据库、数据仓库、数据挖掘与知识发现等技术，对异构数据对象内容进行整合，实现不同资源系统间的资源共享。其目的是组成结构优化的知识库，提高知识的利用率，促进知识的创新。

知识组织强调系统化地处理和利用信息与数据，发掘知识内涵。其形式主要是建立不同学科、行业的知识资源库和知识网络系统。它所提供的是具有规律性的信息及具有内在联系的信息链和知识链。以基于数字图书馆的资源整合方式为例，就是利用知识组织原理和技术，对不同渠道、不同类型、不同学科、不同形式的知识加以整合，按数字资源的逻辑关系，对资源进行分解、重组，按知识体系的关联性和整体性组织成相互联系的、立体网状知识体系，以实现数字资源的有效组织和共享利用。

（二）图书馆馆藏文献的组织

图书馆馆藏文献的组织主要通过布局和排架实现，布局与排架是否科学，将直接关系着馆藏能否被充分地利用，能否更好地满足读者的需要，关系到图书馆服务质量的高低和图书馆社会效益的好坏。在此我们主要介绍图书馆馆藏资源的布局。

1. 图书馆馆藏文献资源布局

图书馆馆藏资源布局是图书馆信息资源建设的重要组成部分，对整个图书馆事业的发展有重要影响，其目的在于有效、合理地布局馆藏资源，使馆内信息资源及设施的作用得到有效的发挥，以提高图书馆的服务质量和管理水平，促进知识的交流和传播。在社会的不断进步及馆藏资源布局实践的不断发展中，馆藏资源布局理论主要有以下几种方式。

1）基于馆藏空间的布局

一是展开式水平布局。20 世纪 30 年代以前，由于藏书不多，世界上大多数图书馆的建筑规模也不大，图书馆的书库、阅览室、工作人员办公区等三个主要部分建筑共处于一个水平面上，这种布局被称为展开式水平布局。此布局适用于直接面向用户的开架流通的小型书库，比较灵活，便于用户接近馆藏信息资源，提高馆藏信息资源的利用效率。不足的是占据了较大空间范围，限制了馆藏信息资源的自动化传递，并且为了使在同一平面上的任何地方都能摆放沉重的书架，不得不提高图书馆等信息机构建筑的造价，经济效益不高。

二是塔式垂直布局。20 世纪 30 年代以后，图书馆等信息机构的建筑出现了高层式垂直布局。此布局将空间因素放到首位，使得塔式书库与图书馆的其他建筑分开，通过专门的通道或运输线路，把被阅览室环绕的书库与其他部门连接起来，又或者把与阅览室连接的书库与其他部门连接起来。此布局的优点在于：第一，使馆藏信息资源在最小的空间范围内得到了最大的集中；第二，塔式书库与图书馆的其他建筑的分开，有效保持了馆藏信息资源的安全状态，使馆藏信息资源接近阅览室。不足之处在于每层书库均设管理员，劳动效率不高，运输设备占用空间大，馆舍建筑费用高。

三是立体交叉式混合布局。20 世纪 70 年代以后，许多馆藏信息资源结构复杂的图书馆纷纷采用了立体交叉式混合布局的方法。立体交叉式混合布局就是把水平布局与垂直布局两种方法结合起来，取其长去其短。其实质是区分馆藏信息资源，不同的馆藏信息资源采用不同的布局方法，把常用馆藏信息资源尽可能地放在与阅览室处于同一水平面上的书库，使用户能直接利用这部分馆藏信息资源，把利用率低的书籍放在与阅览室不在同一水平面的垂直位置上。此种布局管理难度大，对空间需求大。

2）基于功能的布局

传统的藏书布局方式是把图书馆藏书划分为基本书库、辅助书库和专门书库。这三种书库各有其独立性，但又彼此联系和结合，组成图书馆的完整馆藏。大型图书馆多以基本书库为中心，以辅助书库和专门书库为分支。

基本书库也称总书库，是图书馆藏书的基础和主要藏书区。它是全馆文献集中收藏存放处，容纳文献的数量最多、知识门类广，一般包括推荐性的常用文献、供研究用的参考文献、使用很少的档案性文献和提存的保密性文献等。基本文献库具有全面收藏、长期保存、临时调阅利用、适时剔除等功能。其内容、范围、品种、数量、质量可反映该文献情报机构的文献资源的性质、规模及其满足读者需求的能力，常作为划分图书馆规模的衡量指标。基本书库对辅助书库、专门书库可起到调节作用，如前者常为后者提供必要文献并接受从后者移送来的文献。由于基本书库入藏的文献内容复杂，类型较多，为充分发挥各类文献的作用，通常采用分层、分区存放各种文献的管理方法。例如，按文献性质和使用范围，划分为普通书库、内部书库、提存书库。还可以按语种、学科、文献类型来划分为不同的书库。为了保存文献和满足读者的需求，一些图书馆、情报机构将每一种文献或将常用的文献抽出 1 册或 2 册作为保存本，并设置保存本库或复本库。

辅助书库通常可分为三种，即外借处辅助书库、阅览室辅助书库和参考研究室辅助书库。各种辅助库所配备的文献多以读者经常使用的为主，具有现实性较强、参考性较强、针对性较强、利用率较高、流通量大的特点。凡是过时的、失效的、不对口的、呆滞的文献，均应及时从书库中抽出，送回基本书库中去。建立辅助书库以方便读者使用为原则，一般可按读者对象、文献类型、文种等设立辅助书库。辅助书库所藏的文献应既有相对的稳定性，又有一定的时效性。应不断补充新的文献，以适应特定读者的需要。

专门书库是为了适应一定范围内读者的特殊需要，或是为了适应某一类型出版物和某一特藏在管理与使用中的特殊要求而设立的。特藏的文献主要用于专门参考和对特种文献的管理。专门书库的收藏范围包括珍本、善本、手稿、地方文献、音像文献、缩微资料等，它们多是经过长期积累起来的，可在一定程度上反映文献情报机构的收藏特色。对专门书库的收藏使用往往有特殊规定，多不外借。专门书库可按文献的形式特点设立，如金石库、舆图库、善本库、报刊库、缩微书库、音像书库等。各图书馆可根据实际需要和客观条件设立专门书库，如国家图书馆常设有手稿专藏及抄本、刻本、善本专藏等，大中型公共图书馆一般也会设有地方文献专藏、历史文献专藏、古籍善本专藏等。专门书库在一定程度上反映了一个图书馆的藏书特色，所藏图书比较珍贵，要求特殊保管。

3）基于借阅方式的布局

基于借阅方式的布局一般分为两种：开架布局和闭架布局。开架布局又可分为全开架式布局和半开架式布局。

全开架布局方式是相对闭架布局而言，读者可以到书库的书架上直接挑选图书。

半开架方式布局是介于闭架和开架之间的一种书刊布局方式。半开架是将书籍陈列在带有玻璃的书柜里，书背向外，玻璃中间留有一小条空隙。读者能看到书名和书的外貌，但不能自取。借书时读者可以从玻璃空隙中指明要借哪一本书，由馆员取出，再给读者办理借阅手续。

闭架布局方式是指图书馆藏书采用封闭式管理，读者不直接接触藏书，由工作人员根据读者填写的索书单在架上取书，读者还书时再由工作人员将书归架。闭架方式有利于藏书的保护。

4）基于服务方式和功能的布局

（1）三线典藏式布局。三线典藏式布局是指图书馆把利用率最高的文献组织到一线书库（阅览室、外借书库）实行开架借阅；把利用率较高的文献组织到二线文献库（相当于辅助书库），实行开架或半开架借阅；把利用率低的文献组织到三线文献库（相当于基本书库），采取闭架借阅。实行开架或半开架的阅览室或书库多按文献出版形式、学科、语种及出版时间进行划分，如中文期刊阅览室、西文书库、过期期刊库、现期期刊阅览室等。开架的书库和阅览室采取藏书与阅览相结合的形式，即书库中能阅览，阅览室中有文献。

三线典藏制是按照读者的借阅需求和借阅方式进行布局的，它反映了文献利用分布高度集中与相对分散的规律。三线典藏制是以美国图书馆学专家特鲁斯韦尔提出的馆藏利用的"二八定律"为理论依据的，即图书馆的全部馆藏信息资源中，有20%是常用的，能够满足读者80%的需求，其余的80%的资源仅能满足20%读者的需求。根据这一理论，三线典藏制按照馆藏资源的新旧程度及利用率的高低，结合服务方式方法，将全部馆藏资源划分为利用率最高的、利用率比较高的、利用率较低的三部分，并依次组成一线书库、二线书库、三线书库的布局方法。在这种布局模式中，一线书库是馆藏资源布局的主体，实行全方位开架服务，是馆藏利用率最高的工作区，主要收藏利用率最高的文献资料，具有针对性强、现实性强和推荐性强的特点；二线书库是读者借阅率较高区，主要收藏参考性强、利用率较高的近期出版的文献资料，以供读者参考和检索，可以实行限制开架服务；三线书库的馆藏利用率最低，主要存放各种罕用的馆藏及内部备查资料，一般实行闭架借阅。馆藏资源根据利用率的高低变化在一、二、三线书库间运动，并非一成不变地固定在书库的某个位置，而是呈现出一种动态的典藏。三线典藏的布局模式是运用本位思想的反映，顺应了现代图书馆管理的潮流，显示出了以藏本位思想为主的传统布局所无法比拟的优势。

（2）藏、查、借、阅一体化布局（简称一体化布局模式）是一种全开架的馆藏布局模式，它充分利用现代信息技术，采用零增长理论统筹管理的方式，即大开间、小间隔的建筑布局，整个图书馆只设一个进出口，除特藏文献和现刊外，其他文献不单独设立阅览室，文献资料尽量按学科、知识门类组织集中起来；在书库内设有足够多的检索终端和阅览桌椅，读者可以在图书馆内随意浏览、任意检索、自由取书、随时阅览。其努力营造以阅为主、其他为辅，人在书中、书在人中的综合功能空间。一体化布局模式抛弃了传统布局中藏、查、借、阅功能独立，互不联系的弊端，正确处理藏与用的辩证关系，以读者利用为中心，做到藏中有阅、阅中有藏，最大限度地满足读者需求。

5）基于知识系统的布局

基于知识系统的布局即信息共享空间（information commons，IC），是指经过特别设计的一站式服务中心和协同学习环境，综合使用方便的互联网、功能完善的计算机软硬件设施和内容丰富的知识库，在技能熟练的图书馆参考馆员、计算机专家、多媒体工作者和指导教师的共同支持下，为读者的学习、讨论和研究等活动提供一站式服务，培育读者的信息素养，促进读者学习、交流、协作和研究。信息共享空间在空间和资源的基础上为用户提供丰富多样、完备周到的服务，如联合咨询服务、一站式服务等。其中，一站式服务是指用户能够在一个平台上获得各种形式、内容的资源，享受各种范围、层次的服务，从而方便、快捷地获得对各种问题的解答，于是用户在学习、研究的过程中对信息的识别、获取、汇聚、分析、加工、展示、传递等都可以在信息共享空间中一站式实现，完成知识管理的所有过程，同时帮助用户提高信息素养并促进学术交流，从而为用户节省了大量的时间与精力，极大地提高了图书馆的信息服务质量。

2. 图书馆馆藏文献的排架

馆藏文献排列也称馆藏文献排架，是将馆藏文献有序地陈放在书架上，并形成一定的检索系统，使每一种文献在书库及书架中都有固定的位置，图书馆员及读者能准确地按这个位置取书或归架。馆藏文献排架方法按出版物的特征标志，可分为两大类型。

1）内容排架法

内容排架法是指以文献内容为排架标志进行藏书排架的办法，具体分为分类排架法和专题排架法。

分类排架法就是把文献按照学科分类号的次序，编排和确定在刊架上的方法，是国内外图书馆最普遍和最基本的排架方法。

专题排架法是将出版物在一定专题范围内集中排列的方法。专题排架法在纵向上打破了学科隶属界限，是辅助性内容排架法，只能排列部分藏书。

2）形式排架法

形式排架法是指按藏书的外部特征对藏书进行排列的方法。其主要方法有以下六种。

字顺排架法是一种按出版物的书名或著者名称的字顺排列藏书的方式。它的优点是管理简单、易查易懂、借还迅速，又能体现藏书的连续性和完整性；缺点是当读者有目的地检索某学科领域的有价值期刊时，除非已知书名，否则很难精确查找到所需文献。

年代排架法即按出版物出版年代顺序排列藏书的方法，是一种辅助性组配排架方法。年代排架法的优点是节省排架空间，基本不需要倒架，便于管理和剔除工作；缺点是割裂了出版物的内在联系，破坏了连续出版物的完整性，影响读者对期刊连续性的需求。

登记号排架法主要是指按图书馆为每一本书刊编制的个别登记号的顺序排列藏书。这些登记号只反映出版的先后顺序或入藏的先后顺序，而不管它们的内容归属。按个别登记号排列出版物，简单清楚，一书一号，方便取书、归架、清点，但不能系统地反映出版物的内容范围，不便直接在书架上进行检索利用。

固定排架法即按照出版物的固定编号排架。图书馆给每本书刊按入藏先后编制一个固定的排架号，这个固定排架号由四组号码组成，即库室号、书架号、层格号、书位号。固定排架的优点是号码单一、位置固定、易记易排、节省空间、不会产生倒架现象。其缺点是同类同复本书不能集中在一起，不便在书架上熟悉、研究和检索藏书。

语法排架法即按出版物本身的语言文别，排列各种外文文献。这是一种辅助性组配排架法。文别排架号通常由两组或两组以上的号码组成，即文别号、分类号、著者号，或文别号、年代号、字顺号等。

书型排架法即按出版物的外形特征，分别排列特体规格或特殊装帧的书刊资料，是辅助性组配排架法。这种排架法，将不同类型、不同规格的出版物区别开来，并用不同的字母标示特殊类型、特殊规格书型出版物。

（三）图书馆信息资源的评估

1. 基本概念

图书馆信息资源的评估是指对图书馆的信息资源体系状况、功能及其作用发挥的情况进行分析和评价。通过这种分析和评价所取得的信息可为图书馆制定资源发展政策、控制资源发展过程提供客观依据，从而建立更有效的信息资源体系，提供更有效的信息服务。

2. 信息资源质量的评估原则

图书馆在对信息资源质量进行评估时，应遵循以下几个原则。

第一，时效性。随着现代科学技术迅速发展，新的知识不断取代旧的知识，信息资源的有效使用时间日益缩短，文献老化速度加快，失去利用价值的老化的图书馆信息资源要及时更新。

第二，完整性。信息资源的系统性也是信息资源结构体系完备性的组成部分，主要表现在是否系统地、连续地采集和积累信息资源，以充分发挥信息资源的效用，尤其是重点和特色资源的收藏，能否保持系统性、连续性和完整性。此外，图书馆实体资源和虚拟资源的比例是否合理也是衡量图书馆信息资源完整性的一个重要指标。

第三，信息资源的利用率。其在实体信息资源方面包括：信息资源的布局是否合理、指示是否明确、借阅手续是否烦琐、开放时间和借期是否足够等。其在虚拟信息资源方面包括：信息设备的数量和布局、网络开通时间的长短、免费还是收费以及收费的高低、是否有明确的指示和介绍、手续是否烦琐、网络速度的快慢和设备是否稳定等。

第四，信息资源的共享能力。信息资源的共享能力包括两个方面：一是馆际互借能力，其表现为图书馆等信息机构是否与其他信息机构签订馆际互借协议、每年通过馆际互借获取的资源数量、向其他信息机构提供的资源的数量、馆际互借中信息资源传递的方式、从提出馆际互借申请到获得信息资源所需的时间和费用、从接受其他信息机构的申请到对方获得信息资源所需的时间和费用等；二是对外合作能力，图书馆间的合作日益广泛，其目的是促进信息资源的共建共享。对外合作能力表现为信息机构参加合作或联盟的数量，合作的内容，共建的资源内容和数量，可共享的信息资源的存取方式等。

（四）图书馆信息资源的复选与剔除

馆藏文献复选与剔除是指图书馆根据一定的原则和标准，将长期滞留在书架上，利用率极低，或已经失去利用价值的文献，从馆藏文献体系中分离出来，并按不同情况分别进行处理。它也是图书馆信息资源建设的重要环节，实际上是按照信息资源建设的基本原则，对馆藏文献的科学价值、实用价值和参考价值等再次进行评价、选择与处理的过程。

在进行馆藏文献复选时，往往需要综合运用多种复选方法。纵观国内外，目前常见的主要的复选方法有以下几种。

经验判断法又称主观判断法，是指由参加复选的专家或工作人员，根据文献的外观、印刷质量、使用频率、复本数量的标准、语种、读者的利用倾向等客观事实和参选者自身的知识结构、工作实践经验，决定馆藏文献的去留。对于复本过多、长期压架、内容陈旧过时、残缺破损严重已无法流通的图书应该予以剔除。在剔除旧书时，可以先把书单送给有关学者过目，尽量避免把有用的图书剔除或遗漏。不常用的书不一定没有价值，有些书很有价值，可是利用率不高，图书馆不能轻易剔除。这种方法虽然简单易行，但由于参选者个体之间在知识结构和对文献认识方面存在差异，不同的馆员或专家对同一种文献可能会做出不同的处理，甚至即使是同一馆员，在不同阶段或不同的环境下对同一种文献也可能会采用不同的处理方法。因此，此种方法主观性较强，缺乏一个量化的指标，可靠性较低。

书龄法是指将图书出版日期、印刷日期、采购日期等作为馆藏文献取舍标准的一种方法。文献出版年代越近，其利用率越高；出版年代越早，其利用率越低。文献半衰期理论体现了知识老化与更新的基本规律，可以作为一线书库藏书复选的一个重要依据。不同学科的文献有不同的半衰期，因此，可依据学科的内容、性质等因素，结合本馆的实际情况，为各学科文献确定最佳的流通年限，超过年限的文献，可以迁出一线书库，安置在高密度储存库中。但是相同书龄的图书的利用率也是千差万别的，如果单纯以书龄决定藏书的取舍，就有可能把一些经典的、有价值的、使用率高的旧书剔除出去，而留下一些书龄较短、读者利用率低的图书。此外，由于文献半衰期理论只是对实际情况的一种理想化的概略性的量度，有不合理的成分，在文献复选过程中单一使用文献半衰期测定法存在着一定的局限性。

统计法即统计某时间段内的图书流通记录，分析每种图书的借阅频次，将文献利用频次作为复选的依据，这是指导复选工作比较客观的依据。根据图书的使用情况确定图书的去留，这符合阮冈纳赞的"书是为了用的"观点。假设确定图书馆内一本书对社会的价值，正确的方法是看该书的使用情况。一册馆藏图书若从未被读者使用或极少被读者使用，那么它对图书馆或社会来说就没有价值，就应该撤出一线书库。但是面对具体的藏书，具体问题还需具体分析，对有剔除意向的图书需请专家审核、鉴别。很多书刊上架后，长期无人问津，并不完全是书的内容和价值问题，有可能是采编人员一时疏忽，分类号重复，造成异书同号，或给连续出版的图书不同的类号，致使读者查找困难；读者不了解图书馆的馆藏结构，不清楚学科体系的结构和图书分编的次序，甚至对分类号和排架不熟悉，这些导致相当数量的优秀的图书未被揭示出来而长期闲置和浪费。因此，虽然运用统计法进行藏书复选比较全面和客观，但统计的工作量较大，而且对于某些伟人的专著、全集、选集、稿本、善本、经典名著等不太适用，所以在复选实践中还需结合专家的经验判断。

滞架时限法即根据一本书在两次流通之间滞留在书架上未被使用的时间来确定藏书是否应剔除的方法。它是确定"呆滞书刊"的标准，也是预测图书使用频率的重要依据，这是目前应用较广的一种藏书复选方法。但使用频率的高低只是判断馆藏图书是否有使用价值的一个方面，使用频率的高低并不一定与使用价值的大小完全等同，滞架书刊中不乏有一些内容特殊对少数读者有特殊用途的书刊，对于这类文献不应轻言剔除，可将其移入二线书库或贮藏书库，以便在特定情况下，为读者的特殊需要提供服务。

书目比对法是指将本馆的馆藏目录与一些标准书目、核心书目或权威机构制定的馆藏目录进行比较，对馆藏进行复选的方法。例如，可以把本馆的馆藏目录与CALIS（China Academic Library & Information System，中国高等教育文献保障系统）联合目录数据库、中国国家图书馆联机公共目录查询系统、中国科学院国家科学数字图书馆联合目录等进行比对，复选出缺藏图书，形成学科缺藏书目清单，交给采访部门补充。对于拒借率较高的图书，也要及时补充完整。对一些重点学科或新增学科，可参考相关的发展较好院校的学科馆藏书目补充完整。此种方法是以补充缺藏为目的的复选，是采访工作补充馆藏缺藏文献的新途径。

调查问卷法即通过座谈会、个别访问、表格调查、网络调查、电子邮件等用户调查方式，听取有关部门和文献使用者对馆藏的总体或个体的评价与建议，是复选的重要参考依据。调查的对象可包括本专业的专家学者和一般读者。通过调查问卷，可了解本馆的馆藏哪些已经不符合读者的需要，可以剔除；哪些需求量大，复本不足，需要补充。另外，也可以将计划剔除的书刊资料编成目录，发给有关工作人员和读者，广泛征求意见。问卷法比较直观，而且结果一般都可以量化，便于统计处理和分析，现在也有大量的统计分析软件可以帮助我们进行数据分析。通过 E-mail（电子邮件）和网络来进行调查会更方便，可以降低成本，可以从问卷上了解被访者的基本态度和行为，这种方式是其他方法做不到的。而且问卷调查可以周期性进行而不受调查研究人员变更的影响，可以跟踪某些问题用户的变化。但是设计问卷比较难，因为问卷主体内容设计的好坏，直接影响整个调查价值。此外，调查问卷的回收率一般都不太高，受访者的热情一般都不够，所以这种方法的质量也是很难保证的。

出版社比对法是指将馆藏的核心出版社的书目和该出版社网上书目、国家图书馆收录的出版社书目进行比对，复选出本馆缺藏的书目。同一类书如果很多出版社的版本都有收藏，可只保留核心出版社出版的，剔除其他出版社出版的文献。以高校图书馆为例，与学校专业性质相符的核心出版社所出版的图书一般信息密度比较高、学术声誉好，比其他出版社更正规、专业，所以通过这种方法进行图书的复选，可以保障馆藏文献的质量，提高文献的利用率。

最后一个方法是目的筛选法。使用此法的图书馆的图书主要分为三类：欣赏、消遣阅读，拓展知识面的普及性阅读，专业学习及学术研究阅读。每一类书的使用规律不同，在图书复选工作中应区别对待，有所侧重。欣赏、消遣类图书具有时代气息，这类图书的出版和版本更新以及老化速度都较快，短期内利用率较高，可采用滞架时限法和统计法相结合进行复选。对于经典性名著，其知识内容不会老化，主要表现为载体老化，可根据物理载体形态进行剔除或增补。普及类图书老化速度较慢，主要体现为载体老化，相同内容的图书出版较多，版本更新比较快，因此，该类图书可通过物理状态及核心出版物比对法进行复选。对版本更新速度较快的出版物，可采用滞架时限法和统计法相结合进行复选。对于专深的学术著作和工具书，这类图书知识老化速度较慢，在流通中所占比例较小，借阅率低，有的可能多年没有流通记录，这类图书不能简单使用量化的标准予以剔除，可根据知识老化的速度，以及专家判断法决定图书的去留。对于一些具有史料价值的文史哲类图书，应该放入特藏书库永久保存。此外，还有复本量标准、保障标准等，各种方法各有千秋，在藏书复选的实践中，我们还需要依据具体情况，借助于图书馆员、图书馆读者或有关专家的知识与经验，结合复选的要求和目标，摸索出更加科学、方便、合适的复选方法。在使用统计法、书龄法、滞架时限法等分析的基础上，形成馆藏复选或剔除标准的宽泛性规定，再由专家和馆员复选并结合主观经验判断，列出剔除或补充书目清单，通过调查问卷法得出最终的复选书目。

第三节　图书馆用户服务

图书馆用户服务原称读者工作，是沟通图书馆和读者之间的重要桥梁，是图书馆工作的重要组成部分，同时也是图书馆实现自身价值的重要体现。图书馆怎样更好地开展用户服务工作，满足读者需求，是图书馆安身立命的重要问题。

一、图书馆用户服务目标与原则

图书馆用户服务目标与原则是图书馆的价值体现，明确科学的用户服务目标与原则有利于图书馆准确定位自身，更好地提供服务，也能够帮助用户正确认识图书馆，更好地利用图书馆的各种资源与服务。

（一）图书馆用户服务目标

让用户满意是图书馆服务的最终目标。

顾名思义，用户满意度就是指用户对图书馆工作的满意程度。首先，图书馆的核心工作目标就是"一切为了用户""为了用户的一切"，用户决定着图书馆的前途和命运。用户对图书馆服务的满意程度，体现的是图书馆在社会中的价值。衡量图书馆服务质量的根本标准就是用户满意程度。其次，用户满意是图书馆的生存基础。现代图书馆自身的特性决定用户是图书馆存在与发展的决定因素，图书馆各项服务及其社会作用，都是通过用户得到体现的。如果图书馆没有用户，就失去其存在的价值。为用户服务，让用户满意是图书馆一切工作的出发点和归宿，是图书馆的宗旨、目标、理想和价值实现的方式。

（二）图书馆用户服务原则

图书馆服务有着特定的原则与内涵，最大限度地满足用户的信息需求是图书馆一切工作的出发点和归宿，始终把"用户第一、服务至上"作为用户服务的宗旨，并遵循以下原则。

1. 以人为本的原则

对于图书馆而言，人、时、物、文献管理、信息开发、用户服务等内容纵然千头万绪，但这一切是受人的统率和支配的，是通过人的工作和劳动去实现的。在用户服务工作中，坚持以人为本，指的是在用户服务工作中，不管何时何地，都要以用户为中心，要把为一切用户服务、一切为了用户、满足用户的一切合理需求作为图书馆用户服务工作的出发点和最终目标。

在图书馆用户工作的内部管理中，坚持以人为本的管理思想，重视提高图书馆工作人员的思想文化素质和业务水平，增强他们的向心力和凝聚力，使其工作时有干劲、有热情，使图书馆成为用户满意的图书馆。

2. 充分服务原则

充分服务就是要求图书馆工作人员，全面开发利用图书馆资源，最大限度地满足用户需求，充分发挥图书馆为社会主义物质文明和精神文明服务的职能。要做到充分服务，必须做到以下几点。首先，要扩大用户服务范围，提高文献信息利用的普及率。在市场经济条件下，社会经济活动中的主体成分应成为图书馆用户服务的主要对象，因此，要采用多种方式，运用公关艺术，尽量扩大用户范围，增加用户数量，提高文献信息利用的普及率。其次，要做好图书馆资源的开发、利用和宣传报道工作。广泛、深入地揭示、宣传、报道文献信息，这是用户服务工作多层次、多途径开发利用图书馆资源的有效措施。最后，要注重用户需求的发展与变化，尤其是要注重在充分满足用户的文献需求基础上，激发用户的潜在需求。

3. 区分服务原则

区分服务就是要求服务人员根据用户的不同需求特点，采取不同的服务方式，提供不同内容、不同范围、不同层次的文献信息。它是由图书馆服务机构的性质、任务和服务方式所决定的，是由多层次、多级别的藏书结构与用户结构所决定的，也是由图书馆的各项社会职能所决定的。

首先，图书馆根据用户需求和藏书特点，分别设置了不同功能的部门和机构，各个部门按职责分工分别开展多种方式的服务活动，如外借服务、阅览服务、复制服务、咨询服务、检索服务、定题服务、情报服务等。

其次，图书馆的文献收藏体系，是一个多级别、多层次的动态结构。不同的内容范围、不同的载体形式、不同的使用方式，组成了动态的文献资源体系。同时，图书馆的用户类型及其需求特点，也是一个多层次、多级别的动态体系结构；不同职业、不同年龄、不同文化程度、不同兴趣爱好及不同使用权限的用户群，对图书馆的需要也是多级别并不断发展变化的。图书馆的文献资源体系和用户文献需求体系是相互对应、相互依赖的关系。用户服务工作应当对不同用户分别进行组织，提供区分服务，这样才能使图书馆资源在区分中保持平衡发展，藏以致用，各得其所。

最后，图书馆是一个有机整体，其各项社会职能在整体活动中既有机联系，又因其固有特点而相互区别。各项社会职能本身的层次结构及功能效果，具有不同的目的和要求，需要采用不同的服务内容和服务方法来实现图书馆的社会教育职能。图书馆的社会教育职能必须根据社会的一般教育、专业教育、思想教育、技术教育、综合教育的不同内容，来分别组织利用文献资源，这样才能收到应有的教育效果。图书馆的文献信息传递职能，其内容涉及科学研究的各个领域，其本身就需要区别服务；图书馆的文化生活职能，要满足用户不同的兴趣、爱好，也必须贯彻区分服务的原则。

4. 科学服务原则

科学服务就是遵循图书馆工作的客观规律，按照科学的思想、科学的态度、科学的方法和科学的管理措施，组织用户服务工作。

科学服务原则是指在用户服务工作及其研究中，要具有整体性和全局性的思想认识。在具体工作中，要学会用全面的、联系的、发展的观点认识问题。

科学的态度就是老老实实按科学办事，一切从实际出发，实事求是，尊重客观规律。在服务工作中，要将需要和可能统一起来，将当前需要和长远需要、重点需要和一般需要结合起来，将效率与质量、流通指标和实际效果结合起来，切忌哗众取宠、自欺欺人，不单凭热情、主观愿望和个人兴趣爱好工作，也不片面地追求数量、招标与形式。

科学的方法是指在长期的用户服务实际工作中行之有效的系列化的方式、方法。在外借、阅览、咨询书目、检索等服务方式中，要想提高服务质量、提高服务效果，必须运用先进的方法，如统计的方法、分析的方法、比较的方法、系统的方法、控制的方法、反馈的方法等。

科学的管理措施是指科学地组织用户服务工作所采用的规章制度、先进的技术设备和服务手段。在用户服务工作中，完整的、系列化的规章制度（包括用户登记规则、外借规则、阅览规则、文献复制规则、入库制度、登记统计制度、开架与闭架制度、岗位责任制度等），以及先进的技术设备，是现代图书馆实现科学管理的基础保障。任何图书馆都要积极创造物质条件，逐步引进视听设备、文献复制设备、空调设备、机械传输设备、自动通信设备、安全监控装置、自动化防盗设备及计算机网络设备等，以便不断地改善用户的阅读条件，提高用户的阅读效率。

二、用户发展

（一）图书馆用户管理

图书馆用户是图书馆的服务对象，是社会用户群系统中的一部分。图书馆用户是图书馆行业服务的对象，专指与图书馆发生联系的用户。它是一个特定范围的用户，是社会用户中较为活跃的一部分。

用户管理是图书馆管理系统的一个方面，其是指图书馆管理者根据图书馆的方针、任务和目标，对图书馆的用户进行有目的的整序，研究其阅读需求的规律，协调其同图书馆的关系，使文献流与用户流有机结合，以便图书馆的文献信息资源和用户的智力资源得以有效开发。

图书馆通过加强对用户的管理，来为用户提供一个优良的借阅环境，保障服务渠道畅通，提高服务效率，节省用户时间，满足用户快速获取信息知识的需求。用户管理不是游离于服务之外，而是寓服务于其中并最终保障服务的有效措施。用户管理在图书馆管理中具有重要地位。

1. 用户管理的原则

1931 年阮冈纳赞提出的图书馆学五定律就体现了以人为本、用户至上的管理思想。用户至上是图书馆工作的基本理念，也是图书馆工作追求的最高目标。用户管理的本质在于服务，在服务中体现用户管理，所以用户管理有以下原则。

（1）方便用户原则。方便用户就是要一切为用户着想，从方便用户出发，尽可能满足用户的需求。主要表现在管理制度方便用户掌握、信息资源组织方便用户利用、服务设施方便用户使用、服务方式方便用户接受等。

（2）尊重用户原则。要尊重用户首先必须平等地对待用户。图书馆应尊重用户权利，在各个方面体现出对用户的尊重。

（3）自律原则。用户管理制度虽然是用以规范用户行为的，具有较强的约束力，但组织存在和管理的根本目的在于：激励人的潜能和内驱力，使要求与目标内化为自觉的意识和行为，产生从被约束到自律的质变。在平等、尊重的基础上，对合理的管理目标的认同，达到约束的高境界自律。

（4）导向性原则。导向性原则是用户管理中的一个重要原则。用户管理不应仅停留在预防或控制错误行为的层次上，应该给用户一种积极向上的导向，配合其他教育，提升用户的精神境界，产生自我实现的精神需求。每个图书馆在发展过程中，应重视自己的文化建设，并在工作中发挥它特有的作用，一个没有自己文化内涵的图书馆，就像一个没有个性的人，难以产生凝聚力和影响力。

（5）平等原则。平等原则在用户管理中主要体现在用户与图书馆员权利平等及用户与用户权利平等两个方面。首先，用户与图书馆员之间应该是平等的。图书馆的首要目的是提供服务，即让用户能够从中获取所需要的文献信息。图书馆员和用户在整个图书馆系统中都是作为对等实体出现的，应履行对等的权利义务。其次，用户之间应该是平等的。图书馆一般为国家财政全额拨款单位，使用的是全体纳税人的钱，理应为全体纳税人服务，不分贫富和贵贱，谁也没有权利剥夺用户平等利用图书馆的权利。

（6）依靠用户原则。用户有权参与图书馆的各项工作，用户参与图书馆工作包括：参与图书馆各项规章制度的制定，使其有利于图书馆自身的健康发展和用户权益的有效维护；参与图书馆的业务建设，其中最主要的是参与图书馆的文献资源建设；对图书馆员的服务态度、服务能力、服务方式、服务效果进行评价和监督，以使其更符合用户的意愿；对图书馆的资金运行情况进行有效的监督，以保证用户的权益。

随着网络时代的到来，图书馆可以建立图书馆主页，在网页上设立"用户之友"窗，通过该窗，用户可以表达自己的需求、愿望和建议，直接与图书馆员进行对话、交流，便于其主客体角色转换，参与图书馆的管理。

2. 用户管理的内容

图书馆管理是对资源和用户的管理，对用户管理的实质是最大限度地满足用户的需求，使图书馆的信息资源能通过用户为社会做贡献。具体来说，用户管理包括以下四个方面。

1）组织用户

新的信息环境改变了图书馆资源结构、管理与服务模式，使图书馆与用户之间的关系也发生了较大的变化。用户在很多情况下可以利用网络查阅文献，通过图书馆查找所需资料以及与图书馆直接接触的次数在减少，用户正在逐步从图书馆流失。要吸引用户、维持用户的关注度，并提高图书馆资源利用率，则必须重视用户组织及其可持续稳定发展。

组织用户是图书馆管理者对用户实施有效管理的组织措施，是用户管理工作的第一步，包括发展用户、划分用户群和组织用户活动。

2）研究用户

研究用户是指研究用户的阅读规律，包括不同层次的用户在阅读需要、阅读目的、阅读过程上的特点及规律。进行用户研究可以从两个方面着手，一方面从宏观方面着手，研究用户的阅读需求，以求掌握各类型用户需求的特点和规律；另一方面从微观方面着手，研究用户阅读的动机与目的、阅读心理与行为、阅读方法与效果问题，以便有效地满足用户的需求。

3）服务用户

图书馆服务工作是指图书馆利用馆藏和获得的文献信息，采取多种方式向用户提供服务的一切活动。图书馆服务包括优化用户服务方式、扩大用户服务范围、增加用户服务内容和提高用户服务水平。图书馆服务用户的传统方式可以根据用户的实际需要，利用藏书、目录、设备及环境条件，有区分地开展各项服务活动，包括综合应用外借业务、阅览服务、复制服务、咨询服务、检索服务、定题服务、报道服务、展览服务、情报服务等，建立多类型、多级别的服务方法体系。此外，还要有效地满足各类用户对一次文献、二次文献、三次文献的不同需要，帮助用户解决在学习、研究、工作中选择书刊、查询资料及获取知识信息方面的各种具体问题。一个图书馆以何种方式服务用户，主要取决于该馆的性质、规模和用户需求而且还要随着图书馆的发展和用户需求的变化而不断变化。

目前，随着网络的普及和计算机技术在图书馆中的广泛应用，利用网络为用户提供服务已经成为图书馆的服务方向。图书馆的服务方式也由传统的服务转向了现代化服务，如网上参考咨询服务。

总之，图书馆的用户工作范围和工作内容应根据本馆的具体情况与社会发展水平来决定。用最少的投入，在最短的时间内，向最多的用户提供最好的文献。

4）指导用户

指导用户是图书馆教育职能的体现，包括用户宣传、辅导用户和培训用户。

用户宣传是图书馆对用户进行科学管理的基本手段之一。宣传的目的是在了解和研究用户阅读需要的基础上，主动向用户揭示文献的形式与内容，宣传先进的思想、科学知识、职业技术以及广泛的文化信息，把用户最关切和最需要的文献及时展现在用户面前，吸引用户利用图书馆的多种图书文献及各种资源，使图书馆的资源得到最大限度的利用。

从本质上讲图书馆是一个教育辅助机构，或者是学后教育机构。无论国内还是国外，都赋予图书馆一种责任，那就是帮助用户使用图书馆的文献信息、发现知识进而利用知识为自己服务。用户通过有效地利用图书馆使自己获益，从而推动整个社会的进步。

用户信息需求是一切信息服务行业发展的永恒动力，对于图书馆来说也不例外。图书馆发展的每一历史时期，都会根据用户的信息需求及技能状况，针对性地开展用户信息，获取相关技能培训，使用户更好地利用信息资源。

（二）图书馆用户教育

用户教育是指图书馆开展的培养用户（包括潜在用户）利用文献情报能力的教育，也称情报用户教育。通过有计划、有针对性、多种形式的宣传推广和专题培训等活动，介绍不同类型、不同载体文献信息资源获取方式或检索策略，以及图书馆提供服务的方式等。用户教育是图书馆用户工作中的重要内容之一，是一项具有普及性、实用性的综合能力教育，是图书馆开发利用文献资源和实现其教育职能而开展的一项重要工作。

1. 用户教育的原则

图书馆用户教育工作是用户工作的一项重要内容，做好用户的教育工作，是为了使用户了解图书馆、利用图书馆，更好地发挥文献信息资源的效用。因此，为了使用户教育活动取得良好的效果，在开展用户教育的过程中应该遵循一定的原则。

1）计划性原则

用户教育是图书馆一项长期的工作任务，对用户进行图书馆利用的教育具有长期性和连续性。因此，应该按照国家、地区、单位以及服务的主要用户群体和图书馆的实际需要等具体情况，制订出相应的长期规划和短期计划，并且认真按照目标，有计划、有步骤地组织开展工作，并及时反馈工作效果，调整工作措施和手段，以提高用户工作的效率。

2）广泛性原则

图书馆等文献信息部门作为一种社会教育机构，具有明显的社会教育职能。这种教育职能的发挥在于提高全民族的素质水平。因此，图书馆等文献信息部门开展用户教育活动，其范围应该是全体公民。在具体开展用户教育活动时，不但要对现实的用户进行教育，还应该加强对潜在用户的教育，使他们成为图书馆的正式用户。

3）针对性原则

图书馆等文献信息部门进行用户教育的对象是具体的用户，不同类型的图书馆的用户群体是不同的，而相同类型图书馆的用户的差异也是错综复杂的，受年龄、性别、文化教育水平、职业、工作经验、情报行为等个人因素的影响。因此，在具体开展用户教育活动时，除了考虑当前的经济条件和图书馆等文献信息部门的承受能力外，还要根据用户群体的结构层次、个人素质、需求状态等因素，对用户进行必要的分类，并按照不同类型用户的基本需求确定教育内容和组织教育活动，力求有的放矢，取得最好的教育效果。

4）灵活性原则

用户的教育方式、方法多种多样。究竟采用何种教育方式最有效，可综合考虑用户的数量、文化程度、个人素质，以及用户接受图书馆等文献信息部门教育的方便程度等因素。在具体实施时，可以采用一种方式，也可以采用多种方式组合运用。总之，要灵活运用各种方法，以进一步强化教育效果。

5）系统性与循序渐进性原则

系统性是由科学本身的特点所决定的，任何科学知识都具有一定的逻辑性，系统性与循序渐进性原则反映了科学的整体性及其逻辑体系，以及人类认识活动规律的辩证统一关系。因此，在安排用户教育的内容时，应以相应的学科体系为基础，使用户获得系统的知识与技能。在采用具体的教学方式时，则要考虑循序渐进的要求，由浅及深，由易到难，从而使用户所得到知识不断地深化。

2. 用户教育的内容

用户教育是图书馆及情报部门对潜在用户和现实用户实施的文献情报意识教育，目的是增强用户的信息意识、提高信息获取能力，使每一个图书馆用户具备较强的信息素质，能够独立、及时、准确地找到所需要的信息，使他们从文献资源中获得最大收益。用户教育的主要内容包括以下几个方面。

1）图书馆基本情况的教育

图书馆基本情况是进行用户教育应首先介绍的一个重要内容，目的是让用户了解本地区主要图书馆的分布及馆藏文献的特点、布局和服务项目，使用户能快速利用这些单位的文献。

2）文献信息基础理论基本知识的教育

提高全民信息意识是开发利用信息资源的关键，也是加速我国经济发展的一项重要任务。为此，要对用户进行文献信息基础理论、基本知识和作用的教育，破除信息神秘感，认识到信息是存在于社会生活各个方面的一种普遍社会现象，与科技发展和经济建设之间存在着相互联系、相互促进、相互储存的关系，对科研活动及个人知识的增值起着重要的作用，这一部分内容在于激发用户的信息需求，增强用户的信息意识。

3）文献信息利用教育

人们利用文献为的是交流其中所含有的信息，所含信息一旦被人们吸收并与他们认识、改造社会和自然界的事业相结合，便可得出新的认识，创造出新的成果。因而人们获取文献是利用文献的前提，而利用文献则是获取文献的目的。如何利用文献，也是用户教育的重要内容之一。要向用户介绍治学方法，介绍文献信息的选择、收集、分类、编目、整理的方法，介绍文献信息资料的分析研究和科技写作等知识。

4）如何利用图书馆教育

如何利用图书馆是大于如何利用图书馆的基本知识和技能的培训，培训对象一般是新入馆的用户，培训目的是让图书馆的用户认识图书馆，了解图书馆文献的分布和布局，了解图书馆的规章制度，熟悉图书馆服务内容和形式，熟悉图书馆借阅流程，进而更好地利用图书馆。集体培训内容包括三部分：一是图书馆概况介绍，如各个部门的业务范围、工作流程、规章制度等；二是馆藏文献的介绍与宣传；三是图书馆服务内容与形式的介绍与宣传，随着参考咨询工作的深入开展，图书馆提供的内容越来越多，图书馆应让用户了解这些服务，相信参考咨询员的能力。

5）信息资源检索原理、方法与技能教育

人们获取信息的途径很多，但现阶段我国大多数科技工作者最常用、最主要的途径是从文献中获取信息，这要求人们掌握文献信息检索的原理和获取文献的方法与技能。再加上数字图书馆的发展，给用户利用图书馆带来一系列信息技术方面的困难，因此，图书馆要向用户介绍文献检索的基本原理和基本技能，介绍常用检索工具与参考工具书的使用方法，介绍数据库及计算机检索的基本知识，使用户能顺利地获取所需要的文献信息。

三、流通服务

流通服务是公共图书馆发展的一扇窗口，也是读者和图书馆建立联系的纽带，能够满足图书馆用户的文献需求和基本的信息需求。

（一）流通服务的方式

图书馆流通服务包括外借、阅览、复制、馆际互借等多种方式。

1. 外借

文献外借服务是指图书馆允许读者通过必要的手续将馆藏文献携带出馆外，在规定的期限内享受自由使用馆藏文献的权利并承担保管义务的服务。图书馆通常将有复本的普通书刊外借，对于那些无复本或按规定不允许外借的文献则采用其他方式提供服务。

1）外借形式

按照服务对象的组织方式和外借形式，文献外借可分为个人外借、集体外借、预约借书、馆际互借、邮寄借书、流动借书等六种形式。

（1）个人外借。个人外借是指读者持借书证用个人身份办理借书手续。个人外借能满足读者个人的不同需求，是文献外借的基本形式。

（2）集体外借。集体外借可区分为两种情况：一种是为满足小组或机关团体读者的共同需要，由专人代表集体向借书处提交预借书目单，借出批量文献供集体成员共同使用；另一种是以机关团体为服务对象，由专人负责为集体中的个别读者统一办理借书手续。集体外借一方面方便有共同需求的读者群体，使图书馆有计划地分配有限的藏书，缓和供求矛盾；另一方面，机关团体的借书人员相对固定，便于图书馆借阅管理。

（3）预约借书。读者向图书馆预约登记某种需要借阅但暂时借不到的文献，待该文献归库后由图书馆按预约顺序通知读者到馆借阅。预约借书可降低文献拒借率，满足读者特定需求。

（4）馆际互借。馆际互借是指图书馆之间互相利用对方馆藏来满足本馆读者的需求，它是图书馆资源共享的方式之一。

（5）邮寄借书。邮寄借书是指借助邮政传递手段为远离图书馆的读者寄送所借文献，可扩大图书馆服务的覆盖面。

（6）流动借书。流动借书是指图书馆定期将部分藏书送到馆外供读者选择借阅，以方便不能亲自来馆的读者，扩大文献流通范围，密切图书馆与公众的联系，是基层图书馆经常采用的形式。

2）外借方法

在实行闭架借阅制的图书馆，读者借书要先查图书馆目录，填写索书单（索书单上主要填写所借文献的索书号、文献题名、作者、卷期、读者姓名和借书证号码等），然后由图书馆员凭索书单取出文献并办理外借手续。

在实行开架借阅制的图书馆，读者可从书架上自由选取文献，也可先利用图书馆目录查到文献的准确位置，然后自取文献，再办理外借手续。图书馆借出文献要存留外借记录，它反映特定读者的阅读状况和特定文献的流通状况，是研究读者需求和阅读活动的重要依据，并可根据应还日期催还到期文献。外借记录凭证包括借书证、书内卡和索书单。借书证是读者正式的借书凭证，记载读者的姓名、地址、职业等情况及每次所借文献的个别登录号、借阅数量、借出日期和归还日期；书内卡是特定文献的流通凭证，记载使用该文献的读者的借书证号及借阅期限；索书单是文献出库凭证，记载出库文献的个别登录号和出库日期。以上三种凭证需分别按借书证号、索书号和借书日期排列组织。在使用传统的手工方式时，有的借书处只按借书证号或借书日期排一套记录，称为单轨制；有的借书处同时按借书证号和索书号或同时按借书日期和索书号排两套记录，称为双轨制。20世纪中期以后，许多国家采用文献流通自动化系统进行外借管理，计算机所存储的读者外借记录可按各种需要迅速处理。

2. 阅览

阅览又称阅借。阅览服务与外借服务相对，是图书馆利用一定的空间、设施，组织读者开展文献阅读活动的服务方式。阅览服务主要有闭架出纳式阅览、开架式阅览和半开架式阅览三种类型。其中，开架阅览可方便读者利用藏书，但不易统计读者的阅读倾向。对于某些新型文献如音像文献等的提供利用活动，有时又称声像服务或视听服务。提供给读者阅览的文献一般是不能外借出馆的文献，如古籍善本、参考工具书、检索刊物、报纸、缩微品、机读文献、特藏或保留本（库本）等，广义地说也包括音像文献。这些文献多数存放在阅览室、视听室或参考研究室内。存放在基本书库（见馆藏组织）的文献，有的可由读者通过出纳台暂时借出，在普通阅览室或馆内其他场所使用。

阅览服务的特定功能主要有：适宜读者学习和研究的良好条件；配备着种类齐全、内容丰富新颖、使用价值较高的各种资料，包括不外借的文献、有特色的专业文献等；读者可以直接利用室内大量的文献，自由选择所需资料，并享用相应的设施；读者在阅览室学习的时间充裕，周期长，便于工作人员接触了解读者。

阅览服务的优点是文献资料周转快、利用率高；图书馆员有更多的机会接近读者，了解他们的阅读需求和阅读效果，便于有针对性地开展阅读辅导等服务。缺点是读者受到空间（馆内）、时间（开馆时间）和读者本身条件的限制。旧时图书馆或藏书楼不允许藏书出门，只能采用馆内阅读的方式。现在由于外借服务的开展，阅览服务的比例已相对缩小，但因其具有外借服务难以取代的特定功能，故仍是图书馆读者服务工作的主要内容。

3. 复制

复制是以文献复制为手段，流通和传递使用文献的图书馆服务方式，是文献流通工作的延伸和补充。常用的复制服务方法有：①静电复印。图书馆配备复印机和复印纸张，随时为读者提供资料复印服务。②缩微复制。图书馆将较珍贵的、缺藏的资料缩摄成缩微品供读者利用。在文献的传递和流通利用中，静电复印比较多见。复制服务的工作程序一般包括：查找文献、办理借出手续、文献复制、收发函件和财务管理。国外的图书情报机构大多在阅览室、书库、目录厅等处设置自动投币复印机，读者可以边检索、边阅读、边复印，极其方便。复制服务可提高文献利用率，满足读者多方面的需要；可提高文献周转率，加快情报传递速度；可有效获取难得的书刊资料和高密度贮存馆藏文献；有利于保存珍贵资料，防止其损坏和遗失。

4. 馆际互借

馆际互借是图书馆之间根据协定相互利用对方馆藏以满足本馆读者需求的文献外借方式。它是馆际合作的一种形式。馆际互借可将其他图书馆的馆藏作为本馆藏书的延伸，弥补各自藏书的不足，实现资源共享。完备的馆际互借制度可促进一国或一地区实现文献资源的合理布局。从形式上看，它是图书馆之间相互借书，而实际上是一个馆扩大其读者的藏书利用范围，因而它是文献流通工作的深入与扩展。

馆际互借除了可以在一个国家的各图书馆之间开展外，还可在各国之间开展，称为国际互借。馆际互借的文献主要是读者科学研究和生产建设所必需的文献。互借所需费用一般由图书馆双方分担，有时读者也分担一部分。参加互借的图书馆之间往往规定了互借协约或规则。由于现代复制技术和通信技术被应用于图书馆，在馆际互借中可用复制件或传真件代替原件。各种联合目录的编制与利用、良好的交通与通信设施等是开展馆际互借的重要条件。

在网络环境下，读者获取文献信息的渠道变多，通过图书馆的 OPAC 等就可以获知文献的馆藏信息。另外，图书馆联盟的服务平台还提供从资源发现到资源获取的一站式服务，加之物流业的发展，可提供点对点的直达服务，使馆际互借在网络环境下呈现出更加方便、快捷、高效的特征。馆际互借自动化系统越来越完善并被广泛应用。

（二）流通服务的变化

随着信息时代的到来，许多图书馆管理实现网络化、检索联机化。面对计算机智能化管理，读者服务工作更加艰巨，质量要求更高，极具挑战性。

1. 实现了计算机管理

图书馆自动化和网络化的实现，简化了借还手续，节约了时间和空间。各个图书馆的管理系统可通过参数控制借阅数量及期限，有利于严格执行流通规则；可查询图书去向，办理预约登记手续；可提供续借、催还、过期罚款及统计流通借阅频次等功能。

2. 实现了图书网上查询、预约、续借服务

网络环境下，图书馆通过网络提供图书的查询、预约、续借服务，读者可以不到图书馆来，就能通过网络享受上述服务，大大方便了读者利用图书馆。

3. 借阅统计精确化

读者在借阅和归还两个环节上的行为方式，如哪些内容的图书借阅量大、哪些书经常被续借、什么人在借书、借什么方面的书、续借情况等，都是可以通过管理系统调查掌握。这为图书馆员细化管理提供了必要条件。它是调整借阅政策、为读者提供最佳服务的依据，也是图书馆馆藏建设的重要参考数据。

（三）流通服务的策略

1. 树立正确的思想，充分认识图书流通服务的重要性

流通工作是读者与图书资料之间的桥梁，是一项服务性很强的工作。列宁曾经指出："值得公共图书馆骄傲和引以为荣的，并不在于它拥有多少珍本书，有多少十六世纪的版本或十世纪的手稿，而在于如何使图书在人民中间广泛地流传，吸引了多少读者，如何迅速地满足文教对图书的一切要求。"[①]它蕴涵了图书馆流通工作的本质和图书流通工作的重要性。

2. 建立健全完善的评级标准

图书馆文献流通服务的优化需要建立健全完善的评级标准，要在此环节中根据当前图书馆整体运营的实际情况进行研究。第一，构建科学的评价模型，实现图书馆文献流通服务的科学化管理。同时，要提升相关管理人员的综合素质，充分认识到流通服务的重要性。第二，将定性与定量评价有效结合在一起，注重优化传统经验管理方式，积极引进先进的管理经验，提升现代化文献流通服务水平。第三，要注重统计、分析和研究读者的实际需求，掌握借阅图书信息及规律，制定严格的评级标准，做好书库图书的编目、图书查找及上下架工作，在实际服务的过程中要严格按照服务的规范进行评价。

3. 优化图书馆书目检索系统

图书馆文献流通服务的优化需要注重优化图书馆书目检索系统，整合分析文摘、题

---

① 转变观念深化图书馆的改革，https://pkulaw.com/qikan/169850410d493d510ddeaee7a1329f2cbdfb.html[2022-08-20]。

录、目录、索引等检索阶段，在此环节中，要根据读者的实际需求进行研究，为完成特定的信息交流，将文献选择、整理、加工、存储、检索等环节有效结合，向读者提供多种形式的服务。优化图书馆书目检索系统，要求相关管理人员找准图书馆文献流通服务的重难点，准确地查找文献的具体位置。在构建图书馆书目检索系统的过程中，要将各种联合目录进行有机整合，从而有助于保证检索系统的完整性。当前图书馆文献流通服务方式较多，将各个地区图书馆的联合目录的数据资源进行完善，建立科学的信息数据库，完善书目控制中心，有针对性地开展服务工作，实现分级管理，统筹协调各方面的优势，并且在书目的建设过程中根据各个地区联合目录数据的实际特点制定严格的建设标准，及时纠正在书目建设过程中存在的问题，对书目的信息进行分享与交流。优化图书馆书目检索系统，完善图书馆馆藏目录，整合地区联合目录因素，构建科学统一的查询系统，保证联合目录数据库资源的完整性。

4. 充分利用馆际互借网络

随着图书馆自动化和网络化的发展，充分发挥网络的特点，通过馆际协作互动实现资源共享是大势所趋。馆际互借可以使图书馆之间发挥各自资源优势和特点，互利互惠，借助网络技术实现资源共享，实施广泛的协作活动。它可以跨地域、跨时空，从而极大地方便和满足读者的需求。因此，要改变图书馆很长一段时间的"重物""重制度"的管理方式，就要充分发挥人的积极性和创造性，探索一些行之有效的"知识管理""技术管理"新模式，建立起完备的馆际网络体系，完善互借规章制度，使图书馆工作日渐深入地迈向现代化，切实提高读者的文化科学素质。

四、参考咨询服务

参考咨询是指图书馆员向用户提供利用文献和寻求知识、信息方面的帮助的活动。它是以协助检索、解答咨询和报道专题文献等方式向读者提供事实、数据与文献检索。参考咨询更强调图书馆的情报职能，更注重用户的信息需求，它提升了书目信息服务——不仅为用户提供书目工具，还要解决实际问题。参考咨询服务模式将现代化网络咨询方式与传统咨询方式相结合，将问答咨询、书目索引、文献报道、信息推送、电子资源导航、网络信息导航、专题信息服务、决策咨询服务、宣传服务、培训服务等多种服务内容集于一体，形成一站式现代信息服务模式。以下主要从服务原则、服务内容、服务形式三个方面进行介绍。

（一）服务原则

1. 遵守知识产权等相关法律法规

（1）本着"合理使用""法定许可"的原则使用有版权限制的资源，严格保护著作权人及用户的合法权益。

（2）参考馆员应告知用户，通过使用参考咨询服务获取到的信息须严格按照知识产权保护的有关规定使用，因违反相关法律法规而引起的法律后果由用户负责。

2. 最大限度地满足用户的信息需求

注重信息源建设，培养参考馆员队伍，完善参考咨询服务业务管理制度，坚持开放性、便利性、及时性、协作性，为用户提供全面、高效的信息咨询服务。

3. 坚持知识自由的原则

（1）避免提供个人观点或从个人角度发表判断性意见。

（2）提供客观、全面的解答。

（3）禁止参考馆员利用从参考咨询服务过程中获取到的信息获利，并由此致使其他机构或个人蒙受损失。

4. 保护用户隐私

（1）制定完整的用户隐私保护条款，在用户提交咨询请求时明确告知。

（2）不能公开机构个人用户的自身信息，包括机构名称、个人姓名及其联系方式等。如需公开涉及用户自身及其咨询内容的信息时，必须征得用户同意。

（3）咨询回复内容归入知识库时，必须对相关机构或个人信息进行过滤处理。

（二）服务内容

1. 指向性咨询

图书馆通过现场咨询服务、呼叫中心、网上指南、FAQ（frequently asked questions，常见问题解答）等形式，向用户提供图书馆服务的介绍与指引。

2. 指导性咨询

（1）向用户提供图书馆资源与服务的使用辅导以及用户教育，包括辅导用户利用OPAC检索馆藏书目信息并完成借阅、预约、续借等工作。

（2）通过对用户一对一辅导、开设培训班或编制用户指南等形式，指导用户使用数据库、搜索引擎等多类型工具查找信息。

（3）学校图书馆、研究型图书馆还应为教师、科研人员、学生等的教学科研和学习提供信息获取与利用指导。

3. 专题性咨询

专题性咨询包括：事实性查询、信息查证、定题服务、文献信息开发等。事实性查询：查找包含在一种或多种信息源中的具体信息，如某一事件、人物、图片、典故、语录、统计数据等。信息查证：根据用户需求，为用户提供馆藏文献复制证明、文献收录、引用证明等。定题服务：针对用户提供的信息需求，查找中外文图书、报刊及各类型数字资源中的相关内容，为用户提供书目索引与文献资料汇编。科技查新等定题服务，还必须出具相应的咨询服务报告。文献信息开发：运用各种技术手段对文献资源的内容进行多层次的加工揭示和有序化，根据用户需求和信息市场营销策略以多样化的产品形式提供给用户。

4. 不提供服务的内容

（1）替代性工作，如作业、论文、考试及报告的写作等。

（2）必须具有专业准入资质方可从事的咨询，如财经投资、医学、法律、工程指导等。

（3）危害国家安全、机构或个人利益和隐私的咨询。

（4）其他与图书馆资源及服务无关的咨询。

（三）服务形式

参考咨询服务形式包括实时咨询与非实时咨询。实时咨询是指用户通过现场、电话、实时网络咨询软件系统等提交咨询问题，参考馆员即时回复的一种咨询方式。非实时咨询指参考馆员接到用户提交的咨询后不能与用户进行即时交互并提供解答的各类型咨询方式（包括信件、电子邮件、参考咨询网站的表单咨询、读者留言、论坛等）。网络环境下，图书馆在线咨询与导航是参考咨询的主要服务形式。

1. 图书馆在线咨询

1）虚拟咨询台形式

虚拟咨询台是一种基于 Web 表单的咨询服务。读者只要打开某台联网的计算机，就可以登录虚拟咨询台，填写咨询表单，提交到服务器。参考馆员接收咨询问题后，解决完问题后将问题答案通过用户提供的电子邮件地址返回给用户。虚拟咨询台是以数字图书馆馆藏资源为基础，以互联网丰富的信息资源和各种信息搜寻技术为依托，为用户提供网上参考咨询和远程文献传递服务。虚拟咨询台是针对参考咨询工作的各个环节而专门开发的系统软件，便于管理咨询问题、监督咨询活动，对提高参考咨询工作质量具有重要作用。此外，虚拟咨询台还可用于异地参考馆员解答读者疑问。

在图书馆咨询页面建立读者需求提问表单，读者按要求逐项填写需求，提交问题后，由参考馆员在规定的时间内给出答复。当用户通过网络进行正式咨询时，首先按要求填写表单，具体地表达自己的信息需求，然后发送给图书馆参考馆员，由他们根据表单提供的信息来为用户解答问题。用户通过图书馆网站主页，还可以访问自己需要的图书、浏览各种文献、检索数据库，提出疑难问题。

2）实时咨询形式

电子邮件和表单咨询都属于异步咨询，为保持馆员与用户面对面实时咨询交互，实时在线咨询开始发展起来。实时咨询一般通过网上聊天方式进行，通常使用专门定制的软件，或者利用已有的用于管理呼叫中心、网上联系中心、电子商务客户服务中心等的商业软件来完成咨询服务。

数字参考咨询使用的软件能够给用户提供提交问题的表单，在问题提交后会自动提醒参考馆员，使问题的提问者和回答者产生一种互动，可以追踪咨询进行的状态，用户提出的问题和参考馆员对问题的解答都记录在检索数据库中，这个数据库又称知识库。

3）联合虚拟咨询形式

随着高新技术在图书馆的广泛应用，信息处理的社会化程度不断提高，参考咨询工作朝着网络化、虚拟化的方向发展。例如，美国国会图书馆倡导并实施的全球数字化参考服务——CDRS（collaborative digital reference service，合作数学参考咨询服务），依托丰富的网络资源及资深的咨询专家，为任何时间、任何地点提问的任何用户提供高质量、专业化的服务，成为全球规模最大、范围最广的网上参考咨询服务系统。

2. 图书馆在线导航

图书馆在线导航建设模式先后经历了从资源本体模式到用户中心模式，再到分众分类模式的转变。

1）资源本体模式

资源本体模式即以资源本体为中心，是指从对信息的理解出发，收集、整理、组织、加工网络学术信息资源并使之有序化的学科导航服务模式。它主要依靠传统的信息处理技术来实现资源的整合与梳理，而不涉及网络环境下的用户信息心理、用户交互行为及信息利用方式，这导致学科导航的资源组织方式及服务提供方式与网络环境下的用户信息需求及信息行为不能很好地实现映射。

2）用户中心模式

为了解决资源本体模式中存在的问题，用户中心模式作为一种全新的基于网络学术信息资源组织的信息服务模式应运而生。用户中心模式是指图书馆将服务重点转移到用户需求上，围绕满足用户需求建立以个性化、互动化为主要特征的学科导航服务模式。这种学科导航的建设过程不仅要重视用户思维的运用，而且要体现用户力量，这就意味着用户信息在学科导航建设中不是被排除在外的，而是与资源信息一起，共同构筑学科导航的信息环境，并且由此归纳和预测用户的显性需求与隐性需求。

3）分众分类模式

分众分类是用户为方便检索对信息对象进行自由标记的结果。这种分类没有等级划分，不够严谨，准确度低，但却不受条件限制，方便灵活，与用户的认知程度密切结合，从根本上改变了用户的角色，为用户进行知识组织和知识发现提供了契机，在用户与信息之间建立了一座沟通的桥梁。在分众分类模式下，图书馆用户既是学科信息资源的利用者，也是学科信息资源的建设者。他们通过各种方式，发现和挖掘大量的学科信息资源线索，从专家的角度对各种信息进行分类，并对其利用过的信息来源进行公正的评价。分众分类模式真正实现了用户中心模式理念，学科导航的建设者只是系统平台的提供者、维护者和管理者，起中心作用的是学科专业人员，资源的选择、评价和利用主体是用户。

五、情报服务与学科服务

随着网络信息化时代的到来，我们已被信息包围。这些海量的信息中蕴含着大量的重要情报，通过对这些公开的、可获得的、已获得的海量信息进行搜集、跟踪、挖掘、整理和分析，梳理出用户需要的线索、数据、事实与系统资料，并根据用户要求的形式形成相应的服务产品即情报服务。学科服务是一项开拓性的主动参与式的创新服务。它要求学科馆员深入到用户的科研或教学活动中，帮助他们发现和提供更多的专业资源和信息导航，为用户的研究和工作提供针对性很强的信息服务，是图书馆创新精神和个性化服务特征的具体体现。

（一）情报服务

图书馆的情报服务围绕人才培养、科学研究、发展决策和社会服务的需求，依托图书馆丰富的资源与人才优势，借助先进的专业的信息分析与挖掘工具，为各类服务对象提供基于事实数据、科技信息、文献资料等的高度定制化的情报信息挖掘与分析服务。

由于受制于不同时期的认识水平和科技发展水平，情报服务过程中处理的信息单元、关注的核心问题都有所不同，最终解决有效组织与利用知识的方式方法及效果也不尽相同。知识服务、智慧服务是图书馆员知识加工、处理后提供给用户的较为复杂的高层次服务阶段，能够满足用户的知识需求、情报需求、智慧需求。

1. 知识服务阶段

从 20 世纪 90 年代之后，随着网络技术的发展和普及，图书馆的数字化、信息资源的网络化、信息系统的虚拟化，以及各种非公益性信息机构将包括文献信息检索与传递在内的信息服务直接提供给用户的一体化服务的冲击，导致信息交流体系和信息服务市场重组，图书馆对信息服务的垄断地位不复存在。这些都促使图书馆必须迅速调整和充实服务的内容与策略，重新定位其核心竞争能力，使现有的以信息检索为核心的服务方式向网络化知识服务方式转变，以保证其在数字化、网络化环境中的社会贡献、用户来源和市场地位。

知识服务是图书馆信息服务的高级阶段，是一种基于网络平台和各类信息资源（馆藏物理资源和网络虚拟资源），以用户需求为目标驱动的，面向知识内容的，融入用户决策过程并帮助用户找到或形成问题的解决方案的增值服务。知识服务具有个性化、专业化、决策性、整合性和全球化等特征，基本上属于单向或多向主动型服务。

此阶段的情报服务主要解决两个方面的问题：①知识信息的表达和组织必须从物理层次的文献单元向认识层次的知识单元或情报单元转换；②知识信息的计量必须从语法层次向语义和语用层次发展。数字图书馆、学科馆员等是知识服务阶段的主要产物，数字图书馆通过对信息的动态关联、用户应用场景的识别以及知识资源的挖掘和重组为知识服务提供平台与载体，同时，知识服务还通过学科馆员、知识专家嵌入到用户的科学研究与创新过程中。

知识服务阶段的情报服务主要具有以下几个方面的特点。

（1）研究与处理的核心对象是知识以及知识之间的关系，这一阶段越来越关注文献资料内容隐含的知识及其内在逻辑关系。由此，围绕着知识这一核心要素发展出了知识组织、知识工程、知识管理、知识计量等一系列的研究领域和方向。其中，知识组织体系特别是本体是知识服务最主要的方法和技术手段，它将信息资源按知识的语义和逻辑关系进行有序化，从而为信息资源的内容处理提供了语义层面的支撑。

（2）知识服务是用户目标驱动型服务，关注的焦点是通过服务解决用户的问题。知识服务通过对用户需求分析，根据问题和问题环境确定用户需求，通过信息的析取和重组来形成恰好符合需要的知识产品，并能够对知识产品的质量进行评价。知识服务贯穿于用户知识捕获、分析、重组、应用过程，根据用户的要求动态地、连续地组织服务。

（3）知识服务是信息服务的扩展，知识服务实施的主体是服务机构的学科馆员和知识专家。情报服务人员对于用户活动的参与程度，决定了知识服务的成败，他们充当用户整体信息环境的战略顾问，将学术出版、信息组织、知识发现、开放获取、知识产权、知识管理（如机构仓储）等纳入自己的服务范畴，作为用户团队成员，通过与用户现场交互（当然这种交互现场往往是通过网络虚拟实现的），来把握知识需求、营造知识环境、定制知识工具、提供服务成果。情报服务人员在知识服务阶段起着决定性的作用，甚至知识服务阶段更加依赖情报服务人员的支撑。

2. 智慧服务阶段

近年来，伴随着大数据技术、人工智能技术突飞猛进的发展，深度网络、自然语言处理、知识融合、机器学习领域的研究取得了实质性的成果。具体来说，智慧情报服务应该至少包括以下三层含义。

运用大数据、人工智能等智能技术，面向社会-信息平行环境，通过多源大数据（多种海量数据来源）、异构（文本、图像、视频等数据类型）、多层次（数据-信息-知识-智慧）的融合，基于人工智能的情报计算框架，以及智能化、敏捷化、自动化的分析，发现新知识和新情报，在极少人工干预的情况下，为情报分析、科学发现、创新、领域问题提供最优的解决方案和建议。

智慧情报服务是对人类处理情报过程与模式的仿真，人本身就是一个经过漫长过程进化的、完美的情报系统，人脑对于情报的处理是一种高级的智能活动。人体的情报系统分为有意识的情报系统和无意识的情报系统。通过大脑进行情报处理和决策的系统属于有意识的情报系统，而通过人体免疫系统自适应地进行情报传递与反馈的属于无意识的情报系统。智慧情报服务是对主动情报系统和自适应情报系统情报处理的仿真。

智慧情报服务是包含了文化、价值取向、宗教、道德等人类社会属性，由人、机器、网络构建的一个社会情报网络，情报流、知识流、思想流在社会情报网络中交互与融合，最终形成理性的情报产品、情报智慧、群体智慧，从而支持解决问题的情报决策与创新发现。

智慧情报服务的核心特性可以归纳为以下几点。

（1）自主地从各种显性和隐性的异构情报来源中进行智能化地提炼/提取知识/情报。

（2）以智能化、自动化的系统为主体，以解决问题和达成任务目标为导向。

（3）最终产物是新的情报、解决方案甚至是解决问题的能力。

（4）融合是智慧服务的主要模式，包括知识的融合、情报的融合、智慧的融合。

（二）学科服务

学科服务是图书馆（主要是高校图书馆），利用其馆藏和馆员的优势为用户的科研与学习提供专业的学科信息与知识服务。学科服务问题最早由国外图书馆于 20 世纪 70 年代后期提出。1981 年美国卡内基梅隆大学图书馆推出的"跟踪服务"及俄亥俄大学图书馆推出的"网络馆员免费导读"服务，是最早的有体系的学科化服务。在我国最早由清华大学图书馆于 1998 年建立学科馆员制度。学科服务理念的提出使图书馆从提供基本的图书信息服务转向支持教学科研的专业化服务，从"书本位"转向"人本位"，从以管理为中心转向以用户服务为中心，从被动服务转向主动服务。用户成为整个学科服务建设的出发点，满足用户的科研需求成为学科服务的核心内容。

1. 学科馆员

为了加强图书馆与各院系的联系，建立起通畅的需求与保障渠道，帮助教师、学生充分利用图书馆的资源。每位学科馆员负责联系某个院系，主要针对教师、研究生层面开展工作。学科馆员是具有某种学科背景同时受到过文献情报专业训练，向特定学科领域的用户提供深层次、个性化信息获取与利用服务的复合型专业人才。

高校图书馆建立学科馆员制度对图书馆综合水平的提高作用主要有两个：①学科馆员是由具有一定外语水平的专业人才担任，他们能把图书馆的文献开发有针对性地提供给读者，使图书馆的资料得以充分利用，有助于提高文献的利用率；②担任学科馆员的馆员本身不仅对图书馆的馆藏文献资源较为熟悉，而且对其服务的院系的文献资源也比较了解，学科馆员可以根据对口院系学科设置和科研的需求，给图书馆采购图书期刊资料提出合理的建议，使图书馆的馆藏文献资源更为合理，使新的文献信息及时得到宣传、利用。

学科馆员的主要职责如下所示。

（1）熟悉所负责学科的馆藏资源分布情况，积极推动学科藏书建设。

（2）认真研究各类数字资源使用方法，掌握数据库平台新功能。

（3）编撰资源使用指南，并向对口院系宣传发放。

（4）广泛收集免费学术资源，建立学科导航网页，介绍使用方法。

（5）负责对馆内职工定期进行资源利用培训，介绍各类资源使用方法。

（6）定期或不定期为对口院系的用户提供利用图书馆资源与服务的培训和辅导讲座。

（7）深入院系调查收集意见，撰写数据库利用与需求报告，提出新数据库购买计划。

（8）选听相关院系的专业课，提升相应学科专业素养，完善自身知识结构。

（9）认真完成馆领导或部主任分配的其他工作任务。

（10）追踪用户行为，提供个性化服务。

2. 学科服务平台

学科服务平台是学科服务系统必不可少的部分，是一个展现学科服务系统各组成部分、各类工具和资源的平台，将学科馆员、学科用户和学科资源三者紧密结合在一起。学科馆员深入了解、搜索、分析、评估、选择有价值的信息资源，进行统一的分类整理、标引建库，分析、组织、集成、定制各类信息系统和信息服务，在统一的平台上提供学科信息跟踪和数据服务，开展课题服务和信息分析，进行学科研究咨询和学术交流，保存与管理学术成果等。

学科服务平台的发展经历了两个阶段：学科信息导航和学科内容管理。学科信息导航又可分为早期的 HTML（hypertext markup language，超文本标记语言）网页和一些新的学科导航工具。学科内容管理则正在从建立学科信息门户向利用内容管理系统转变。

1）学科信息导航

（1）静态的 HTML 图书馆网页。静态的 HTML 图书馆网页主要指在图书馆的网站上通过 HTML 展示图书馆资源的网页集合。这也成为用户过去和现在访问图书馆的主要途径，这些页面集合了图书馆拥有的各种文献资源及提供网络资源的链接等。其特点在于未对资源内容进行深度组织，而通过罗列简单的字顺组织或按学科分类等来给用户提供资源线索。

（2）其他学科信息导航工具。LibGuides 是 Springshare 公司 2007 年开发的学科导航工具，目的是给图书馆员提供简单易用的系统进行学科服务。LibGuides 主要是帮助图书馆员对图书馆资源和网络资源进行组织和导航，给用户提供需要的甚至用户自己找不到的信息。其升级版 LibGuides CMS[①]提供了不同的账户权限功能，可以让图书馆员和用户共同创建页面。LibGuides 融合了学科标签和分类、RSS（really simple syndication，简易信息聚合）定制、播客、视频嵌入、服务咨询、评价、用户评论等 Web 2.0 特征，提供了多种与用户交流的途径，包括让用户对 LibGuides 等进行评级，对资源和 box 模块进行评价，并可利用各种工具和馆员进行实时交流。但其部分功能还非常有局限性，如标签功能仅限于由学科馆员来添加，而用户没有参与到学科服务过程中，仅能被动地接受。LibGuides 的特色之一是具有庞大的馆员群体和交流环境——LibGuides Community，在这里馆员们可以分享建立学科导航的最佳实践，也可以利用其他图书馆的模板来建立自己的导航。其特色之二是能够与 Facebook、Twitter 等社交网站集成起来，方便进行内容推送和营销服务。

2）学科内容管理

内容管理系统是根据严格的管理参数促进共同创造、编辑、发布和管理数字内容的应用系统。学科内容管理系统与学科导航最大的区别在于：内容管理可以给用户提供高度的内容定制化。

学科信息门户是学科导航的一种形式，通过对本学科网络资源内容的高度组织集成和网络应用程序的聚集，成为用户访问某学科资源与服务的一个单一入口或通道。学科信息门户针对特定学科或主题领域，对具有价值的网络资源进行搜集、选择、描述和组织，成为学科信息用户和学科馆员之间的重要中介。国外学科信息门户出现在 20 世纪90 年代中期，之后迅速发展，出现了几百个大型的学科信息门户，如英国的 SOSIG、Intute、BUBL Link；美国的 LII、GEM，荷兰的 Dutch ESS 等。国内的学科门户建设始于 2002年中国科学院的 CSDL（Chinese Science Digital Library，中国科学院国家科学数字图书馆）项目，后来出现了 CALIS 重点学科资源导航门户、武汉理工大学的学科信息门户等。

内容管理系统包括开源的系统以及主流的商业系统。开源的系统包括 Plone、Drupal、Xoops、Joomla 等；商业系统包括 Vignette Content Management、EMC-Doucument 等。图书馆可以直接购买商业内容管理系统，也可以利用开源内容管理系统，或者自行开发内容管理系统。这些内容管理系统的主要功能包括：用户的访问控制、资源的定制化、多作者编辑等。图书馆利用内容管理系统提供学科服务，不仅能提供学科导航，也可增强资源的定制功能、提供更好的用户交互。

3. 科技查新

科技查新是文献检索和情报调研相结合的情报研究工作，它以文献为基础，以文献检索和情报调研为手段，以检出结果为依据，通过综合分析，对查新项目的新颖性进行情报学审查，写出有依据、有分析、有对比、有结论的查新报告。也就是说查新是通过

① CMS 是指 content management system，内容管理系统。

检出文献的客观事实来对项目的新颖性做出结论。因此，查新有较严格的年限、范围和程序规定，有查全、查准的严格要求，要求给出明确的结论，查新结论具有客观性和鉴证性，但不是全面的成果评审结论。这些都是单纯的文献检索所不具备的，也有别于专家评审。

1）科技查新的作用

首先，为科研立项提供客观依据。申请科研课题之前，通过查新可以了解国内外有关科学技术的发展水平、研究开发方向，是否已研究开发或正在研究开发，研究开发的深度及广度，已解决和未解决的问题等，为判断所选课题是否具有新颖性提供客观依据。其次，查新可以为科技成果的鉴定、评估、验收、转化、奖励等提供客观的文献依据，保证其科学性和可靠性。最后，为科技人员进行研究开发提供可靠而丰富的信息。查新机构一般具有丰富的信息资源和完善的计算机检索系统，能提供一次文献与二次文献的全面服务，可检索科技、经济、商业等资料的数据库，内容涉及各种学术会议论文、期刊论文、技术报告、学位论文、政府出版物、科技图书、专利、标准和规范、报纸、通告等，可保证信息的回溯性和时效性，基本能满足科研工作的信息需求。

2）科技查新的一般流程

（1）查新委托。需要查新的人或单位寻找正规的科技查新机构，提交需要被查新的项目和具体要求，填写科技查新合同。查新服务人员向被查单位询问所需查新项目的具体细节，明确好查新要求，双方签订查新委托合同。

（2）查新程序。查新服务人员根据要求进行文献检索，搜集国内外相关研究资料，详细撰写查新报告。查新审核人员再次进行查新审核，最终向用户提供完整的查新报告和相关资料。

六、阅读推广

阅读推广一词来源于英文的"reading promotion"，也有人将"reading promotion"翻译为阅读促进。在英语世界，无论是机构网站、工作报告、期刊论文，还是维基百科，都没有赋予"reading promotion"一个学术性的定义，1997年，国际上发出全民阅读的倡议，之后，我国迅速响应，顺理成章地借用了"reading promotion"这个概念，通常将其翻译为阅读推广，此后，阅读推广逐渐成为国内图书馆界、出版界的一个常用词、高频词。

目前，学术界对图书馆阅读推广的定义尚未形成统一共识，学者从不同角度进行了界定。范并思认为，阅读推广是一种新型的、介入式的图书馆服务，其目标人群是全体公民，重点是特殊人群，活动化、碎片化是主要特征，其主要目的是使不爱阅读的人爱上阅读，使不会阅读的人学会阅读，使阅读有困难的人跨越阅读的障碍。于良芝等提出，图书馆阅读推广通常是指图书馆以培养一般阅读习惯或特定阅读兴趣为目标而开展的图书宣传推介或读者活动。王波认为，图书馆阅读推广是指图书馆通过精心创意、策划，将读者的注意力从海量馆藏引导到小范围的有吸引力的馆藏，以提高馆藏流通量和利用率的活动。

图书馆阅读推广无论是编制导读书目还是组织读书活动，无论是组织暑期阅读还是开展亲子活动，其目的与外借阅览一样，都是图书馆对于读者的阅读或学习的服务，具有文化传承性、公众参与性、社会公益性、定位多向性、主动介入性、成效滞后性六个特点。

图书馆阅读推广的关键要素是"创意""策划"，图书馆阅读推广的本质是"聚焦"，就是将读者的注意力从海量馆藏引导到小范围的有吸引力的馆藏，凡是锁定一小部分有吸引力的馆藏进行宣传推荐的，都属于图书馆阅读推广。阅读推广的直接目的是提高馆藏的流通量和利用率，这个直接目的达到后，才能间接发挥培养读者的阅读兴趣、阅读习惯及提高读者的阅读质量、阅读能力、阅读效果的作用。

图书馆阅读推广主要包括两个方面：图书馆营销和新型阅读服务。

图书馆营销是一种新的图书馆服务，在我国又称图书馆宣传推广。图书馆营销的目的是让公众知晓图书馆。进入 21 世纪后，图书馆营销发展很快。1994 年，IFLA《公共图书馆宣言》修订发布时，其中没有出现"营销"的概念。2001 年，IFLA 又发布《公共图书馆宣言》的配套出版物《公共图书馆服务发展指南》，宣言中不曾出现的"营销"成为指南第 6 章的主要内容。只是由于担心图书馆人无法接受"营销"的概念，"marketing"当时被译为"宣传"，2010 年，该指南修订为《IFLA 公共图书馆服务指南》出版，公共图书馆营销内容独立成为第 7 章，进一步强化了公共图书馆营销的理念。图书馆营销与图书馆推广既有联系也有区别，《21 世纪图书馆营销：现在正当时》有专门章节讨论图书馆的推广和营销的关系，认为营销并非推广，但推广应该和营销策划匹配。图书馆营销与严格意义上的阅读推广有较大差异，但图书馆界往往仍将其当成阅读推广。例如，图书馆争取将附近的公共交通站点改名为××图书馆站，或在道路指引上标示到图书馆的指引，又如开展大型舞台表演或广场活动宣传图书馆和图书馆服务，都可被称为阅读推广活动。

图书馆的绝大多数服务与阅读相关，图书馆服务就是阅读服务。以往图书馆服务主要有文献服务和信息服务两大类型，而当代图书馆服务中出现的许多阅读服务一改传统图书馆服务的高雅、宁静、稳定的基本特征，变得流动与喧嚣，如馆员或读者开展有声阅读，包括讲故事、绘本阅读等，为书面阅读兴趣或能力不足的人提供阅读服务；图书馆组织读者开展阅读交流活动，包括读书沙龙、兴趣小组、读后感交流、写书评等，为读者提供交互类阅读服务；图书馆开展各类手工或制作活动，如创客、制作、种养、剪纸、书画等，使读者在动手活动中接触阅读，享受间接的阅读服务；图书馆提供舞台场地设施或其他表演服务，组织读者开展朗诵、儿童情景剧、绘本剧等表演，帮助读者借助舞台表演或观摩他人表演，增进对读物的理解；图书馆组织知识竞赛、作文比赛、猜谜等竞赛活动，促进读者扩大阅读范围，增进阅读理解；图书馆开展讲座或展览活动，将知识生动形象地传递给更多的人。此外，图书馆还有许多其他阅读服务，如真人图书馆、晒书活动、图书漂流等。上述服务的目的是促进公众阅读，帮助公众提升阅读意愿和阅读能力，它们都属于阅读推广，但因为与传统文献借阅式阅读服务相比，这类服务具有活动化的特征，本书将它们称为新型阅读服务。这类新型阅读服务，现在都被称为阅读推广。阅读疗法服务是特定领域的阅读服务。阅读疗法是以文献为媒介，将阅读作为保健、养生及辅助治疗疾病的手段，使自己或指导他人通过对文献内容学习、讨论和领悟，养护和恢复身心健康的一种方法。

第四节　图书馆管理

图书馆管理就是要让现代管理理论贯穿于图书馆工作的全部过程，切实提高图书馆的组织、协调、规划和控制水平。图书馆管理除了信息资源建设和用户服务等业务工作的管理之外，还包括人力资源管理、绩效评估与管理、空间管理，以及自动化管理系统等方面。

一、图书馆人力资源管理

人力资源管理的概念于 1950 年首先出现于美国，是对人力资源进行有效开发和合理配置的一系列制度和方法的总和，它贯穿于人力资源的整个运动过程，贯穿于人力资源的预测规划、甄选录用、配置使用和培训开发等一系列活动之中，包括一切对组织员工构成直接影响的管理决策和实践活动。图书馆作为知识信息的传播中心，必须大力开发组织内部的各项资源，增强核心竞争能力，利用现代化信息技术，实现以知识为单元，对文献进行组织、揭示，为社会提供各种信息服务。在图书馆的各项资源中，人力资源占据着极其重要的地位，因此图书馆的人力资源管理问题日益被关注和重视。

（一）图书馆人力资源规划

人力资源规划是根据图书馆的战略计划，确定图书馆未来的人力资源需求，并寻找满足这些需求的途径，制订相应的活动计划。首先，要进行图书馆的人力资源需求预测，分析图书馆在未来一段时间里什么样的人员需要增加，什么样的人员需要减少，可以采取统计的方法，根据某种业务因素和图书馆的用人规模、数量之间的比例关系确定人员需求，也可以采用判断的方法，综合研究图书馆的发展，确定图书馆未来的人力需求。其次，要进行人力资源的供给预测，也就是分析图书馆内部的人力资源现状，根据图书馆的发展战略，设计图书馆未来的组织结构和工作职位，对工作职位进行分类，反映出工作人员晋升的阶梯。在形成一系列阶梯之后，可以根据以往的离职率，预测在规划期内会有多少人继续留任，有多少人会被调到其他职位，或者离职、退休。在进行了需求和供给分析之后，规划结果只有两个，一是人员过剩，二是人员不足。人员过剩可以采取解聘或提前下岗的方法，要注意对富余人员分流的权益保障；人员不足可以采用增雇员工、加班、重新委派工作、雇临时工、提高留职率等方法。人力资源规划能够协助图书馆根据发展战略确定工作岗位，制订相应的人员任职变动计划，确定人员招聘的需求，为现代图书馆的总体人力资源管理提供保障。

（二）图书馆人力资源获取

1. 现代图书馆馆员的招聘
1）图书馆馆员招聘计划
图书馆馆员招聘计划是分析图书馆在不同情况下的人力需求，使得图书馆内部有充足的人力资源保障，以实现图书馆的长期或短期发展目标。

2）招聘过程

（1）制订计划。首先，进行人员需求预测。其次，分析图书馆所面临的环境影响和组织变化。再次，进行人员供给预测。

$$稳定性百分比=（现有人员在 N 段时间的服务月份数之和/人员齐备时在 N 段时间的可能服务月份之和）×100\%$$

若稳定性过低，就需要分析造成问题的原因、趋势，并制定对策。最后，拟订招聘计划。制订招聘计划时要对招募人数、招聘的时间及成本进行估算。

（2）发布招聘信息。图书馆要根据招聘职位的要求与特点，向求职人员发布招聘信息，发布渠道主要有网络、报纸杂志、电视、电台、布告和新闻发布会等。在条件允许的情况下，招聘信息应尽早发布，这样有利于缩短招聘进程，有利于使更多的人获取信息，使应聘人数增加。

（3）应聘者提出申请。招聘信息发布之后，应聘者会通过电话、信函方式向招聘单位提出申请，图书馆应要求应聘者填写求职申请表并提供有关证明材料。

2. 图书馆馆员的选择与录用

1）图书馆馆员的甄选

甄选过程一般分为初选和精选两个阶段，初选主要由组织的人力资源部门负责，它包括求职者资格审查和初步筛选。精选包括笔试、心理测验、面试、体检和甄选。一般由人力资源部门与具体用人部门的负责人共同协作进行。

2）图书馆馆员的录用

图书馆在对应聘者进行几轮选拔之后，接下来就是录用。这一阶段的工作通常被忽视，认为仅是一种形式，但实际上它关系到能否唤起新员工的工作热情，是新员工进入馆内工作形成的对图书馆的第一印象，因此也是员工获得对图书馆忠诚度和产生职业责任感的开始。这一阶段往往包括录用决策、试用合同的签订、员工的初始安排、试用、正式录用等环节。图书馆在进行员工录用时应该注意及时通知已经被录用的应聘者，运用正确的分析方法获得应聘者准确可靠的信息。

3）签订劳动合同

劳动合同是劳动者与用人单位确立劳动关系、明确双方权利和义务的协议。按国家劳动法规定，用人单位与劳动者建立劳动关系时必须签订劳动合同。劳动合同依法订立即具有法律约束力，当事人必须履行劳动合同规定的义务。劳动合同应以书面形式订立，并具备以下条款：①劳动合同期限；②工作内容；③劳动保护和劳动条件；④劳动报酬；⑤劳动纪律；⑥劳动合同终止的条件；⑦违反劳动合同的责任。

劳动合同除上述必备条款外，当事人可以协商约定其他内容，如工作时间、休息或休假、福利待遇、变更和解除劳动合同的条件、试用期、保守商业秘密责任、违约金等。劳动合同期限分为有固定期限、无固定期限和以完成一定的工作为期限三种。订立和变更劳动合同应当遵循平等自愿、协商一致的原则。

4）对新员工进行试用期的培训

新员工培训也是必不可少的环节，可以让新员工熟悉图书馆的工作部门、工作岗位、馆内制度、图书馆文化等，这样一方面可以促进新员工转化为"内部人"；另一方面也是图书馆进一步深入了解新员工的有效途径。

（三）图书馆人力资源培训

图书馆员培训从狭义上讲是指给新馆员和现有馆员传授其完成本职工作所必需的基本技能的过程；从广义上讲是指图书馆为了履行各项社会职能，实现总体目标，全面开发馆员的智力，促进其技术技能、解决实际问题能力和人际交往能力的提高，并对馆员的职业道德、敬业精神等进行培养的全面过程。

1. 图书馆人力资源培训的原则

1）整体性原则

培训的对象并不应局限在一线的工作人员，对于图书馆的管理人员，也要进行培训。一线人员侧重于基本工作技能的培训，而管理人员则侧重于管理技能的培训。此外，馆内的高层管理人员还要学习政治、政策、领导、方法。

2）重点原则

对工作人员的培训必须明确培训的重点，培训的重点也就是工作人员现有实际工作能力同其职位所要求的标准工作能力之间的差距。只有找准培训的重点，才有可能制订培训计划，确认最佳的培训方法，达到培训的目标。

3）连续性原则

工作人员培训不是一朝一夕的事，而是要根据图书馆的发展目标，有目的、有计划地开展，它是一个长期的过程，绝不仅仅是为了应付一时之需。它需要制定完善的制度来指导实施，使图书馆在内外部环境都不断变化的条件下保证编制完整，并为图书馆的发展提供合格的后备军。

4）效益原则

工作人员的培训是一种投入-产出行为，它是图书馆在培训计划的指导下，投入各种要素资源，开发工作人员智能，以获得开发成果的过程。工作人员的培训需要考虑如何以最少的投入换取最大的产出，这需要建立完善的培训评估标准和反馈制度。

2. 现代图书馆人力资源培训的内容与方法

1）现代图书馆人力资源培训的内容

从狭义上讲，现代图书馆人力资源培训就是指给新员工和现有员工传授其完成本职工作所必需的基本技能的过程；从广义上讲，它是指图书馆为了履行各项社会职能，实现总体目标，全面开发员工的智力，促进其技术技能、解决实际问题能力和人际交往能力提高，并对员工的职业道德、敬业精神等进行培养的全面过程。广义的概念蕴涵了更为丰富的内容，着重于基本技能培训、解决实际问题能力的培训、人际交往能力的培训、态度培训四方面的能力培养。

2）现代图书馆人力资源培训的方法

图书馆人力资源培训的方法有多种，具体采用哪一种，应根据培训的目标、内容和对象而定。一般来说，可分为在职培训和脱岗培训两大类。在职培训是指工作人员不离开现任的工作岗位接受培训，最常用的做法有工作轮换和现场辅导两种。工作轮换指的是工作人员通过调换多个工作岗位以获得培训，但这种方法也有局限性，对那些业务精深或某一方面的专家并不适用。现场辅导是指负责指导的资深馆员教给受训人怎样做，并激励他们如何做得更好。举办培训班、电视教学和召开研讨会是最常用的三种做法。

脱岗培训一般指员工脱离工作岗位而参加的培训，如外派委培，到外部培训机构进行培训等。

（四）图书馆员职业生涯开发与管理

职业生涯开发与管理是组织开展和提供用于帮助和促进组织成员实现其职业发展目标的行为过程，包括职业生涯设计、规划、开发、评估、反馈和修正等一系列综合活动。通过员工和组织的共同努力与合作，使员工的个人目标与组织的发展目标一致。职业生涯开发与管理包括两个方面：一是员工职业生涯的自我管理；二是为员工提供必要的教育、培训、轮岗等发展机会，促使组织发展目标和员工个人目标的实现。现代图书馆员的职业生涯开发与管理，也应该从个人和组织两方面来考虑与实施。

就图书馆而言，一方面，图书馆应参与工作人员的职业生涯规划，依据每个工作人员的特点，设立新的、合理有效的职业生涯道路，此外，也要在馆员不同的职业生涯阶段（如职业准备、进入组织、职业生涯初期、职业生涯中期、职业生涯后期）采取不同的管理措施。另一方面，图书馆要重新设计工作内容，将原来支离破碎的工作内容重新组合起来，增加工作的完整性，扩大工作范围。工作内容的扩大化可以帮助图书馆工作人员突破个人工作的局限，从整体上重新认识工作的重要性。工作人员也会在接触不同工作的过程中学到更多东西，促进自身的全面发展，为今后的职业生涯奠定基础。

二、图书馆绩效评估与管理

绩效评估是一种衡量、评价、影响员工工作表现的正式系统，并以此来表示员工工作的有效性及其未来工作的潜能，从而使员工本身、组织乃至社会能从中受益。图书馆的员工绩效管理是指馆内部门主管以及相关部门对馆内员工的工作进行系统的评价，图书馆员工的绩效管理是服务于整个图书馆绩效管理系统的。

（一）绩效管理的地位和必要性

在绩效管理的理念和指导下，员工的绩效评估承担了组织一部分战略目标，同时把组织的战略目标分解给组织内的每个员工，组织的人力资源管理是一个有机的系统，各个环节紧密相连，员工绩效管理在组织人力资源管理和发展中处于核心地位，是组织提升自身价值、从而提高竞争力的重要工具。

员工绩效管理的目标在于开发一种工具，这种工具可以精确确认员工的强项和弱项，并将一个员工和另一个员工区别开来。这种技术的重要性在于员工的调任、升迁、加薪等重大决定需要精确的考核结果作为依据，而绩效评估恰好能够提供这一依据。总之，绩效管理是一种奖励分配机制，同时也是有效的沟通和反馈机制。

（二）图书馆绩效评估的基本导向

图书馆进行馆员绩效评估关键在于所选择的评价标准，而且应该尽量基于公正的原则，尽量做到评价的标准制度化。在现代人力资源管理的员工绩效评估中有两种基本的评价标准：一是员工导向式评价标准，二是绩效导向式评价标准。

1. 员工导向式评价标准

员工导向式评价标准主要以员工个人特质为中心，将某员工同其他员工或同某种固定的标准相比较，个人特质主要包括品质、性格特征等主体因素，如忠诚、勤奋、判断力、分析力、创造力等。评估时列出 15 个左右的个人品质特征，然后根据其可能的表现方式，将这些品质纵向划分为不同等级（优、良、中、差或者五级制评分体制）。这种以员工为导向的评价操作起来比较简单，成本低，但是存在很大的局限，如不能够体现员工特质与其工作行为和工作结果之间的明确关系。此外，评价的可信度也不够高。

2. 绩效导向式评价标准

绩效导向式评价标准能够更好地体现考核的全面性和客观性，它是将个人绩效评价引入考核中，把个人品质和绩效考查相结合。与员工导向评价标准相比，更加注重对品质的理解和界定的统一性；考核的内容更多来源于员工的工作表现和工作成果，其中具体衡量工作质量等级的标准来源于工作分析对职位工作要求的具体描述；同时把对员工工作行为结果的考核与组织目标结合起来，需要图书馆将绩效管理纳入目标管理体系之中，这样能够引导图书馆员的行为方向，促进图书馆—个人—目标—行为—发展之间的平衡进行。

（三）绩效管理过程中的沟通与反馈评估

1. 绩效沟通

沟通要在绩效管理计划阶段就开始进行，馆长、部门主任及馆员需要就一个阶段（一年或一个季度）内本馆的战略发展计划、本部门的工作计划、每个馆员的分工职责对照上一阶段的绩效反馈报告进行分析、讨论，达成共识，建立共有的绩效默契，并随环境和条件的变化而调整，要注意沟通的持续性，要实时跟踪和改进关键绩效指标和权重等的设定。负责考核的管理者（如部门主任或办公室主任）与员工沟通的内容包括：工作进展如何，所在部门的团队是否能在达成目标的绩效轨道上正常进行，如果偏离应该采取何种措施扭转和调整，员工需要哪些支持等。

在进行沟通的同时也要注意方法和技巧，绩效沟通的方法分为正式沟通和非正式沟通两种。正式沟通是事先安排和计划好的，有书面报告、面谈、有主管参加的定期分部门的会议等；非正式沟通的形式比较灵活，如聊天、走动式管理、开放式办公等。其中，走动式管理和开放式办公值得在图书馆内推广。走动式管理是主管在工作时间经常在员工工作地点附近走动，与其交流，解决员工提出的问题，这是一种比较容易而有效的沟通方式，能够使员工受到鼓舞和激励，减少工作压力。开放式办公指主管的办公室经常向员工开放，员工可以就存在的问题和困难与主管进行讨论。此外，还可以通过组织各种社交活动或在用餐时间了解组织内存在的一些问题，创造轻松、活跃的沟通气氛，以补充正式沟通。

2. 绩效反馈评估

绩效反馈评估是绩效管理系统的最后一个部分，目的在于将实际绩效评估的结果与计划相对照，对已经完成的结果给予相应的分数或排序，然后根据分数或排序的结果提供薪酬回报的过程。

三、图书馆空间管理

随着信息技术发展和信息环境的改变，为更好地适应读者信息行为的转变及全新的协作式学习方式，满足读者对小组学习、交流、讨论、协作和研究的需求，图书馆的空间建设与管理要更加注重舒适性、共享性和创造性。

（一）图书馆基础借阅空间建设

在数字化信息时代，图书馆的发展与时俱进，非纸质载体的馆藏日益丰富，为了增加读者到馆频次，很多图书馆都做了合理规划。在现有图书馆建筑设计模式下注重平衡科学新空间与藏借阅空间比例，如增设专利标准服务空间，在空间设计上注意新空间的服务性与空间设计的匹配性。多采用开放式、组合式的空间设计，根据不同需求摆放可移动组合家具，通过不同空间功能组合满足读者在同一空间内需求的变化。新空间的设计还引入了大量科技成分，通过把数字电视平台、智能移动终端平台、网站平台等进行整合，实现信息内容在不同终端的同时获取，并且可在不同终端自由切换。整体来说，构造图书馆新空间应当在遵从专业性、针对性和多元化服务的基础上进行合理规划。在读者需求不断变化的情况下，图书馆空间的实用性和严谨性也要随之发生相应的变化。

1. 图书馆新空间的原则

构建图书馆新空间需要考虑空间的舒适性、共享性、创造性。在空间的舒适性方面，图书馆要为用户营造一个舒适的环境，让用户把精力集中在阅读、学习、讨论交流和实践活动中，从而吸引更多的用户到图书馆来。目前，不少图书馆都推出了图书馆的"第三空间"延伸服务，为用户提供了良好的阅读环境，促进了图书馆各项服务的开展。在空间的共享性方面，图书馆应为用户创造一个知识和设备共享的空间，如信息共享空间，学习共享空间等，为用户提供一个学习和交流的场所，促进知识的碰撞和交流，激发用户的灵感。在空间的创造性方面，图书馆要营造一个能够激发用户创造性的环境。目前，一些图书馆建设的创客空间、知识创新空间、孵化基地等，为用户提供了创造性的设备、工具和环境，成为图书馆用户进行创新和科研的重要基地。

2. 营造多功能舒适环境

目前，图书馆的物理空间主要有两种用途，一种是用于图书的保存，一种是用于空间的使用。有学者发现，图书馆的流量读者更注重传统借阅空间的使用，而存量读者则更注重物理空间的使用。为了满足不同用户的需求，图书馆既不能牺牲物理空间的舒适性来增加借阅空间，也不能压缩借阅空间来提高物理空间的舒适度。因此，图书馆可从以下方面着手，平衡图书馆传统借阅空间和其他物理空间的使用，为用户营造一个良好的阅读和交流环境：参照当期学习空间需求，增设研讨室、读书沙龙、多媒体活动室等空间来满足双向或团体探讨；引进图书借阅门禁系统，实现书籍借还的自动化，为读者提供快捷便利的借阅体验，提高工作效率；增加空闲区域的阅览座位，提供固定的自习空间，营造休闲舒适的阅读学习环境；因地制宜地建设咖啡阅读区、科研成果展示区、创客空间等，丰富图书馆的空间服务。

（二）图书馆信息共享空间建设

信息共享空间作为一种新型的信息服务模式，出现于 20 世纪 90 年代的美国高校。1992 年，美国爱荷华大学提出通过有效地收集、分析和利用信息，达到辅助学习和研究的目的，这是信息共享空间最初的思想雏形；1999 年，美国北卡罗来纳大学图书馆信息共享空间正式对外开放，成为全球第一个信息共享空间。2005 年，上海图书馆吴建中馆长首次将信息共享概念引进到国内。

1. 图书馆信息共享空间的内涵

经过 20 多年的发展，在信息共享建设中图书馆界逐步形成了一种共识，信息共享是为读者提供自由获取信息的环境，是一种相对开放的空间。以读者为中心的信息共享服务应包含图书馆的空间、资源和服务三个基本要素，既是一个提供设备、技术及智力资源的学习交流空间，又是一个提供各类信息资源的学术空间。信息共享融合了传统图书馆和数字图书馆的优势，借助数字技术和网络技术，将图书馆所有的资源和服务都整合到一种全新的服务模式下，为读者提供检索、学习、交流、创作、休闲等一站式服务，促进读者的协作式学习和交流，成为大多数读者获取信息资源、寻求专家学者建议、推动科研创新的服务平台。目前，信息共享已经成为各国高校图书馆建设的主流方向，越来越多的国内高校图书馆开始更改空间布局和设计，构建共享空间。

2. 图书馆信息共享空间结构

信息共享的建设模式从读者的信息需求和行为模式入手，通过对现有空间、资源的有效整合，颠覆了传统图书馆"以书为本"的服务模式，从根本上实现了"以人为本"的转变，使资源的利用更加高效，信息服务更加智能、便捷和泛在。

1）空间建设

空间是信息共享的实体，是信息共享建设的物质基础，不同高校图书馆的信息共享建设都有自己的规划与设计，一般由参考咨询区、个人学习区、协作学习区、多媒体服务区、休闲区和自助文印区等组成。参考咨询区是信息共享的门户，是读者最先接触到的部门，建立开放的参考咨询区是为了在第一时间满足读者的信息需求，消除信息障碍，保障读者最基本的信息获取权利，这种空间布局模式主要适合于高校图书馆。参考咨询区应该配备专业的参考咨询人员，为读者个人或学习研究团队的学习探讨和学术交流等活动提供辅助支持，并能培养读者的信息资源素质，促进其科研探讨和多角度的合作型学习。个人学习区为读者提供独自学习研究的空间，可配置电脑设备或留有网络接入端口供读者自带设备在此查找、使用数字资源和网络资源。协作学习区是为团队协作设置的，为读者的合作研究提供相对封闭的空间，适应不同团队的需要，并且配备相关的设施，如工作站、白板、投影仪及网络接口等，既适用于读者进行集体研讨、集体学习，也适用于导师带领研究生进行学术研究。多媒体服务区提供高质量的音视频编辑软件、硬件，满足读者多媒体播放、视频资料编辑、图像制作处理等需要，随着信息技术的发展，电子报刊阅读机、3D（3-dimension，三维）打印、朗读亭、VR（virtual reality，虚拟现实）眼镜等设备的出现，也在不断丰富着多媒体服务的内容。休闲区配备舒适的家具，并允许适度饮食、谈话，供读者在学习、研究中做短暂的放松休息，有助于提升图书馆服务质量和服务延伸。自助文印区配备扫描仪和自助打印、复印等设备，读者可进行自助打印、复印和扫描。

2）资源

信息共享空间是给读者提供网络设备的学习空间，资源是信息共享建设成功的保障。信息共享资源主要包括信息资源和硬件资源。信息资源是信息共享建设的重要组成部分，是读者使用信息共享的最终目标，包括图书馆的各种纸质文献资源、数字资源以及网络信息资源。硬件资源包括硬件和软件两方面，硬件包括计算机、打印机、复印机、扫描仪等设备，以及沙发、桌椅等配套设施；软件不仅要配置通用软件、电子图书阅读器、多媒体制作软件等，还要根据高校专业需求配置相应的学科研究软件，以满足不同读者的日常学习需求。

3. 信息共享服务

信息共享的最终目的是建立一个基于资源和空间的面向读者的全方位、多层次的学习环境，通过配置完善的服务人员、服务内容以及服务评价体系，为读者提供优质的信息服务。服务人员包括参考咨询员，负责提供正确使用相关资源的咨询服务，并给予学生团队科研指导；技术支持员，负责日常维护各类计算机软硬件设施、网络设施等，定期对设备进行检查及更新换代，快速有效地解决功能服务区所出现的紧急技术请求；兼职人员，负责用户的一般使用指导，可以和正式工作人员轮换，在正常工作时间之外的时间提供服务。服务内容包括信息检索服务、小组学习预约服务、参考咨询服务、开展各类培训讲座及文化活动等。服务评价体系是保证信息共享有效运行的保障，通过制定一整套完整的服务评价体系，及时地了解掌握读者的使用模式和满意度，不断地改进和完善服务方式，提高服务质量，从而适应读者不断变化的需求。

四、图书馆自动化管理系统

（一）图书馆自动化管理系统的发展背景

图书馆自动化管理系统（library automation management system）是图书馆信息资源建设的重要内容之一。20 世纪 90 年代以来，西方发达国家的图书馆正朝着网络化、数字化的方向发展。它们借助于通信网络和高新技术的发展优势，使图书馆的发展出现质的飞跃。数字信息的检索与提供，已成为越来越普遍的服务方式，无墙图书馆（library without walls）、数字图书馆（digital library）和虚拟图书馆（virtual library）的概念正在逐步成为现实。

发达国家的图书馆自动化有三个发展阶段。第一阶段可以称为图书馆自动化发展的初级阶段，即图书馆自动化管理集成系统发展阶段。自 20 世纪 60 年代末 70 年代初起，以美国国会图书馆正式发行 MARC II 型的机读目录为标志，它在北美得到广泛应用，开创了书刊机读目录在世界上正式使用的新时期，使图书馆正式步入图书馆自动化的阶段。

第二阶段（或称过渡阶段）为图书馆在网上进行全球性、整体化的电子文献信息服务的新阶段。这一阶段发生在 1985 年左右，以 CD-ROM 和局域网络开始在图书馆得到应用为主要标志，人们可以在图书馆、办公室、实验室甚至家中访问图书馆的书目机读目录、单位局域网上的光盘数据库和大型文摘社及检索系统，使 20 世纪 70 年代出现的大型文献信息中心发挥了效益，特别是 20 世纪 90 年代互联网的迅猛发展，将图书馆网上的电子文献信息服务推向了全球性服务的新阶段。第三阶段是图书馆自动化的高级发展阶段，也称数字图书馆阶段。数字图书馆是一种用数字技术处理和存储各种文献的图书馆，实质上是一种用多媒体制作的分布式信息系统，能把各种不同载体、不同地理位置的信息资源用数字技术存储，以跨越区域面向对象的网络查询和传播，专家、学者、图书馆工作人员将在数字世界中漫游，不但在本地图书馆，而且在它以外的"虚拟图书馆"中寻找到自己需要的文献信息资源。人们可以真正实现"秀才不出门，全知天下事"的梦想。例如，目前中国国家数字图书馆、国家少儿数字图书馆、中国盲人数字图书馆等数字图书馆已经得到了社会公众的认可和支持。

（二）图书馆自动化系统的构成要素

建立开发一个图书馆自动化系统，必须具备硬件、软件、数据库、人员、环境五个基本条件，或称五个基本要素。这些条件都是图书馆自动化系统建设所必不可少的，缺少任何一个条件，在系统开发、引进或运行中都会或迟或早出现问题，系统不能真正投入实际运行。硬件是指图书馆自动化的主要技术设备，主要是电子计算机。这是图书馆自动化系统的基础，是系统的载体，也是系统建设中经费主要投入之处。软件是相对硬件而言的，软件是计算机完成任务所编的程序、文件、规则及网络等与计算机操作有关的信息的统称。软件是计算机不可缺少的组成部分，它扩大了计算机的功能，提高了使用效率。计算机软件由程序设计语言、系统软件和应用软件三部分组成。数据库是图书馆自动化处理的内容，有完整的数据库是系统投入使用的基本条件之一。从系统开发的全局来看，设备购置、软件开发与数据库建立相比较，前者投入的财力和技术较大，而后者所需的人力和时间较多。图书馆自动化系统所涉及的数据库有两种形式：一种是文献数据库，包括书目数据库和文献型数据库；另一种是供图书馆业务工作使用的数据库，如采购、分编、借阅、读者档案等数据库。第一种数据库靠自建，也可购买市场销售的MARC 磁带。第二种只能自建。

建设图书馆自动化系统，人员是关键性因素。建立一个系统必须要有以下人员：业务领导人员，包括馆长及系统建设的领导成员；系统建设技术人员，包括系统分析和设计人员、程序设计员、硬件维修人员；系统操作人员，包括机器操作人员、数据输入人员等；图书文献管理人员，包括数据准备人员和各部门使用系统的人员。

图书馆自动化系统的建设是对传统图书馆服务内容、服务手段、服务方式的变革，因此它跟所处的环境条件有着非常密切的关系。这些环境条件主要表现为：第一，与系统建设相协调的工作气氛。系统建设是一项复杂的工程，绝非技术部门独立可以全面完成的，需要得到全馆各方面的配合、支持和参与。第二，与系统转换相衔接的工作方式。为了保证图书馆自动化系统与传统工作的正常转移，实现图书馆自动化系统建设的根本目标，图书馆应认真做好传统业务的标准化、规范化工作。第三，与系统运行相适应的知识准备。为保证系统安全可靠地运行，要在图书馆工作人员中普及计算机应用知识、普及图书馆自动化系统等有关知识。

（三）RFID 在图书馆自动化中的应用

目前，大多数图书馆已经从纯手工管理方式过渡到使用图书馆集成系统，而 RFID 技术也在图书馆自动化管理中占据越来越主流的地位，使图书馆的管理和服务水平得到显著的提高。

1. RFID 的工作原理

RFID 技术也称无线识别系统。它是一种非接触式的自动识别技术，通过射频信号自动识别目标对象并获取相关数据。作为快速、实时、准确采集与处理信息的高新技术和信息标准化的基础，RFID 已经被世界公认为 20 世纪十大重要技术之一，在生产、零售、物流、交通等各个行业有着广阔的应用前景。一套完整的 RFID 系统，由三部分组成：第一，射频卡，也称电子标签（electronic tag），代替图书馆现在使用的条形码和磁针；第二，阅读器（reader）或读/写器，用于读取（在读写卡中还可以写入）标签信息；第三，应用软件系统。

2. 图书馆 RFID 自动化系统的组成

1）RFID 图书编目系统

RFID 图书编目系统是将 RFID 唯一识别号与图书唯一编码实施绑定，将 RFID 技术与现有图书馆集成系统对接，实现对图书、读者详细信息的访问，从而将 RFID 技术集成到现有图书馆集成系统中。图书馆 RFID 标签里可写入的信息有图书编号、书名、所属图书馆或分馆信息、所属书架信息等。通过 RFID 图书编目系统处理，使每一本书上 RFID 标签的信息代表每一本书的唯一身份。以后在图书流通的每一环节，RFID 系统将都能利用相关的读写装置自动添加相关信息，不需要人工干预。

2）自动借还书系统

自动借还书系统允许读者在没有图书馆管理员的帮助下，自动完成借还书过程。自动借还机的触摸屏会通过交互式的界面来引导读者完成借还书过程。读者将书和借书卡一起放在自动借还机上，按照屏幕提示输入读者证密码后，系统自动处理借阅手续并上传至服务器，在处理结束的时候，系统会打印一张收据，上面写着读者已经借出的书籍和将要归还的日期。自动还书过程非常简单，读者只需要把书放入自动借还机上，自动借还机会自动识别被还书本上标签的相关信息，并自动办理还书手续，打印还书凭条。如果所还书籍超期，则会自动计算超期罚金并提示读者做相关处理。

3）智能安全门禁系统

智能安全门禁系统是安装在图书馆出入口处对带有 RFID 标签的图书进行侦测的系统。通过该系统实现图书的侦测、防盗。安全监测系统具有识别距离远、识别速度快、声光报警、零误报等特点。目前智能安全门的识别距离可达两米以上。智能安全门禁系统可以有效阻止没有读者卡的读者进入、阻止未办理借阅手续的图书被带出，也可与摄像设备连接自动截取报警时图像信息。此外，可进行读者数、书籍流通量的统计数据工作。

4）馆藏整理系统

馆藏整理系统是专门用于整理书架，清点馆藏的系统。RFID 的应用可使错架图书的查找工作、乱架图书的整理工作变得简单容易。馆藏整理系统由便携式图书点检仪和后台数据库软件组成。管理员拿着便携式图书点检仪先读取书架标签选定书架，然后沿书架移动，系统会自动识别书本的相关信息，判断该书是否属于该书架，如果不属于，则会示警并提醒工作人员把书拿到合适的位置。使用这套系统还可以对馆藏进行快速的清点，统计书库内的藏书量，使工作人员对馆藏数量做到心中有数。同时，还可以使用该系统来快速查找指定的一本书或一类书。由于该系统可以大幅减轻管理员劳动强度，很容易保持高整架水平，从而读者更容易通过图书查询系统检索到图书的准确架位，快速找到图书。

思　考　题

1. 什么是图书馆信息资源建设政策？
2. 简述图书馆信息资源政策的重要作用。
3. 介绍几种主要的信息资源采集方式、途径和方法。
4. 简述图书馆服务管理的要求。
5. 如何制订图书馆人力资源规划？
6. 简述图书馆绩效管理的必要性。

参 考 文 献

白洁. 2019. 我国馆际互借现状研究[J]. 河南图书馆学刊, 39（3）: 90-92.

陈传夫. 2010. 图书馆学研究进展[M]. 武汉: 武汉大学出版社.

杜安平. 2005. 数字图书馆个性化信息环境与服务构建[J]. 韶关学院学报, 26（3）: 39-43.

杜新民. 2004. 公共图书馆实施终身教育的思考[J]. 河南图书馆学刊, 24（1）: 29-32.

范并思. 2016. 阅读推广的服务自觉[J]. 图书与情报, （6）: 72-76.

傅尔玲. 2011. 浅析公共图书馆决策参考咨询服务[J]. 四川图书馆学报, （4）: 34-37.

黄伟. 2017. 构建图书馆新服务、新空间、新体验[J]. 办公室业务, （17）: 148-149.

金胜勇, 锅艳玲, 陈则谦. 2017. 信息资源建设[M]. 北京: 科学出版社.

雷金民. 2004. 图书馆读者管理原则的思考[J]. 图书与情报, （2）: 73-75.

冷伏海. 2008. 信息组织概论[M]. 北京: 科学出版社.

李朝民. 2005. 试论图书馆的信息资源建设政策[J]. 深图通讯, （1）: 27-28, 32.

李俏. 2015. 基于大数据环境下的科技查新服务研究[R]. 北京: 决策论坛—科学制定有效决策理论学术研讨会.

刘莎莎. 2008. 福建高校图书馆馆藏资源特色化建设研究[D]. 福建: 福建师范大学.

刘素清, 艾春艳, 肖珑. 2012. 学科服务的多维拓展与深化——北京大学图书馆学科服务聚焦与思考[J]. 大学图书馆学报, 30（5）: 18-22.

罗立群, 李广建. 2019. 智慧情报服务与知识融合[J]. 情报资料工作, 40（2）: 87-94.

罗艳. 2005. 论高校图书馆学科馆员的工作职责[J]. 云梦学刊, 26（4）: 140-141.

马学伟. 2008. 数字图书馆个性化信息服务概述[R]. 广州：2008 年"图书馆服务转型：研究与实践"学术研讨会.

王全军. 2003. 试论高校图书馆的藏书特色化建设[J]. 三峡大学学报(人文社会科学版), 25(4)：94-96.

王艳丽. 2007. 基于 Web 2.0 的图书情报个性化服务系统的研究[D]. 天津：天津大学.

蔚海燕, 卫军朝. 2013. 研究型图书馆学科服务的转变：从学科馆员到学科服务平台[J]. 大学图书馆学报, 31(6)：74-81.

熊燕. 2015. 高校图书馆学科导航建设的模式转变与策略优化[J]. 图书馆学刊, (12)：39-41.

杨肥生. 2005. 文献采访政策研究[J]. 图书馆建设, (6)：52-54.

杨桦, 卢章平, 李晓波, 等. 2017. 基于人体生理信号的高校图书馆阅读疗法探索[J]. 大学图书馆学报, 35(6)：111-116.

杨建永. 2006. 图书馆学知识在企业信息资源规划中的应用[J]. 科技情报经济与开发, (23)：40-42.

于映红. 2003. 论图书馆信息资源组织与用户的关系[J]. 情报探索, (2)：42-44.

俞平. 2004. 论网络环境下高校图书馆馆藏资源建设[J]. 遵义医学院报, (2)：204-206.

张洁. 2001. "以人为本", 为图书馆服务观念洗礼[J]. 山东图书馆学刊, (3)：3-5.

郑荣, 王洁. 2018. 信息生态视角下高校图书馆综合实力评价与对策研究[J]. 情报科学, 36(8)：39-45, 52.

周建清. 2011. 网络环境下图书馆信息资源建设政策的思考[J]. 中国科技信息, (2)：169-170.

周倩. 2004. 中国图书馆知识服务的理论研究与实践工作分析[R].怀化:第十八届全国计算机信息管理学术研讨会.

周胜利. 2009. Web 2.0 环境下的个性化信息检索服务[R]. 上海：全国第五次情报检索语言发展方向研讨会.

周英雄. 1998. 办学水平评估与中专图书馆的发展[J]. 图书馆论坛, (6)：54-55.

第四章　图书馆事业

图书馆事业是指国家为满足社会信息和阅读需求，组织各类图书馆从事文献搜集、整理、加工、存储和利用服务，对社会发展有一定影响，且具有一定规模的社会活动。一个国家的图书馆事业在经历一定时期的建设发展后会形成一个体系化、结构化，同时也是多样化的整体。

第一节　图书馆事业体系

体系是指若干有关事物或某些意识相互联系而构成的一个整体，泛指一定范围内或同类的事物按照一定的秩序和内部联系组合而成的整体，是由不同系统组成的系统，如工业体系、思想体系等。图书馆事业这一概念的诞生和发展，是与图书馆在社会结构中所处的地位及其所起的社会作用紧密相连的，其全部实践活动和社会的需要是紧紧地联系在一起的。只有当社会上各种图书馆的数量、质量、规模、发展速度和组织形式发展成为联系紧密的图书馆整体时，才能构成社会的图书馆事业。因此，图书馆事业这个概念代表的是一个体系，即社会共同使用文献的体系。

我国图书馆事业是多层次的，既包括图书馆的各个子系统，也包括图书馆的行业组织和行业标准。本书在第二章第三节介绍了我国图书馆的主要子系统，因此本节主要介绍图书馆行业组织和行业标准。

一、图书馆行业组织

行业组织的建立是指在某种层面上形成一种管制方式，并通过与其他行业协会的合作，加强内部沟通，进而有序地推动行业的发展。随着社会的进步与发展，图书馆作为社会公共服务的重要组成部分，已逐渐呈现出行业化的发展趋势，建立相应的行业组织也成为提高我国图书馆管理规范、支持地方图书馆进一步发展、推动社会精神文明建设的必然选择。

图书馆行业组织是指基于图书馆行业权益的、民间性和非营利性的社会团体。图书馆作为一种世界性的事业领域，有一些国际性的图书馆行业组织，为世界各国图书馆服务，以维护图书馆职业权利、促进图书馆之间的合作为宗旨，在世界图书馆的发展中发挥着重要作用。其中最著名的是 IFLA。IFLA 成立于 1927 年，是联合各国图书馆协会、学会共同组成的一个机构，是世界图书馆界最具权威、最有影响的非政府的专业性国际组织，也是联合国教科文组织"A"级顾问机构，国际科学联合会理事会准会员，世界知识产权组织观察员。IFLA 的主要目标是促进国际图书馆界、信息界的相互了解、合作、交流、研究和发展。

在各个国家，也相应有以维护本国图书馆职业的利益与权益、组织行业学术和经验交流等为宗旨的行业组织。在我国，中国图书馆学会（Library Society of China）是最重要的图书馆行业组织。中国图书馆学会是由我国图书馆及相关行业或机构科技工作者自愿结合、依法登记成立的全国性、学术性、非营利性的社会组织，是党和政府联系图书馆工作者的桥梁和纽带，是引导图书馆行业全面落实科学发展观、科学管理、推动科技进步，建设创新型国家，发展我国图书馆事业的重要社会力量。除了全国性的图书馆行业组织，各个地区也多建设有区域性图书馆行业组织。

二、图书馆行业标准

图书馆标准化是指图书馆为了提高工作和服务的水平，实现更广泛的信息交流，对图书馆的业务、技术、管理、工作等方面实行统一的原则与规范的活动。标准化对图书馆有重要的意义。图书馆行业有着自己独特的内容与工作方法，在图书馆管理、文献资源建设、图书馆服务等方面都涉及相关的专业技术。历代图书馆对其进行不断的实践、探究、提炼和总结，形成了图书馆共同的认知和共同遵守的标准规范。按照图书馆标准制定的主体划分，标准可以分为国际标准、区域标准、国家标准、行业标准、地方标准和企业标准。

（一）图书馆行业标准的定义

行业标准由某一行业部门颁布的适用于某一行业的标准。图书馆行业标准，即图书馆行业相关标准规范，主要由文化行业标准和建材行业标准两部分组成。前者包括《公共图书馆服务规范》《中国机读目录格式》《图书馆行业条码》等，后者包括《公共图书馆建筑防火安全技术标准》《公共图书馆建设用地指标》等。

（二）国内外图书馆行业标准现状

世界各国相继通过制定各种图书馆行业标准来调整、干预、规范图书馆行为，保障图书馆事业的发展。

1. 国外图书馆行业标准现状

1）国外图书馆行业标准概述

国外图书馆行业标准规范体系整体发展是循序渐进的，从单一松散到多维系统，从关注图书馆的业务建设、技术等，到开始逐渐关注图书馆行业标准的服务方向的转变。美国和日本是国际上图书馆行业标准制定较早的国家。

美国图书馆行业标准是以分散、独立、民间为主导的，主要是由国家标准、地方标准和专业机构标准构成的，内容丰富，范围广泛，对图书馆的国家性质、地方特色和专业类型都做了标准的描述与借鉴，对世界上的图书馆都有着引领作用。

日本图书馆行业标准是由行业协会制定的标准，对图书馆的内容和管理做了详细的规范。行业协会所制定的标准主要包含两个方面，一方面是对公共图书馆的基本管理理念、不同类别图书馆的职责、图书馆的服务、人力资源管理、入藏文献的数量及管理、经费、设施、设备等多个方面的内容进行详细的描述和规定；另一方面就是对学校图书馆运营管理、建筑设施、硬件设备进行有效的指引。

2）国外图书馆行业标准的特点

国外的图书馆行业标准有着普遍、参考的指导性特点，标准的针对性和规范性相对较强。美国、日本、英国和澳大利亚等几个国家作为世界行业标准体系比较完善规范的国家，通过比较可以发现国外图书馆行业标准体系有着行业标准规范制定主体清晰、覆盖面广、内容科学合理、标准兼容性强、结构完整、重视特殊群体的特点，对其他国家具有极高的借鉴意义。

2. 我国图书馆行业标准现状

1）我国图书馆行业标准存在的问题

我国行业标准体系不健全。我国图书馆的标准化规范虽然起步早，但是缺乏关注，导致标准的系统性不强。

图书馆行业标准的细化程度不够。图书馆的行业标准除了行业协会制定的基本框架和方向性指导以外，也要有自己的细化准则，而我国部分图书馆缺乏细化的标准来支持日常的工作。

图书馆行业标准缺乏推广和培训。图书馆相关行业协会将重点放在规则和标准的制定上，缺乏宣传性的推广，导致人们对于标准的内涵等认识不足。图书馆的工作人员技术性、专业性的训练较少，也影响到标准化工作的能力，所以既要加强员工的品德能力和服务要求，也要培养员工的技术素养。

图书馆行业标准的发展动力不足。图书馆的标准化难度高、风险大，而且需要投入大量的人力、物力、财力，对于硬件设施和软件设施的要求都很高，一旦资源投入与发展现状不成正比，那么发展动力可能会出现后续不足的情况。

2）我国图书馆行业标准的发展方向

完善图书馆的行业标准体系建设。目前图书馆的行业标准仍然有着服务标准缺失的情况，标准体系不系统，且前瞻性不足。未来的方向就是要形成服务规范化、系统化的行业标准，硬件与软件服务相结合的发展形势。

发展人文关怀，关注特殊群体。图书馆要最大限度地制定为群众服务的特色标准，让群众获得更加多样性、便利性的服务，更要对特殊群体及时服务。

注重个性化，统筹发展。行业标准的制定经常要满足大众的需求，而个性化的需求可能会被排除掉。但是图书馆面对的社会大众，往往会有个性化需求，所以未来方向要兼顾个性化，统筹发展，互利共赢。

3. 国外图书馆行业标准对于我国的启示

加强行业标准设计，明确思路。围绕着行业标准的总目标，加强标准规则设计，形成长期的发展规划。明确行业的重点与特点，形成清晰的工作思路，明确图书馆行业标准在公共图书馆和高校图书馆的不同作用，促进图书馆行业独立、科学、务实地发展。

加强图书馆行业标准规范的推广应用。由于宣传力度的不足，图书馆相关领域的人员对于标准规范的理解只停留在表面，而行业标准制定的目的是应用，所以加强宣传推广是不可或缺的过程。

重视人才队伍建设，强化监督评价。加强对人才的培养，工作人员专业技能、服务效能的提升是促进图书馆行业标准实行的有效基础。对图书馆行业标准的实施情况进行监督与效果评价是标准规范的重要内容。

（三）图书馆行业标准建设原则

（1）科学性原则。图书馆行业标准是开展图书馆工作的依据和准绳，它揭示了图书馆工作的内在联系，因而具有科学性。

（2）统一性原则。图书馆行业标准化本身就意味着用规范化的标准来统一图书馆工作，没有统一，标准就没有普遍意义。

（3）协调性原则。任何一个标准的制定、修订、推广都必须在有关部门的紧密协作下才能做到，否则就无法制定出高水平的标准，图书馆行业标准也是如此。

（4）开放性原则。一方面要积极采取国际图书馆行业通用的标准，有效保障我国图书馆发展与国际接轨；另一方面要建立开放交流机制，采取开放形式，不封闭图书馆内容和应用，形成可持续发展机制。

第二节　图书馆馆际合作与资源共享

面对当今数量急剧增长的各类信息载体，任何图书馆都不可能做到全面收集。馆际合作与资源共享使图书馆不仅面对本馆用户，而且面向合作的各个信息机构的用户，从而大大扩展了自己的用户范围。一些本馆用户利用率不高的资源相对其他馆的用户来说，可能是非常有价值的。这样不仅能把图书馆呆滞的资源盘活，提高馆藏资源的利用率，而且能在更大范围内满足用户需求，提高用户的满意度。

一、馆际合作

（一）馆际合作的内容

图书馆的功能众多，包括文献采集、文献加工、文献存储、参考咨询和流通服务、文献数字化等，这些功能都可以通过馆与馆之间的合作，达到资源共享。其中馆际合作实现资源共享主要包括以下几个方面。

1. 馆际互借

馆际互借是图书馆资源共享的一种方式，即图书馆之间根据协定相互利用对方馆藏以满足本馆读者需求的外借方式，可将其他图书馆的馆藏作为本馆藏书的延伸，弥补各自藏书的不足，实现资源共享。馆际互借不仅可以在一个国家的各图书馆开展，还可以在各个国家之间开展。

2. 文献集中编目

集中编目是更好地进行馆际互借等资源共享服务的重要基础，统一编目、统一标准数据存储格式、统一图书管理软件，有利于各馆协作，有利于读者统一检索，同时也规范了书目数据库，有利于解决全国信息文献资源的共享问题。

3. 合作发展馆藏与文献资源布局

合作发展馆藏是指藏书建设中不同图书馆为了满足共同需要而协同补充文献资料的活动。文献资源布局指通过协调与共享，增加参加协作的各个文献信息机构所收集的文献的完备性和信息容量，改善每一个机构所藏文献的成分与结构，克服不必要的增长与重复，保证购书经费的最优化使用，提高文献利用率。

4. 建立藏书贮存系统

藏书贮存系统的建立提高了馆藏文献的利用率，解决了藏书迅速增长与书库空间紧张的矛盾，藏书贮存系统贮存了馆中陈旧过时的图书和流通率低但却仍有一定参考价值的文献品种。

5. 图书馆自动化与文献信息网络建设中的合作与共享

图书馆自动化、网络化是图书馆事业发展的趋势，利用现代信息技术和通信技术，将我国的国家图书馆、各省市的图书馆连接起来，将其丰富的文献信息资源逐步数字信息化，为全社会公众提供各种综合信息服务，有利于共享信息资源。

6. 数字图书馆建设与图书馆文献数字化工作中的合作与共享

数字图书馆建设是一项耗资巨大的工程，因此必须有整体的规划，各系统各部门应相互协调，以使整体效果达到最佳，实现数字图书馆与数字化文献资源的共建共享。

（二）馆际合作的内外动因

1. 馆际合作的内在原因

（1）图书馆之间的纵向不平衡。图书馆内部之间是不同的，不仅包括在历史的发展阶段中各有所不同，而且从发展较好的图书馆到普通基础图书馆之间的发展能力也是不同的。一些经济发展迅速而且身处要地的图书馆，受到地区重视，发展优越，资源丰富；而经济发展相对落后地区的图书馆则资源不足，设备落后。这也是促进馆际合作的重要内因。

（2）图书馆之间的横向不平衡。图书馆的性质和专业化差异明显，像许多公共图书馆与学术图书馆比较起来，人员基础薄弱，资源差距明显。横向之间的差异促使图书馆馆际之间必须加强合作。

2. 馆际合作的外在原因

图书馆的馆际合作受到了来自社会的影响与挑战。21世纪社会信息云集，文化发展迅速，资源丰富，学科交叉，促进图书馆的丰富多彩，互相借鉴。但是对于高科技信息能力掌握的差异、知识扶持和信息保障的能力差距都增加了图书馆馆际合作的难度。高科技对于人类社会的影响加大，推动人们的思维和行为都进入全新的领域，必然也会加快图书馆馆际之间的合作。

（三）馆际合作的发展优势和面临的挑战

1. 馆际合作的发展优势

冲破束缚，实现资源共享。图书馆受到传统历史的影响，一般都是在半封闭、自成一体的图书馆内进行工作与运营管理，很少与其他图书馆进行交流与借鉴，共享资源，这导致了图书馆内部资源浪费，各行其是，图书馆内部呈现一种无序的状态，效益低下。

所以，要改变这种封闭现状，必须实行开放，实现资源共享。

节省资源，提高利用率和效率。近年来，文献的爆炸式增长与图书馆的藏书能力有限之间的矛盾空前激化，有的图书在图书馆无人问津，却在其他的图书馆求之不得。可剔除阅读量少的图书给予其他图书馆，实现资源的互补，提高图书的利用率。把自己图书馆无法解决的问题主动地交给其他专业图书馆或者有关部门去解决或者参考，可以有效地提高图书馆的图书馆服务质量和解决效率。

规范发展，实现核心价值。图书馆间的合作与共享的终极目的就是为读者服务，实现以人为本，这是馆际合作的核心价值。不同的图书馆之间的员工素质差异较大，服务能力、服务界定和规范标准也不完全相同。而读者所需要的服务就是没有界域的服务。所以，馆与馆之间应加强沟通交流，制定合适的规范标准，相互借鉴，使读者在各个地方都可以方便地获取服务，以跨系统合作来提供高质量的服务，满足用户需求，从而更好地实现核心价值。

2. 馆际合作面临的挑战

（1）政府支持与法律保障问题。图书馆实现馆际合作的关键在于政府的支持和法律的保障，政府可以给予馆际合作有效的资金支持、必要的发展环境并且解决不同部门的利益问题。我国图书馆领域相关立法并不是很完善，缺少政策规范的支持。

（2）图书馆之间的竞争激烈。在信息爆炸的时代，人们对于图书馆的要求日益提高，人们不仅仅是将图书馆作为一个休闲看书的自习室，更是将其作为信息资源的汇集地、信息发展的见证者，对文献收藏的质量、数量及电子资源的丰富程度的要求逐步提高，也促使了图书馆之间的竞争越发激烈，导致图书馆之间差异巨大。

（3）管理运行机制与人员聘用问题。就管理运行机制而言，推进馆际合作必须由多个部门进行协调，但目前看来，各个部门出于权限、资金、利益等方面的考虑，在信息资源调配等方面难以进行合作。专业素质的人才十分缺乏，具有高学历、高能力的专业人员十分有限，很多的职位没有设立专业人员，而是由馆员来兼职，归属问题十分模糊，对于馆际合作人员调配具有一定的影响。

（四）馆际合作的必要性

1. 有利于图书资源信息作用的最大化和实现资源互补

馆际合作有利于实现图书资源的合理利用，发挥自身优势，弥补自身不足，充分发挥藏书的效果，满足读者的需求，提高服务质量。

2. 有利于体现馆际合作的新形式和促进信息技术的利用

传统方式是建立一个图书馆联盟，共享一切资源。现在，合作模式发生了变化，如纸质书籍的共享互借，电子书的文献传递、资源共享等，不仅能够促进资源互补，也有效促进了信息技术的传播与发展。

3. 有利于发挥图书管理者的积极能动性

图书管理者只有不断地学习先进的技能，掌握专业的知识，敏锐地捕捉社会的先进信息，才能够有效地提升自身能力，促进员工的素质发展及图书馆的良好建设。

4. 有利于及时拓宽图书馆的服务领域，努力探索图书馆事业发展的新境界

馆际合作后的图书馆较之原来的单个图书馆，规模扩大，能够实现有效的整合，研究合作能力有所加强，可进行适当的学术探讨，增强了图书馆发展的能力与服务质量，开创了图书馆事业发展的新境界。

二、资源共享

信息资源的数字化和网络化建设使文献信息资源突破了信息载体的约束，能够真正实现跨时空存取，做到一方建设、多方利用，信息的可共享性得以充分体现。数字时代和网络环境的充分技术支持为文献信息资源共建共享创造了全新的发展环境。

（一）资源共享的原则

传统的文献信息资源建设注重个馆建设，努力以个馆的服务来满足用户的信息需求，因此，在建设中强调实用性、系统性、特色化与协调原则。共建共享改变了资源建设的目标和条件，无论是对建设状态还是建设过程，都提出了新的要求。在传统信息资源共建共享的原则中，有些是共建共享系统的原则，有些则是共建共享对成员馆的个馆建设提出的具体要求。信息资源共建共享原则可以分为面向结果的共建共享原则和面向过程的共建共享原则。

1. 面向结果的共建共享原则

原则既是行为的准绳，同时也表达了追求目标过程中所要达到的结果。面向结果的共建共享活动必须坚持完整性原则、系统性原则和标准化原则。

1）完整性原则

每个文献信息机构在所负责的建设范围之内，不再强调文献信息资源的实用性而更加注重文献信息资源的完整性，强调以整体的信息资源建设来实现对信息资源的完备保障，以满足社会信息需求。资源建设的广度由整个共建系统来保障，而资源建设的深度则由具体的文献信息建设单位来保障。

2）系统性原则

共建共享不但要求各文献信息机构自身建设的系统性，即文献信息资源的系统性要与文献本身的系统性、用户自身需求的系统性、保存和传递的系统性相一致，而且更加强调以系统布局和科学规划为出发点，加强共建共享系统的各个组成部分之间的系统性建设。

3）标准化原则

在完整性和系统性原则的统领下，文献信息机构分别建立自己的专门化的资源体系，从宏观的角度共建类别齐全、类型多样的综合化资源体系。要实现资源的共享，还必须在建设中坚持标准化原则。只有遵循建设的标准化原则，才能实现信息资源的转换、交流、兼容，实现不同专业化系统资源的通畅共享。

2. 面向过程的共建共享原则

信息资源共建共享原则不仅仅是对共建共享所要达到的状态提出的要求，更是对共建共享过程的要求，即真正意义上的共建共享原则还应当是关于如何进行共建共享的命

题。面向过程的共建共享活动需要坚持以下原则。

1）共建与共享相统一原则

信息资源共建共享有许多形式的语词表征，但不管如何表达，这一概念都包含了共建和共享两方面的内涵。在图书馆信息资源共建共享的实践中，同样更要坚持把这两方面的内涵有机结合起来。共建的目标是共享，共享的基础是共建，一种很容易接受的辩证关系，在实现的过程中却并不是一帆风顺。通常情况下，多数的单位（馆）都把资源建设的任务寄托在其他成员馆，特别是那些大型图书馆上，但也有的情况是，有些单位（馆）对资源建设任务大包大揽，从而破坏了共建共享布局的平衡，影响了共建共享系统作用的发挥。只有坚持共建与共享相统一，才能真正实现共建共享的目标。

2）权利与义务相统一原则

在传统信息资源共建共享理论中，互惠原则经常被提及。互惠原则是指所有参与者彼此之间在信息资源共享中都能获得平等的利益，并由此最大限度地满足图书馆用户的信息资源需求。互惠原则进一步可以理解为自愿和平等的出发点和最终归宿，并且是推动信息资源共享发展的动力。互惠的愿望固然美好，但共建共享各方能否实现受惠，取决于各方是否在共建共享行为中有所付出。如上所述，必须坚持共建与共享相统一，同时，也必须坚持权利与义务相统一。只有如此才能调动共建各方的积极性，使各方能够在共建共享中受惠，乐于将本单位的资源拿出来共享，从而提高信息资源保障率，实现共建共享的目标。

3）宏观调控与市场调节相统一原则

学者往往视自愿原则为信息资源共享的前提原则。程焕文和潘燕桃提出："只有以自愿参与为主导，以政府支持为辅助，信息资源共享计划或者活动才能得以广泛地推行和持续发展。""虽然政府或政府间的行为，如建立统一的管理体制、制定统一的行动计划与措施等，对信息资源共享有重要的作用，但是政府或政府间的行动往往存在着难以克服的困难。"其实相反，图书馆信息资源共建共享活动最需要的恰恰是政府的宏观调控，原因正是上面所提到的"建立统一的管理体制、制定统一的行动计划与措施等"，其中，最关键的是宏观调控能够实现自由共享，能够避免信息资源建设的不足与重复建设。要实现减少信息资源的重复配置，提高信息保障率，以最大限度地满足用户信息需求的目标，只能依靠政府通过各种手段进行宏观层面的调控。至于可能遇到的困难，是强有力的政府组织所能够克服的。

（二）共建共享的管理模式

一个组织的体系结构能从一个侧面反映出该组织的管理体制与运行机制情况，所以对各组织的结构进行考察分析是十分必要的。通过对各组织结构进行综合分析、汇总对比，剖析国内外现有的共建共享管理模式。

1. 国内管理模式

通过对国内七家有代表性的信息资源共建共享组织的调查研究，我们得出其管理模式。

中国高等教育文献保障系统（China Academic Library & Information System, CALIS）

具有一个覆盖全国的庞大的服务体系，由全国中心、地区中心、省中心、数字图书馆基地和成员馆组成。全国中心是文理中心、工程中心、农学中心、医学中心，这四个全国性的文献信息中心作为文献信息保障基地，构成 CALIS 资源保障的第一层。地区中心分别是东北地区中心、华东北地区中心、华东南地区中心、华南地区中心、华中地区中心、西北地区中心、西南地区中心和东北地区国防文献信息中心。地区中心构成 CALIS 文献信息保障体系的第二层。CALIS 为继续加强其建设力度和服务的整体性，在未设全国中心和地区中心的省市建立了 15 个省中心。为了进行数字图书馆的开发与研究，CALIS 还建有 22 个数字图书馆基地。CALIS 组织结构体系由领导小组、专家委员会、管理中心和一个庞大的服务体系构成。领导小组由教育部高等教育司有关领导组成，是 CALIS 管理中心的上级主管部门，宏观管理和监督 CALIS 管理中心对国家投资项目的实施。专家委员会根据 CALIS 的发展需要，开展相应的调查研究，协助 CALIS 管理中心制订相关发展规划和工作方案、技术方案，负责对 CALIS 各项工作的评估。其委员会由图书情报专家组成，由 CALIS 领导小组聘任，受管理中心领导。管理中心是 CALIS 项目的职能部门，是一个实体的管理机构，设在北京大学图书馆，负责各个专题项目的具体实施。可见，CALIS 的组织结构具有紧密的层级关系，各部门各司其职，由全国到地区，再到各省区市，层层深入，体系严格。

国家科技图书文献中心（National Science and Technology Library，NSTL）是在科学技术部等有关部委和理事会的领导下成立的，因而该组织实行的是理事会领导下的主任负责制。理事会由著名科学家和有关部门代表组成，是中心的领导决策层。NSTL 设信息资源专家委员会和计算机网络服务专家委员会，对中心的有关业务工作提供咨询指导。成员单位包括九家国家级文献机构，分别是中国科学院文献情报中心、中国科学技术信息研究所、机械工业信息研究院、冶金工业信息标准研究院、中国化工信息中心、中国农业科学院农业信息研究所、中国医学科学院医学信息研究所、中国标准化研究院国家标准馆和中国计量科学研究院文献馆。NSTL 以虚拟方式组建，只设有一个办公室，负责科技文献信息资源共建共享工作的组织、协调与管理。NSTL 按照统一采购、规范加工、联合上网、资源共享的原则，组织并推进九家成员单位的信息资源共建共享工作。NSTL 也十分重视制度建设，根据《国家科技图书文献中心章程》《国家科技图书文献中心理事会章程》等，在结合实际工作的基础上，就经费管理、文献采集和网络建设与服务管理等问题，制定了若干规章制度和管理办法，使其各项工作得以高效有序地进行。

中国高校人文社会科学文献中心（China Academic Humanities and Social Sciences Library，CASHL）是一个基于网络的服务体系，由 CASHL 管理中心、中心馆（全国中心、区域中心、学科中心）和一般成员馆共同构成。CASHL 管理中心是个虚拟性质的中心，各中心馆统一以"中国高校人文社会科学文献中心"的名义对外开展服务。全国中心有两个，分别设在北京大学和复旦大学。区域中心有五个，分别设在武汉大学、吉林大学、中山大学、南京大学、四川大学。学科中心有十个，分别设在北京师范大学、东北师范大学、华东师范大学、兰州大学、南开大学、山东大学、清华大学、厦门大学、浙江大学、中国人民大学。这些中心几乎覆盖全国各个大区，承担着文献资源建设和文献服务提供的双重任务，具体表现为分担进行国外人文社会科学期刊的协调采购，开展文献传递及其相关结算、咨询服务等，负责制定 CASHL 各项服务的规范及各项业务方案。一般成员馆不参加资源的建设工作，只享受中心馆提供的服务，并负责处理本校与中心馆之间的业务关系。

江苏省高等学校文献信息保障系统（Jiangsu Academic Library Information System，JALIS）作为地区性的共建共享组织，结构体系由项目建设领导小组、专家组、管理中心及各中心馆组成。项目建设领导小组由江苏省教育委员会有关领导和部分高校主管校长组成，负责对项目建设的重大问题进行决策，审批项目建设实施方案和工作计划，监督系统建设进展情况，批准成立全省学科中心，聘任专家组，协调解决建设中的问题。其下设有文献资源建设和网络自动化建设两个专家组，协助领导小组，评估项目实施进展，提供咨询和建议。JALIS 管理中心是一个实体的管理机构，设在南京大学，负责日常的管理和协调工作，接受领导小组和省图书情报工作委员会的双重领导。管理中心下又设有八个地区、学科中心和四个书刊采编中心，它们接受管理中心的统一部署，向本地区的高校馆提供文献服务，从而形成"管理中心—地区、学科中心/编目中心—成员馆"的三级服务网络体系。

上海市文献资源共建共享协作网在上海市委和市政府的高度重视和直接关心下成立，由领导小组、办公室和成员馆共同开展共建共享工作。1999 年 5 月 13 日，上海文献资源共建共享协作会议在上海市政府会议厅隆重召开，成立了上海文献信息资源共建共享工作领导小组，具体领导和协调计划的实施，领导小组下设有以上海图书馆为主任单位的共建共享工作办公室。协作网管理中心具有虚拟性质，只设有一个办公室，主要负责组织的日常管理工作、各项规章制度和条例的制定、通过网站进行组织的宣传和文献服务等。成员馆在管理中心的指导和协调下，分工进行资源建设和服务提供。

湖南省文献信息资源共建共享协作网是湖南省图书情报界自愿结成的非营利性质的组织，由协作网工作委员会、下设的办公室和成员单位共同建设。协作网工作委员会是协作网的领导机构，由成员单位的领导组成，职责是建立协调机制、组织协作网开展工作、确定共建共享总体规划；下设的办公室负责协作网日常管理，职责是落实工作委员会的各项决议、制订工作计划、总结年度工作、交流采购项目、讨论采购分工、发展协作成员、监督管理馆际互借服务工作等。

北京高校图书馆联合体，按照资源共享、优势互补、互惠互利、自愿参加、平等协作的原则成立，由联合体秘书处和成员馆组成。联合体秘书处设在北京邮电大学，负责日常基本工作。成员馆共同参与联合体举办的各种会议、展览及交流活动，并享受联合体提供的一切服务。七家共建共享组织的体系机构见表4-1。

表 4-1　七家共建共享组织的体系结构

名称	体系结构	管理中心性质	组织性质	管理模式
CALIS	领导小组—专家委员会—管理中心—全国中心、地区中心、省中心—数字图书馆基地和成员馆	实体机构	政府资助	层级模式
NSTL	管理中心（办公室）—成员单位	虚拟机构	政府资助	平行模式

续表

名称	体系结构	管理中心性质	组织性质	管理模式
CASHL	管理中心—全国中心、区域中心、学科中心——一般成员馆	虚拟机构	政府资助	层级模式
JALIS	领导小组—专家组—管理中心—地区、学科中心/编目中心—成员馆	实体机构	政府资助	层级模式
上海市文献资源共建共享协作网	领导小组—办公室—成员馆	虚拟机构	政府资助	层级模式
湖南省文献信息资源共建共享协作网	工作委员会—办公室—成员单位	实体机构	民间自发	平行模式
北京高校图书馆联合体	联合体秘书处—成员馆	虚拟机构	民间自发	平行模式

通过观察各共建共享组织的体系结构，我们不难看出这些组织体系的共性与个性。我国共建共享组织的性质主要有两类：一类是政府资助，另一类是民间自发组织。政府资助支持的项目比较多，共建共享建设和活动的开展很有成效，如 CALIS、NSTL、CASHL、JALIS、上海市文献资源共建共享协作网。还有一些为推进当地信息资源共建共享，促进教育事业发展，图书情报界自发组织起来的共建共享组织，如湖南省文献信息资源共建共享协作网、北京高校图书馆联合体，这些都是我国共建共享实践的特色。它们没有政府的资助，完全靠自筹资金解决问题，开展得也很有成效。

就我国信息资源共建共享组织结构而言，我们将现行组织管理模式划分为层级模式和平行模式。两种管理模式均有有利于开展组织管理活动的一面，但也存在不同程度的阻碍作用。层级模式是指该组织共建共享活动的推进由整体到部分、由上至下，通过设立一级一级的多个中心来实现整个区域的资源共建与共享，各中心的职责与权利不同。CALIS、CASHL、JALIS、上海市文献资源共建共享协作网是这种模式的代表。这种模式要求对各层级的责权划分清晰，管理范围明确。从目前我国资源共建共享实现情况来看，在我国实行这种等级层次严格的层级管理模式，有利于共建共享活动更广泛全面地开展。平行模式是指共建共享组织由几个处于中心地位的成员单位共同建设，它们地位平等，拥有同样的权利和义务。NSTL、湖南省文献信息资源共建共享协作网、北京高校图书馆联合体是这种模式的代表。

2. 国外管理模式

国外共建共享组织的管理模式同样也能够从组织结构中反映出来。从不同组织的组织架构出发分析其管理模式本身具有一定逻辑性、合理性，所以我们分别就不同国家具有典型代表性，同时已经发展成熟的组织进行架构分析。

1）OhioLINK 的组织架构

OhioLINK 是俄亥俄州高校图书馆和俄亥俄州董事会（Ohio Board of Regents）合作造就的，OhioLINK 包括三个主要的委员会，分别是：①管理委员会（Governing Board），俄亥俄州董事会授权 OhioLINK 管理委员会对 OhioLINK 项目进行全面的管理；②图书馆咨询委员会（Library Advisory Council），它的主要任务为审议和批准所属四个常设委员会提出的实施 OhioLINK 项目的建议及主要的经费评估，参与联盟的战略规划；③技术咨询委员会（Technical Advisory Council），它审议 OhioLINK 的战略方向，负责向 OhioLINK 和会员馆推荐对 OhioLINK 项目发展有影响的相关的技术。

2）OCLC 的组织架构

OCLC（Online Computer Library Center, Inc.，联机计算机图书馆中心）是一个会员制的组织，其成员在 OCLC 的管理中发挥着重要的作用，这也体现在其管理机构的设置方面。

其管理机制由成员馆、区域委员会、全球委员会及理事会组成。成员馆要依据合同向 World Cat 书目数据库提供元数据，并参加各自区域委员会会议。区域委员会的目标是加强世界范围内的合作。区域委员会选举代表参加一年一度的全球委员会会议。全球委员会的责任是选举理事会的 6 位成员，并负责批准组织条款和规章制度。理事会通常由 15 位委员组成，任期为四年。成员人数在 13～17 位，具体人数由理事决定。全球委员会选举 6 位理事，其余的由理事会选举产生。

3）CDL 的组织架构

CDL（California Digital Library，美国加利福尼亚大学数字图书馆）是加利福尼亚大学 11 所分校图书馆的联盟，负责各大校区的学术规划、项目协调等。该联盟是基于五个核心项目发展起来的，这五个项目分别是由一个项目管理者管理，并由项目经理和项目分析师共同组成的领导小组给予技术支持。此外，该组织还有五个小组提供服务，以支持该项目全面广泛地开展。CDL 设有管理委员会，执行董事负责 CDL 的规划、发展和管理；咨询机构的主体是 system wide（即全系统）图书馆和学术信息咨询委员会，它的成立是为了给该组织中成员单位提供更好的发展意见和建议，学术信息咨询委员会的成员代表基本上都是来自参议院、信息教育技术部、各大高校图书馆及学术出版社；项目战略规划组织负责对全国各大高校图书馆系统进行协调、规划活动。一些比较大的、有实力的校区也承担和负责一些项目，如联合编目由加利福尼亚大学圣迭戈分校负责；不同校区的发展水平不同，对 CDL 的支持力度也不同。

4）NSDL 的组织架构

1995 年末，美国国家科学基金（National Science Foundation，NSF）本科教育分部的一份内部概念性文件引发了美国国家科学图书馆（National Science Digital Library，NSDL）的初步构想。1996 年，美国国家科学基金下发了一份有关提升本科生科学、技术、工程和数学教育的报告。1998 年美国国家科学基金赞助建立了 NSDL，旨在成立一个拥有科学、数学、工程与技术资源的在线图书馆。美国国家视察委员会和 NSDL 政策委员会指导 NSDL 的工作。美国国家视察委员会的成员由美国国家科学基金会指派，担当美国国家科学基金和 NSDL 核心集成团队的战略规划和运作的顾问。NSDL 政策委员会的成员来自 NSDL 项目委员会和成员馆，担当核心集成团队、NSDL 项目和美国国家基金运作策略与运作优先顺序等问题的顾问。NSDL 政策委员会监督管理五个常设的委员会，即服务委员会、内容委员会（community content）、教育影响委员会、可持续发展委员会和技术委员会。

5) ILLINET 的组织架构

伊利诺伊州图书协会是一个会员组织，学术性图书馆的馆员、特有资源图书馆的馆员、大学图书馆的馆员，以及公共图书馆的馆员都以会员的身份加入组织，并缴纳一定的会费。该协会的运作资金就是来源于图书馆和图书馆馆员们的会员费。所有这些会员中，公共图书馆的馆员数量最多。

伊利诺伊州图书馆也是共建共享机构中的一个职能部门。虽然它也为非公共图书馆提供一些服务，但主要还是为伊利诺伊州的公共图书馆服务。伊利诺伊州立大学在伊利诺伊州图书馆和信息网络（Illinois Library and Information Network，ILLINET）的国际服务中担任中心角色，协同伊利诺伊州图书协会，共同管理来自伊利诺伊州提供的资金。

6) JISC 的组织架构

英国联合信息系统委员会（Joint Information Systems Committee，JISC），1993 年 4 月 1 日成立，经过多年的发展，目前已经成为英国及世界范围内知名的信息共享组织。JISC 的目标是为英国的研究者和学者创建一个能提供便捷途径、获取高质量信息资源的信息环境，并在这种信息环境中提供一系列的共享服务。JISC 指导委员会（JISC Steering Committee）由每个经费赞助机构的代表组成，负责向 JISC 的主席和执行官提出建议。JISC 委员会（JISC Board）向 JISC 指导委员会负责，由英国高等教育界的资深管理者、学科与技术专家组成，负责确定 JISC 的工作规划，以反映教育和研究团体现在及将来对学术科研信息的需求。

JISC委员会通过其下属委员会来管理工作规划，每个下属委员会有不同的工作内容。除此之外，JISC 委员会还增设三个常设下属委员会，即审计委员会（Audit Committee）、提名委员会（Nominations Committee）、薪酬委员会（Remuneration Committee），来负责组织的相关问题。除了上述下属委员会，JISC 还设有各种临时工作小组，负责对特定的问题进行研究并做出报告，任务完成后就会解散。

7) NII 的组织架构

日本国立情报学研究所（National Institute of Informatics，NII）的特色是注重从基础研究到开发研究全过程的信息化，尤其强调不同学术领域之间的协调。为了真正起到加强"产学官合作"、促进国际性研究活动发展、推进学术信息情报基础建设的三大目的，该研究所在组织机构上采取了新的形式。研究所所长在参与会、评议员会和运营协议会支持下主持研究所的工作，副所长负责领导研究部、组织外联部、网络基础设施发展部、协作研究单位、战略规划部、日常事务管理。NII 的组织架构见图 4-1。

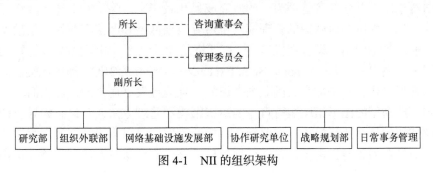

图 4-1 NII 的组织架构

8）KERIS 的组织架构

基于《韩国教育和学术研究信息服务法》，韩国政府在整合前期共建共享工作的基础上于 1999 年 1 月成立了韩国教育研究信息院（Korea Education & Research Information Service，KERIS）。KERIS 由韩国教育部、人事部、信息通信部联合支持，且就 KERIS 的合法性等问题在韩国的教育和研究服务法律中做出了明确的规定。KERIS 有自己独立的办公大楼，于 2004 年 4 月落成并对外提供服务。KERIS 旨在通过制作、调查和搜集教育和学术研究所需的信息，建立运营教育信息供应体系，以提高教育和学术研究的质量，并为国家教育的发展做出贡献。KERIS 主要任务是提高教育质量，推进学校的素质教育，共建共享信息资源，大力支持数字化的工作，改善教育环境。KERIS 对应的系统是研究信息服务系统（Research Information Service System，RISS），这个系统为约 400 所高校和研究机构提供服务，对合作予以高度重视。每年，韩国国家政府根据 KERIS 的预算进行投资。

综上所述，将国外共建共享组织的体系结构列表，如表 4-2 所示。

表 4-2　国外主要共建共享组织结构

名称	体系结构	管理中心性质	管理模式
OhioLINK	俄亥俄州董事会—委员会（管理委员会、图书馆咨询委员会、技术咨询委员会）	实体机构	层级模式
OCLC	OCLC 原有的组织架构包括：成员馆、用户委员会和董事会，新的管理机制由成员馆、区域委员会、全球委员会及理事会组成	实体机构	层级模式
CDL	加利福尼亚大学—各分校区（管理委员会、咨询委员会、项目战略规划组织）	实体机构	平行模式
NSDL	美国国家视察委员会和 NSDL 政策委员会—监督管理五个常设的委员会：服务委员会、内容委员会、教育影响委员会、可持续发展委员会和技术委员会	虚拟机构	平行模式
ILLINET	伊利诺伊州立大学—伊利诺伊州图书协会	虚拟机构	层级模式
JISC	指导委员会—内容服务委员会、信息整合环境委员会、学习与教学委员会、网络委员会、组织支持委员会、研究支持委员会等	虚拟机构	层级模式
NII	如图 4-1 所示	实体机构	层级模式
KERIS	各高校、研究机构	实体机构	平行模式

我国对于国外共建共享管理模式的研究成果比较丰富。除了对上述实践情况的总结与概述外，加拿大图书馆联盟的管理模式也可分为松散型和严密型两种。松散型的图书馆联盟一般没有专门的常设管理机构，没有严格的契约制度，组织松散，成员来去自由，加拿大图书交换中心（the Canadian Book Exchange Centre，CBEC）即属此类。该中心没有专门的管理机构，只是加拿大国立图书馆的一项业务发展而来的，加入简单，没有任何的费用。严密型的图书馆联盟有自身的组织结构和管理方法，并设有领导机构，领导机构下设其他的具体执行机构。按照领导机构的不同，可以将严密型的图书馆联盟划分为以执行委员会为领导机构（以首创计划为例，该联盟以执行委员会为领导机构，下设

工作组和秘书处）和以董事会为领导机构（以加拿大研究知识网络为例，该联盟由董事会管理，董事会的职责是协助联盟做出规划，推进联盟战略性、合作性和互补性的发展，为成员机构科研基础设施发展做贡献）两类。

（三）信息资源共建共享的服务模式

信息资源共享的最终形式是以用户服务为根本的。随着知识更新不断加快，用户对新知识的获取方式及需求内容也都发生了相应的变化，资源共享是科学技术不断进步下，满足用户信息需求的根本手段。

共享模式是指共建共享组织中各成员单位（馆）以何种方式共同享用所有共建资源。我国有代表性的七家组织目前主要通过联合目录的揭示、馆际互借与文献传递方式实现资源共享。参考咨询和用户培训等有所开展，但还不普及。共享的内容大多局限于各成员单位（馆）自身馆藏，共享对象也限于成员单位（馆）的读者。可见，共享范围和深度还不够，组织之间的共享模式还有待进一步探索。

信息资源共享的重要内容就是避免资源的重复建设。在信息资源共享的理想模式中，一级单位和二级单位承担了信息资源建设的全部任务，因而其余众多的三级单位的工作重点将转移到用户服务上来。由于理想模式中信息资源建设的数字化和网络化特征，用户的大多数信息需求可以通过网络在任何地方得以满足，而不必走进图书馆。因此，三级单位的信息服务将主要集中于检索服务、专题服务、推送服务等更深层次的服务形式，同时要负责收集用户的信息需求，提供给一、二级单位以促进信息资源建设的质量。此外，三级单位不能走完全的虚拟图书馆的道路，要继续充分发挥其物理实体的结构优势，实现其社会教育、文化娱乐等其他重要的社会职能。

在上述理想的布局与共建模式中，上级信息资源单位兼有下级信息资源单位的职能，资源共享的管理机构按一定周期对各信息资源单位的资源建设和服务水平进行评估，以此来决定对各单位的经费投入，并结合课题招标情况对二、三级信息资源单位的等级进行调整，以实现我们理想中的以目标为导向的服务模式。

1. 图书馆国际组织与合作

图书馆的国际合作开始于 19 世纪中叶，在 19 世纪，国际交换制度和编制各国联合目录计划被提出，1837 年英国博物院图书馆制定了图书目录著录规则，成为英美编目规则的起点。1876 年美国图书馆建立以后，各国都建立了图书馆协会，各国的图书馆协会一同促进了图书馆的合作与发展。

现如今，图书馆的国际组织主要有联合国教育、科学及文化组织（United Nations Educational, Scientific and Cultural Organization, UNESCO,简称联合国教科文组织），IFLA 和图书馆联盟国际联合会（International Coalition of Library Consortia，ICOLC）等。

联合国教科文组织[①]成立于 1946 年，总部设在法国，联合国教科文组织的使命是通过教育、科学、文化、沟通与信息，促进和平建设、消除贫困、可持续发展和文化间的对话。几十年来它致力于支持图书馆界在扫盲、消除信息鸿沟、促进信息自由获取等方

---

① 联合国教科文组织介绍，https://www.unesco.org/en/brief[2023-02-21]。

面的活动，它发布的《公共图书馆宣言》《学校图书馆宣言》《多元文化图书馆宣言》对图书馆界产生了深远的影响。

IFLA 于 1927 年在英国爱丁堡成立，我国是其发起国之一，1928 年我国派代表参加了在罗马召开的第一次国际会议。IFLA 的任务为承担调查和研究工作并给予支持和协调；收集、整理、出版和报道关于图书馆、书目、情报和培训方面的文献；组织一般和专业性会议；与情报、文献和档案方面的国际组织进行协作；设立执行具体任务的办事机构；开展有助于完成图书馆各个领域的理论和实践任务以及其他任务的活动。

图书馆联盟国际联合会成立于 1997 年，这是一个国际性的民间非正式组织，也是图书馆联盟的第一个国际性专业组织，目的是提供图书馆联盟领导人交流信息的平台、讨论图书馆联盟购买电子资源的方针、制定图书馆联盟建设的法规和章程、组织召开图书馆联盟学术讨论会等。

2. 我国的图书馆组织

我国图书馆之间的协作开展得很早，目前中国图书馆联盟的建设主要从国家和地方两个层面进行，从国家层面上看，主要从 CALIS、国家科技图书文献中心、中国数字图书馆联盟三个方面展开；从地方层面上看，国家级图书联盟在大力发展的同时也带动了我国以省、市为单位的地区性图书馆联盟的不断发展，区域性的图书馆联盟能够充分利用地域上的便利，在资源协调、联机编目、联合目录、文献传递等方面有着充分的优势，可操作性强。

1）我国全国性的图书馆组织

CALIS 成立于 1998 年，CALIS 的宗旨是，在教育部的领导下，把国家的投资、现代图书馆理念、先进的技术手段、高校丰富的文献资源和人力资源整合起来，建设以我国高等教育数字图书馆为核心的教育文献联合保障体系，实现信息资源共建、共知、共享，以发挥最大的社会效益和经济效益，为我国的高等教育服务。

中国数字图书馆工程（China Digital Library Project，CDLP）成立于 2000 年，其主要功能是建成超大规模的、高质量的分布式中文数字资源库群并提供多种服务；联合引进若干国内需要的国外专题资源库并实现共享；实现全国大部分地区图书馆文献资源的联合目录系统。

2）我国地区性的图书馆组织

上海市文献资源共建共享协作网成立于 1999 年，覆盖了上海大部分的高校图书馆、公共图书馆和信息机构，主要任务为建设在上海科教网平台上的数字图书馆，依托网络化、数字化的统一服务平台，通过使用数据化手段整合利用教育信息资源，将传统的图书馆和互联网检索、传播工具结合，为上海市各教育单位的教学、科研提供更完善、更有效的公共服务保障设施。

天津高校数字化图书馆联盟成立于 2001 年，成员单位几乎覆盖了天津市所有的高校，其主要任务是制定研究天津高等教育文献保障体系的发展规划，组织天津高等教育文献保障体系方案的实施，健全运行机制，实现资源共享，为天津高等院校的发展服务。

第三节 图书馆法律制度

图书馆法是由国家立法机关依据一定的法律程序制订或认可的有关图书馆事业和图书馆活动的专门法规，是建立与管理图书馆、制定图书馆行政法规和规章制度的总依据。图书馆法是调节国家与图书馆之间、图书馆与其他组织之间以及图书馆与用户之间等在图书馆活动中所产生的各种关系的法律规范，是国家领导、组织和发展图书馆事业的重要手段，用以维护图书馆事业所必需的正常秩序，抑制图书馆事业发展中所产生的各种弊端。图书馆法具有强制性、规范性、概括性、稳定性等特点。

一、图书馆法的发展历程

图书馆法是近代图书馆事业发展的产物，1850 年，英国诞生了世界上第一部国家图书馆法《公共图书馆法》，对后世图书馆法的发展有着不可替代的影响。随着图书馆事业的发展，各国的图书馆法逐步趋于完善。但由于具体情况不同，各国图书馆法的发展历程也有所不同。

在欧洲，资本主义国家在 17 世纪和 18 世纪先后完成了资产阶级革命，新兴资产阶级要求打破文化垄断，图书馆从此开启了新的历史篇章。作为资深的资本主义国家，英国的图书馆立法起步较早，法律建设较为完善。英国议会于 1850 年通过了世界上第一部国家图书馆法《公共图书馆法》，该法规定每 1 万人的地区设一所图书馆，地方政府应从房地产税中提取经费，对本地区的公民提供免费的图书馆服务。1964 年英国又颁布了《公共图书馆和博物馆法》，进一步为图书馆事业的发展提供法律保障。1972 年又公布了涉及国家图书馆的《不列颠图书馆法》。此外，英国还注重地方性图书馆法的建设与发展，颁布了多部法律。

继英国之后，北欧的瑞典、丹麦、挪威、芬兰分别于 1906 年、1920 年、1928 年、1935 年通过了本国的第一部图书馆法。较早建立图书馆法的国家还有捷克斯洛伐克，其对图书馆事业的发展十分重视，在捷克斯洛伐克建国的第二年即 1919 年颁布了第一部图书馆法。纵观各国的图书馆法的建设历程可见，欧洲是早期图书馆立法的中心，英国则在其中占据着举足轻重的位置。

在美国，1849 年，第一个州立图书馆法在新罕布什尔州诞生。之后，马萨诸塞、缅因、罗德岛、康涅狄格等州纷纷颁布了图书馆法。如今，美国各州均有公共图书馆法。除了早期颁布的地方性图书馆法，1956 年美国公布了第一部全国性的《图书馆服务法》。而后又出台了多项图书馆法及相关法律，法律体系不断完善。

我国图书馆的立法最早出现在 20 世纪初。清宣统二年（1910 年）颁布的《京师图书馆及各省图书馆通行章程》是我国以政府名义颁布的第一部图书馆法。1915 年，北洋政府教育部颁布《图书馆规程》和《通俗图书馆规程》。新中国成立后，颁布了许多有关图书馆事业的行政法规，但很长一段时间内我国尚无一部完整的图书馆专门法。直至 2017 年 11 月，《中华人民共和国公共图书馆法》通过并于 2018 年 1 月 1 日起实施，是我国第一部真正意义上的图书馆专门法律。

随着图书馆事业的繁荣，图书馆立法主要表现在各国根据本国图书馆事业的发展制定和修改新法。在国外，图书馆立法已有一百多年的历史，世界上已有 60 多个国家颁布了 250 余部图书馆法，尚未确立图书馆法的国家也从本国实际出发，正在对图书馆法进行积极探索。

二、《中华人民共和国公共图书馆法》

2017 年 11 月 4 日，中华人民共和国第十二届全国人民代表大会常务委员会第三十次会议通过《中华人民共和国公共图书馆法》，并于 2018 年 1 月 1 日起开始施行。该法案是在十九大之后全国人大常委会通过的第一部文化立法，彰显了公共图书馆事业在中国特色社会主义文化中的重要地位。

《中华人民共和国公共图书馆法》的出台有利于推动我国公共图书馆事业的科学健康发展。《中华人民共和国公共图书馆法》将长期以来各地方积累的好经验、研究出的好成果以及中央推出的正确政策上升为国家法律。同时把建设格局确定为政府主导、社会参与的公共图书馆，这种格局对公共图书馆的设施建设、运行方式、服务提供、管理制度和保障机制等都做出了详细规定，促进了公共图书馆服务与现代科技相融合，发挥了科技在公共图书馆建设、管理和服务中的作用，健全了公共图书馆设施网络，推动了农村地区和中西部地区的图书馆建设。目前，国家、省、市、县四级公共图书馆系统已经基本建成，建设规模和服务品质都实现了质的飞跃。

《中华人民共和国公共图书馆法》的出台有利于健全完善文化法律制度。《中华人民共和国公共图书馆法》以宪法为依据，以法律形式明确了各级人民政府是承担公共图书馆服务网络建设的责任主体，对公共图书馆的基本原则和目标方向做出了明确指引，特别是以强化各级政府的保障职责为核心，对各级政府根据事权和支出责任有效保障公共图书馆提出了要求，加速了有关部门对公共图书馆的建设，使我国图书馆在发展过程中做到有法可依，有法可循。《中华人民共和国公共图书馆法》通过制定政府购买、税收优惠、开展志愿服务等措施，引导和鼓励社会力量参与公共图书馆建设，确立了国家鼓励社会力量设立公共图书馆、政府积极调动社会力量参与公共图书馆建设的原则，建立了公共图书馆捐赠者冠名的制度；明确了公共图书馆是我国公共文化服务体系的重要组成部分，弥补了我国文化立法的"短板"。

《中华人民共和国公共图书馆法》奠定了公共图书馆事业的国家保障和地方保障。规定"县级以上人民政府应当将公共图书馆事业纳入本级国民经济和社会发展规划，将公共图书馆建设纳入城乡规划和土地利用总体规划，加大对政府设立的公共图书馆的投入，将所需经费列入本级政府预算，并及时、足额拨付"，对于国家和地方各级人民政府管理公共图书馆事业的职责范畴做了具体的规定，将图书馆事业中大力倡导的平等、开放、共享的现代图书馆理念提升为公共图书馆服务的法定原则。该法明确了国家扶持革命老区、民族地区、边疆地区和贫困地区公共图书馆事业发展的基本原则，明确了促进公共图书馆服务向城乡基层延伸的重点任务，明确了公共图书馆服务强化对未成年人、老年人、残疾人等特殊群体的人文关怀，为解决公共图书馆服务中城乡、区域、人群发展不平衡问题指明了方向，响应了新时代社会主要矛盾转化的新要求。

《中华人民共和国公共图书馆法》是我国为保障人民群众的公共读书阅览权利，促进公共图书馆事业的发展制定的法律，其本质功能是传承发展中华优秀传统文化，继承革命文化，发展社会主义先进文化。《中华人民共和国公共图书馆法》传承了人类文明，对人民群众基本文化权益的保障具有重要意义，使人民群众共享文化改革发展成果，提高了人民群众的文化获得感，体现了公共图书馆事业在满足人民对美好生活需要的重要作用，对提高人民的科学文化素养具有重要意义。《中华人民共和国公共图书馆法》的出台意味着我国发展了一百多年的公共图书馆事业将用法治思维和手段更好地推动社会进步、人民全面发展，是我国公共图书馆发展史上一座重要的里程碑。

三、其他相关法律制度

（一）《中华人民共和国公共文化服务保障法》

《中华人民共和国公共文化服务保障法》（简称《保障法》）是我国公共文化领域首部基本法，也是文化领域具有综合性、全局性、基础性的一部法律。该法由全国人民代表大会常务委员会于 2016 年 12 月 25 日通过，2017 年 3 月 1 日起开始正式施行，具有独特的背景和深远的意义。

党的十八大以来，尽管在公共文化建设方面取得了显著成绩，但我国公共文化服务体系建设长期以来处于"欠账状态"，追赶不上现在人民日益增长的精神文化需求。特别是在设施建设、服务和产品提供、运行机制、财政投入、监督评价等方面还缺乏制度性保障。面对这样的困境，党的十八届四中全会明确提出，为了促进基本公共文化服务标准化、均等化，贯彻落实中央精神，要制定公共文化服务保障法[①]。于是由全国人大教科文卫委员会带头开始进行公共文化服务保障法立法工作，历经三年多次修改完善，最终在第十二届全国人民代表大会常务委员会第二十五次会议上正式表决通过。

该法在我国公共文化法律建设中具有重大历史作用，它把中国经验和中国模式融入了公共文化服务中，构建起了我国公共文化服务的基本制度体系，标志着公共文化保障性立法终于在国家意志层面上得以确立，打开了文化立法的突破口。同时，《保障法》也是为加强公共文化服务体系建设，丰富人民群众精神文化生活，传承中华优秀传统文化，弘扬社会主义核心价值观，增强文化自信，促进中国特色社会主义文化繁荣发展，提高全民族文明素质而制定，可以从以下三点看出该法对我国产生的积极意义。

一是为维护人民群众的基本文化权益、满足精神文化需求提供了法律保障。《保障法》坚持以人民为中心的工作导向，突出强调要满足公民的基本文化需求，丰富人民群众的精神文化生活，为更好地促进广大人民群众享受读书看报、看电视、听广播、参加公共文化活动等基本公共文化服务，提供了有力的法律支撑。

---

① 《公共文化服务保障法》正式施行，http://culture.people.com.cn/n1/2017/0302/c172318-29117454.html[2022-12-11]。

二是明确了政府责任。《保障法》进一步规范和界定了各级政府在公共文化服务中的责任和义务，明确了各级人民政府是承担公共文化服务的责任主体，规定了政府在公共文化设施建设与管理，公共文化服务提供、保障中的职责，还进一步明确了政府的法律责任，规定各级人民政府应当加强对公共文化服务工作的监督检查，使政府更好地发挥主导作用。《保障法》也为各级政府在行使权力时不越位、不错位提供了法律依据，为现代公共文化服务体系建设提供了坚实保障。

三是推进了公共文化服务标准化、均等化。在标准化建设方面，该法规定要根据公民的基本文化需求和经济社会发展水平来制定和调整国家基本公共文化服务指导标准，省、自治区、直辖市人民政府则根据国家基本公共文化服务指导标准，结合当地实际需求、财政能力和文化特色来制定和调整本行政区域的基本公共文化服务实施标准。在区域均等方面，重点扶助革命老区、民族地区、边疆地区、贫困地区开展公共文化服务，促进公共文化服务均衡协调发展。在城乡均等方面，规定国家应当重点增加农村公共文化产品供给，促进城乡基本公共文化服务均等化。在群体均等方面，规定应当根据未成年人、老年人、残疾人和流动人口等群体的特点与需求，提供相应的公共文化服务。

我国当前社会，公共文化服务必须要有法律的约束和制度的保障，《保障法》是图书馆建设事业发展的专业性法律，能够促进城市的现代化建设，从而为城市图书馆的建设带来前所未有的机遇，实现公共文化服务的最佳效果。

（二）著作权法

图书馆拥有众多著作，其日常业务和著作权有着密不可分的关系，如借阅、复制、使用、传播等。著作权对于图书馆事业有着重要影响，因此，为了图书馆事业的平稳发展，必须了解和明确相关法律问题，妥善平衡图书馆、读者和著作权之间的关系。

著作权又称版权，是指作者及其他权利人对文学、艺术和科学作品享有的人身权和财产权的总称。著作权法又名版权法，是国家为保护著作权所有者的著作权利而制定的法律，是因创作、传播和使用文学、艺术和科学作品而产生的各种社会关系的法律规范。内容包括著作权主体、著作权客体、著作权内容、著作权限制、著作权继承和转让、侵犯著作权的处罚等。1709年，世界上第一部著作权法于英国诞生，名为《为鼓励知识创作而授予作者就其已印刷成册的图书及购买者在一定时期内之权利的法》[俗称《安娜女王法令》（*The Statute of Anne*）]。我国于1990年颁布了《中华人民共和国著作权法》，2020年完成第三次修正。

图书馆日常业务中经常涉及的著作权问题主要体现在三个方面。

1）图书资料的借阅

图书馆向读者提供借阅服务，读者不必自己购买图书，版权所有者的收益就会因此下降。为了弥补著作权人因此而受损的收益，一些国家已出台了相关法律规定，通过"公共借阅权补偿金"的形式对著作权人进行弥补。补偿金由公共财政拨款向版权所有者支付，不由图书馆和读者承担，借此方式来平衡图书馆、读者、版权所有者之间的关系。

目前，我国法律对图书馆的出借行为造成的版权所有者收益减少没有规定相关的补偿措施。因此，图书馆在不经版权所有者授权的情况下可以向读者提供图书借阅服务，图书馆或者读者不需向版权所有者支付报酬，对版权所有者不构成侵权行为。但近年来已有许多要求赋予著作权所有者相关权利的声音出现，随着我国著作权法的修订和完善，我国的公共借阅权补偿金制度也将得到重视，图书馆应持续关注此类问题，以期做出合适恰当的处理。

2）图书资料的复制

《中华人民共和国著作权法》对于著作权人享有的权利均有所规定，第十条明确指出著作权包括人身权和财产权，具体有发表权、署名权、修改权、保护作品完整权、复制权、发行权、出租权、展览权、表演权、放映权、广播权、信息网络传播权、摄制权、改编权、翻译权、汇编权以及应当由著作权人享有的其他权利。但是，对于图书馆的复制行为，《中华人民共和国著作权法》第二十四条仅规定了图书馆出于陈列或保存版本的需要，可以在不经著作权人许可，不向其支付报酬的情况下复制本馆收藏的作品，而关于图书馆其他的复制情形尚无具体规定，由此可能引发侵权风险。

3）图书资料的数字化及网络传播

随着科技时代的来临，图书馆资源的数字化和网络信息的传播得到极大发展。《中华人民共和国著作权法》规定，图书馆、档案馆、纪念馆、博物馆、美术馆、文化馆等为陈列或者保存版本的需要，复制本馆收藏的作品，在这种情况下使用作品，可以不经著作权人许可，不向其支付报酬，但应当指明作者姓名或者名称、作品名称，并且不得影响该作品的正常使用，也不得不合理地损害著作权人的合法权益。

（三）其他知识产权保护制度

知识产权法是指因调整知识产权的归属、行使、管理和保护等活动中产生的社会关系的法律规范的总称。知识产权最早的含义只是对具有作者身份的作品的保护，后来发展成包括专利、版权、信息网络传播权、邻接权、商标、商业秘密、反不正当竞争、原产地名称、集成电路布图特殊权等专有权的统称，已被国际上广泛接受。

知识产权原理的核心是保护知识产品创作者的专有权益，但又要通过各种手段平衡作者利益与社会公众利益之间的关系。随着人类迈入 21 世纪，网络在人们的日常生活中越来越重要，各图书馆为了方便读者的查阅，已经建立或正在考虑建立数字图书馆、虚拟图书馆。在网络化环境下，法律措施与技术手段相结合将是数字图书馆知识产权保护的显著特点和发展趋势。更重要的是，必须用适当的技术确保版权人的相关权利不被滥用。

第四节　图书馆治理

治理与管理不同，其是指政府与社会力量协商合作，共同实现公共利益的过程。图书馆治理就是利益相关者在互利合作前提下共同提供图书馆服务的过程。图书馆治理的目标是更好地实现图书馆核心价值和图书馆权利。

一、图书馆治理的内涵、目标及原则

（一）图书馆治理的内涵

我国学者对图书馆治理的理解尚未达成一致，其中比较具有代表性的观点如下所示。

我国最早对图书馆治理概念和涵义进行阐述的是黄颖、徐引篪，他们认为图书馆治理不同于图书馆管理，它是一种基于图书馆所有权关系行使资产处置权和政治管辖权的管理；其特别关注在一个限定的领域内维持秩序所需要的政治权威的作用以及对公共行政权力的运用，是一项政治和法律事务，并且包含任免馆长、评估绩效、报告预算、控制财务、管理重大事项、确定图书馆政策和长远发展方略等内容，与由馆长负责的"计划、业务、人事、控制、领导、沟通、激励"等图书馆管理工作内容完全不同。在对图书馆治理与图书馆管理进行比较之后，他们提出广义的图书馆治理是"各类社会组织机构和个人基于利益关系对图书馆事务的政治参与和管理活动"，其中包含四个要素：图书馆治理存在的前提、图书馆治理的主体、图书馆治理的对象与图书馆治理的内容实质。他们认为最重要的图书馆治理主体是所有者，图书馆治理中最重要的利益关系是所有权，狭义的图书馆治理即图书馆所有者及其代表对图书馆的管辖和控制，是广义概念的核心组成，他们还指明，如果将概念展开，图书馆治理应该包含图书馆治理结构、图书馆治理机制和图书馆治理的制度环境三个方面。

阮胜利在对机制、元治理、治理等相关概念进行阐述后得出了图书馆治理的概念，他认为图书馆治理是"通过设置各类有关图书馆事务的机构、形成制度与规则，以便有关的个人和机构对共同的图书馆事务进行机制化管理的一个持续互动、协调与控制并存的过程，从而达到有效而良好治理的目标"，其实质是"如何安排治理机制的问题"。

蒋永福在对治理和统治、图书馆治理与图书馆管理两对概念进行深入细致辨析归纳的基础上指出，图书馆治理是"图书馆治理客体满足图书馆治理主体需要的过程，即利益相关者在互利合作前提下共同提供图书馆服务的过程"。

梁欣在对我国公共图书馆服务体系建设现状进行分析后对图书馆治理提出自己的看法，他认为图书馆治理"是指政府、社会机构、学校、宗教机构、科研机构、图书馆委员会等承担图书馆所有者或者代表所有者身份的组织实体对图书馆事务的谋划、组织、协调、决策及其实施行动的过程。"

从研究内容上与表述来看，我国学者对图书馆治理概念的理解虽然存在差别，但却大同小异。综上所述，图书馆治理的概念可以表述为图书馆的所有者如政府、图书馆的管理者如馆长和图书馆的利用者如读者等在共同利益的驱使下相互合作，对图书馆的各项事务进行统筹协调以达到有效目标的过程。

（二）图书馆治理的目标

从图书馆治理的最终目标来看，图书馆治理要全面实现图书馆及其职业的核心价值，树立并维护图书馆相关工作人员的社会地位，实现与保障公民利用图书馆学习与获取知识信息的基本文化权利，因此图书馆要做好公民利用图书馆的保障工作，更好地实现图书馆的目标与价值。

从全社会的角度看，图书馆治理的目标是使图书馆服务作为国家公共文化服务体系的重要组成部分充分发挥其应有的作用，更好地实现公民的文化权利，更好地为每个人自由全面的发展而努力，提升国民文化水平与信息素养，进而提升全民族的综合素质。

从图书馆利益相关者来看，图书馆治理的目标是一个满足各方需求的过程，是实现各个利益相关者包括所有者、管理者、利用者等的共同利益的过程。因此要做好协调统筹各方利益相关者，从而更好地提供图书馆服务的工作。

从单个图书馆来看，图书馆治理的目标就是最大限度地实现图书资源利用效能，保障图书馆覆盖区域内公民利用图书馆进行学习、获取信息资源等权利的公平性与有效性。因此，每个图书馆既要做好对本馆的规划，也要与其他馆通过馆际互借、文献集中编目等进行交流与合作，更有效、更均等地保障公民利用图书馆的基本权利。

（三）图书馆治理的原则

1. 政府主导原则

图书馆治理要坚持政府主导有两个重要原因：第一，图书馆是公共物品，不能完全进入市场进行企业化经营，因此需要政府投入资金等，以避免图书馆由于缺乏资金等造成服务中断以致民众失去通过图书馆来获取知识与信息的权利，国家和政府失去培养有信息素养公民的渠道的情况。第二，图书馆大多是消费性、公益性的公共财产，它不具有自我生存的物质能力，必须得到以政府为主的公共力量的支持才能获得生存与发展。

2. 社会参与原则

前文对图书馆治理的概念已经做出了解释，图书馆治理是多个利益相关者协调统筹多方关系，处理图书馆事务以达到共同的目标和利益。因此，图书馆治理除了政府主导也需要非营利组织、读者等社会因素的参与，这对调动图书馆治理的积极性，促进图书馆更好地运行，保障公众利用图书馆的相关权利也大有裨益。

3. 治理主体多元、多层原则

图书馆治理非常重视个人、家族、协会、机构、政府等多个主体参与图书馆治理，强调主体的多元、多层互补与协调，而反对垄断性的"一元"主体。因为"一元"主体容易造成能力不足、长官意志、信息不对称、责任不到位、监督缺位等弊端。图书馆治理主体的多元、多层指所有者主体、建设主体、管理主体、实施主体的多元或多层，这些可以促成治理单元和治理机制的多样化，这也是优化图书馆治理结构的必然要求。

4. 民主决策原则

民主决策是多元、多层治理主体的图书馆治理能够顺利进行的重要原则。因为治理主体的多元、多层势必会导致在处理图书馆事务时意见的不一致，这时按照少数遵从多数等民主决策的相关原则会减少争端，推动图书馆相关工作顺利进行，更好地保障图书馆治理相关者的权利。

二、图书馆治理模式

图书馆治理模式是个人或家族、协会、机构、政府等主体共同参与图书馆事务管理的各种方式的总和。图书馆治理模式的规划应包括执行主体、执行内容、执行制度等主要内容,国外有关图书馆治理模式的研究如法人治理等可以为我国图书馆治理提供参考。2012年《图书馆杂志》推出"公共图书馆治理模式系列研究论文"专栏,结合三大治理理论——参与治理、自主治理和合作治理,对图书馆实行参与治理模式、自主治理模式和合作治理模式进行了理论探索。本节将主要分析总分馆制结构模式和法人治理结构模式。

(一)总分馆制结构模式

总分馆制结构模式是国际上较普遍应用于图书馆服务体系的模式之一,它指的是由同一个建设主体投资,由同一个管理机构监管多个图书馆,由其中的总馆协调各个分馆的资源共建共享,其他分馆处于从属地位,在行政上隶属于总馆,在业务上接受总馆管理。

1. 建设主体

统一型图书馆总分馆制突破了一级政府建设并管理一个图书馆的体制,将多级政府投资并维持的各级图书馆整合在一个建设主体下,由此将行政隶属、人事、财务权力收归总馆,分馆只是总馆的一个派出机构,不具备独立资格,人财物受总馆管理,如佛山禅城区联合图书馆、深圳福田区总分馆等。

2. 资金来源

图书馆总分馆制建设主体的变化导致图书馆资金来源变化。图书馆总分馆制可以分为三种模式,即松散型模式、集约型模式和统一型模式。松散型模式下,资金仍保持多级投入,各馆之间以协同方式进行合作,总馆只在业务上对分馆进行指导和协调,各分馆保持独立性,总馆不具备财务权力。集约型模式下,资金仍是多级投入,但由上级政府主导投资,建设主体上移,并不改变图书馆原有行政隶属关系和人事财政权力,各分馆保持相对独立性,总馆只掌握部分人事和业务管理权。统一型模式下,建设主体由多级主体变为单一主体,资金来源由多级投入改为单一投入,各分馆不具备独立性,财务权力受总馆控制。图书馆总分馆制的发展方向是统一型模式。

3. 权责分配

图书馆总分馆制运作方式有三种,分别为协同工作、集中管理和统一管理。在协同工作模式下,图书馆总分馆制主要是通过行业合作实现的,总馆只有业务管理权,没有行政管理权。在集中管理模式下,总馆除了掌握业务管理权外,还获得了一定的人事管理权。在统一管理模式下,分馆的人事管理权、财务管理权和业务管理权都收归总馆。总体来看,权力越集中于总馆,总分馆制的图书馆管理效率越高。

(二)法人治理结构模式

起源于美国的法人治理结构模式是一种将公司的治理模式引入图书馆管理相关工作

的创新型图书馆治理模式,是由法人组织的利益相关者组成理事会,并由它们通过设立负责图书馆常规事务管理机构,制定有关细则,进行决策、实施、监督等过程形成的一种制度安排。

1. 法人自主

在传统图书馆治理工作中,政府对于图书馆的相关工作具有绝对领导权,这对调动图书馆治理其他利益相关者的积极性是不利的。政府应该创新工作方式,在图书馆治理中将权力下放给理事会等机构,做好监督工作,使法人能够灵活处理图书馆事务,实现法人自主。

2. 配套制度

要真正实现图书馆治理法人制度必须改变图书馆理事会形同虚设的现状,关键要抓住制度设计问题,提高图书馆从业人员的积极性,从而实现图书馆稳步发展的治理目标。首先,要改革人事任用管理制度,执行聘用制,杜绝图书馆工作人员任人唯亲的情况,公开招募图书馆相关专业优秀人才,并进一步完善馆内人才流动制度。其次,要改变图书馆工作人员薪酬分配方式,做到多劳多得,能者多得。

3. 监督问责

要确保图书馆治理法人治理结构模式的正常运行,必须明确监督问责,完善法人治理监督制度。一方面,政府要做好监督工作,保证图书馆治理过程中的透明、公正,对图书馆的年工作绩效进行审核并对审核结果进行公示;另一方面,图书馆理事会设立的监督机构也要对图书馆管理层负责,发挥监事机构的内部监管职责。

三、图书馆治理的展望

在未来新的理论不断出现的同时,创新、有效的图书馆治理理论与模式也将不断出现。随着人工智能相关应用的发展,云计算、大数据等将持续不断地改变我们的生产与生活方式,智能技术也将改变图书馆治理的形态,图书馆治理面临着巨大的机遇与挑战。

(一)图书馆治理面临的机遇

1. 新技术改变图书馆的治理形态

随着互联网技术、物联网技术的迭代与应用普及,传统的信息交互模式被打破,传统的自上而下的图书馆治理模式将转变为去中心化的、性能更加优越的扁平结构,具有更强大的资源整合能力和信息传播能力,网络技术将不断推动图书馆治理模式的转变。

随着大数据技术的发展与成熟,它也将应用于图书馆治理的各个方面,帮助降低运营成本、提高管理者决策的正确性,更好地保障每个人平等地利用图书馆的权利,大数据技术将在图书馆治理中发挥重大的作用。

人工智能技术的不断发展将拓展图书馆治理的治理主体,人工智能将以其便捷、智能、高效替代图书馆部分相关从业人员的工作,解放更多的劳动力,使人类可以进行更多复杂、高级图书馆事务处理的工作。

2. 新技术驱动图书馆治理体系变革

传统的图书馆治理模式是建立自上而下、层层划分的层次结构,并且宏观管理与微观管理相互独立, 图书馆治理的建设主体是个人、家族、协会、机构、政府等构成的群体。未来在互联网、大数据等信息技术的催化下, 自上而下等级层次的图书馆治理制度将会被简化, 决策和治理过程也将得到优化, 同时数字图书馆将获得大量应用, 图书馆的数字化进程将获得极大的推动, 过去治理体系过度依靠管理者基层工作人员、不能处理紧急情况的问题将被解决, 治理边界将被打破。

（二）图书馆治理面临的挑战

（1）信息风险提升。在云计算、大数据背景下, 个人的信息安全可能不能得到保障, 个人信息容易遭到窃取泄漏, 造成困扰。如何保存读者的相关信息并进行合理使用, 不过度分析又能支持图书馆治理的相关决策, 保证读者信息的安全是大数据时代图书馆治理应该考虑的。

（2）读者体验感差。在未来, 数字图书馆、人工智能将大量应用, 图书馆读者可能难以感受到人工服务时代人与人之间交流的人格关怀和人情味, 如何调整人工智能与图书馆从业人员的岗位配比, 也是未来图书馆治理应该考虑的重要问题。

思 考 题

1. 我国图书馆有哪些子系统?
2. 图书馆行业标准的原则是什么?
3. 简述图书馆法的发展历程。
4. 图书馆机构合作的必要性是什么?
5. 我国国内有哪些信息资源共建共享的管理模式?
6. 国外有哪些信息资源共建共享的服务模式?
7. 简述图书馆治理的内涵与原则。

参 考 文 献

艾丹祥, 张玉峰. 2003. 利用主题图建立概念知识库[J]. 图书情报知识, （2）: 48-50, 53.

陈兰杰. 2005. 文献信息资源共建共享利益平衡机制研究[D]. 保定: 河北大学.

陈文翠. 2004. 数字图书馆建设中面临的技术挑战及解决方略[J]. 情报科学, （1）: 34-36.

程焕文, 潘燕桃. 2004. 信息资源共享[M]. 北京: 高等教育出版社.

房新宁, 吴悦. 2012. 从国外图书馆法发展状况谈中国图书馆法的制定[J]. 图书馆工作与研究, （9）: 20-24.

冯佳. 2016. 公共文化服务标准中的公共图书馆[J]. 中国图书馆学报, 42（3）: 91-102.

何赫, 孙敏. 2016. 高校图书馆著作权相关法律问题探析[J]. 高教学刊, （11）: 190-191.

黄长著, 霍国庆. 2000. 我国信息资源共享的战略分析[J]. 中国图书馆学报, （3）: 2-10.

黄镝. 2003. 异构数据库的跨库检索技术综述[J]. 图书情报工作, （6）: 94-97, 109.

黄颖, 徐引篪. 2004. 图书馆治理: 概念及其涵义[J]. 中国图书馆学报, （1）: 26-28.

黄忠宗. 2013. 图书馆学导论[M]. 武汉: 武汉大学出版社.

贾国柱. 2013. 地区跨系统图书馆馆际合作的利弊分析[J]. 农业图书情报学刊, 25（6）: 65-67.

蒋永福. 2008. 论图书馆治理[J]. 图书馆论坛, 28（6）: 50-55.

金胜勇, 苏娜. 2007. 关于信息资源共建共享误读之辨析[J]. 情报理论与实践, （2）: 185-188.

金胜勇, 于森. 2005. 继承还是颠覆: 共建共享对传统文献信息资源建设理论的影响[J]. 图书馆工作与研究, （4）: 2-5.

金胜勇, 于森. 2006. 基于共建共享的文献信息资源建设理论构建[J]. 中国图书馆学报, （4）: 72-75.

金胜勇, 锅艳玲, 陈则谦. 2017. 信息资源建设[M]. 北京: 科学出版社.

李琛. 2012. 高校图书馆教育功能理论与实务[M]. 芜湖: 安徽师范大学出版社.

李国新. 2017. 新时代公共图书馆事业发展的新航标[J]. 图书馆杂志, 36（11）: 4-5.

刘兹恒. 2016. ISO、IFLA 图书馆标准规范体系研究[M]. 北京: 国家图书馆出版社.

马家伟, 杨晓莉, 姜洋. 2015. 图书馆与图书馆概论[M]. 长春: 吉林科学技术出版社.

钱宇. 2017. 公共图书馆标准化建设的思考[J]. 图书馆工作与研究, （7）: 125-128.

阮胜利. 2007. 探究图书馆治理及其机制的概念与内涵[J]. 图书情报工作, （3）: 33-36.

孙雅蒂. 2012. 现代高校图书馆开放与共享——高校图书馆服务的馆际合作[R]. 通辽: 华北地区高校图协第26届学术年会.

王军中. 2017. 图书馆馆际间合作与交流的思考[J]. 新东方, （3）: 77-79.

王丽华. 2012. 图书馆联盟运行机制研究[M]. 上海: 上海世界图书出版公司.

王淑琴. 2018. 县级图书馆存在的问题及对策分析——襄汾县图书馆[J]. 文化创新比较研究, 2（16）: 150, 153

乌兰山丹. 2014. 浅谈图书馆馆际合作的动因与机制[J]. 内蒙古科技与经济, （12）: 135-136.

吴慰慈. 2008. 图书馆学概论[M]. 北京: 国家图书馆出版社.

吴慰慈. 2017. 图书馆学基础[M]. 北京: 高等教育出版社.

吴慰慈, 董焱. 2002. 图书馆学概论[M]. 北京: 北京图书馆出版社.

吴慰慈, 董焱. 2008. 图书馆学概论[M]. 北京: 国家图书馆出版社.

徐引篪, 霍国庆. 1999. 现代图书馆学理论[M]. 北京: 北京图书馆出版社.

殷剑冰, 冼君宜. 2017. 国外图书馆标准规范体系研究——以美国及日本为例[J]. 图书馆, （9）: 17-24, 38.

张明. 2012. 试论图书馆的馆际合作与共建共享[J]. 德州学院学报, 28（S1）: 266-267.

第五章 图书馆学

图书馆学的定义取决于对图书馆学研究对象的认知，以及学科体系、研究方法的观点。自图书馆学形成以来，对这些基本问题的研究和争鸣一直存在，并取得了丰硕的研究成果。这是图书馆学不断发展的表现，也反映了图书馆学基础理论研究的深化。

第一节 图书馆学研究对象

任何一门科学都有其特定的研究对象，图书馆学也不例外。研究图书馆学这门内涵丰富的科学，首当其冲的问题就是要探究图书馆学的研究对象是什么，即图书馆学到底研究什么。自从 1807 年施莱廷格提出"图书馆学"一词至今，图书馆学已经诞生 210 多年了。对于图书馆学研究对象的认识经历了从单纯的技术到图书馆事业、从经验总结到理论创新、从表象概括到本质规律这样一个由浅入深、由表及里的过程。这种认识过程在客观上推动了图书馆理论研究的深化以及图书馆学科体系的发展，使人们对图书馆学的认识能够不断接近图书馆学的科学本质。因此，关于图书馆学研究对象的研究会长期进行下去。

一、图书馆学研究对象的含义

图书馆学研究对象是科学对象的有机组成部分之一。从探讨的范围与表述方式来说，认同以外延为核心的表述方式，但也不排斥以内涵为核心的表述方式，同时认为前者包含了后者。以内涵为核心的研究是对图书馆学研究对象的本质、特征、发展规律的研究，它固然是重要的，但不是图书馆学研究对象的全体，不能包含图书馆外延的全部内容。因此，图书馆学的研究对象要明确图书馆学研究什么、与其他学科本质的区别是什么。研究对象是科学研究的起点。图书馆学作为一门科学，研究对象的确认具有十分重要的意义。

第一，研究和确立图书馆学的研究对象，是确立图书馆学科学地位的必然要求。

主体与客体是认识论范畴的一对概念。科学认识主体——研究者所要认识的客体，就是研究对象。任何一个学术体系在成为科学之前都存在于"非科学"这个集合之中，从某种意义上说，非科学也是一些知识或学问，它包括各种技艺、形而上学及它们之间形成的各种相互关联。科学之所以能够脱离非科学的集合，是因为科学认识主体在认知过程中抓住或自以为抓住了它的科学内核，即通常所说的"研究对象""研究范式"这些构成一门学科的最基本要素。研究对象是一门学科奠定的基石与研究的起点，对学科的构建和发展方向有着决定性的作用。

第二，研究和确立图书馆学的研究对象，是使图书馆学独立于学科丛林的必然要求。

人类是在实践中去认识客观世界的，每个研究个体都是在特定的社会时空背景下对特定的客观存在进行认识。研究背景的不同和研究客体的不同使得作为人类认识成果的科学知识体系有了科学部类、学科门类和具体的学科之分。区别科学部类、学科门类和具体的学科之间的内在根据，就是研究对象的不同。在如今科学知识体系的发展日趋分化又日趋综合的趋势下，不同的科学部类、学科门类、具体的学科在研究内容上有很大程度的交叉融合，这就更加要求每门学科都有自己相对独立的研究对象。

第三，研究和确立图书馆学的研究对象，是保持图书馆学研究正确方向的必然要求。

在图书馆学理论研究的体系框架中，其理论基础包括哲学基础最终由研究对象来体现，其基础理论最终也由研究对象来概括，甚至其研究范式和方法，最终也由研究对象来决定。任何一个学科的研究都要有自己的研究方法，然而研究方法本身不是目的，而是要将它作为一种认识工具。研究方法的选择要以适合研究对象为标准，研究对象决定研究方法。正如恩格斯所说，方法是"对象的类似物"。关于图书馆学理论和方法的研究，最终都要归结到研究对象这个理论研究的"元问题"上来。

二、图书馆学研究对象的四种观点流派

19 世纪初，图书馆学研究对象被确定为从事图书馆工作所具有的知识与技能的总和，而后，图书馆研究对象转为知识集合，经历了从局部到整体、从经验到理念、从封闭研究到创新思维、从整体抽象到本质规律这样一个由浅入深、由表及里的探索过程。图书馆学是一门发展中的科学，无论图书馆学怎样发展、其研究领域怎样拓宽，图书馆学作为一门科学的属性是不会发生变化的。图书馆学研究对象不会发生变化，其研究对象必然是稳定的，这也是认识图书馆学研究对象的一个基本逻辑前提。

在图书馆学发展过程中，形成了众多关于研究对象的观点，对各种观点进行合理的划分可以更好地理解图书馆学的科学性质和研究对象，更清楚地梳理图书馆学所研究的内容和领域，进而推动图书馆学的发展。纵观图书馆学的发展史，对图书馆学研究对象的划分往往会参照不同的标准，主要原因是研究者的研究视角和出发点不同。但是，认知结果不等于科学内涵，并非关于图书馆学研究对象的每种观点都能准确地反映学科本质。目前图书馆学研究对象可以分成以下几个流派。

（一）工作说

工作说是以图书馆工作的内容为出发点来表述图书馆学研究对象的。图书馆工作的内容非常广泛，文献资源建设、用户服务、管理实务等都属于图书馆工作的范畴。因此，整理说、技术说（新技术说）、管理说等都是具有代表性的工作说的观点。

1. 整理说

整理说的代表人物是德国图书馆学家施莱廷格。1807 年，他首次提出"图书馆学"，并在 1808 年出版的《试用图书馆学教科书大全》一书中提出"图书馆学是符合图书馆目的的整理方面所必要的一切命题的总和"。受当时社会发展水平的制约，将图书馆学研究对象概括为"图书馆整理"，其主要内容是图书的配备和目录的编制；我国早期也出现了整理说的思想萌芽，西汉末年刘向、刘歆父子在《七略》中所阐述的思想，郑樵的

《通志·校雠略》、明清祁承业的《澹生堂藏书约》、孙庆增所著《藏书纪要》等著作中所论述的内容，基本上也是以藏书整理作为研究对象的，可以说具备了某些整理总和的思想萌芽；整理说最早明确了图书馆学的研究对象，为图书馆学的发展做出了重要贡献。

2. 技术说

技术说最早是由德国图书馆学家弗里德里希·阿道夫·艾伯特（Friedrish Adolf Ebert）提出的。1810 年艾伯特在其《关于公共图书馆》一书中提到，图书馆学是"图书馆员执行图书馆工作任务时所需要的一切知识和技巧的总和"。1820 年，他又在《图书馆员的教育》一书中，强调"图书馆学应研究图书馆工作中的实际技术"。1829 年，丹麦的图书馆学家莫尔贝希在《论公共图书馆》一书中将艾伯特的图书馆学思想进行了系统的阐释，使其理论体系化，被后人称为"艾-莫体系"。美国的图书馆学家麦威尔·杜威（Melvil Dewey）是技术说的另一位代表人物，他在其所编制的《杜威十进分类法》第一版的导言中声明：并不追求什么理论上的完整，而只是从实用的观点出发来解决实际问题。后来他更是公开宣称，"在图书馆学研究领域，无论在任何问题上，哲学上理论的正确性都应让位给实际的应用"。由此可以看出，在现代图书馆学发展初始阶段，图书馆工作的技术方法、实践应用在图书馆学研究中占据了主导地位。此外，20 世纪 70 年代还出现了新技术说，主要代表人物为美国的兰开斯特，他在《电子时代的图书馆和图书馆员》一书中指出："实际情况是，通过电子存取的能力，图书馆正在'被解散'。根据对未来进展的预测，这个过程将会以更快的速度继续下去……除了收藏旧印刷记录的档案馆和提供娱乐消遣方面的阅读材料的机构之外，现在这种类型的图书馆将会消失。"他还在另一本专著《走向无纸信息系统》中预测：未来图书馆也就是电子信息系统。我国关于图书馆的研究起步较晚，早期对图书馆具体工作缺少代表性的论述，加之学界长期将图书馆学视为图书馆之学，因此工作说引入我国后，很快成为图书馆学界的主流观点，一直到现在仍然是图书馆学界主要理论流派之一。

3. 管理说

管理说早期的代表人物是英国的安东尼·帕尼齐（Anthony Panizzi）和爱德华·爱德华兹（Edward Edwards）。作为当时英国不列颠博物院图书馆馆长的帕尼齐不仅要求增加藏书的数量，还特别强调要通过管理实现藏书结构的系统性和科学性。他重视图书的系统整理、妥善保管和充分利用。享有"公共图书馆运动精神之父"盛誉的爱德华兹，不仅对图书馆法有深刻的认识，而且在图书馆管理的诸多方面均有独到见解，其《图书馆纪要》一书就堪称 19 世纪的"图书馆管理学"理论大全，是最早系统论述图书馆管理的专著。在现代英国，《图书馆学基础》一书的作者哈里森（Harrison）与另一本书《图书馆学基础》的作者宾厄姆（Bingham）均持管理说，他们的著作以"管理"为主线去阐明问题。美国的图书馆管理学更多的是现代管理理论在图书馆中的应用。1887 年，世界上第一所图书馆学校在美国成立，取名为哥伦比亚学院图书馆管理学院（School of Library Economy at Columbia College），该校的办学目的是培养专业的图书馆管理人才，故其课程偏向于图书馆经营管理的内容。此外，美国圣路易斯公共图书馆馆长克伦登也明确提出，应运用企业管理的方法来管理图书馆。我国早期（20 世纪 20—30 年代）关于图书馆学研究对象问题的探讨中，占主流的是有关图书馆管理的观点。我国的学者认为：管理是对系统而言，图书馆系统是一个多层次、有机的整体。图书馆科学管理的研究对象就是图书馆系统的管理活动。它所探讨的就是图书馆管理活动的规律。其研究图书馆管理对象内部组成成分之间的关系和管理对象与整个社会经济之间的关系，阐明管理对象的活动规律。管理说扩大了以往图书馆学的研究范畴，要求图书馆学不仅要关注图书整理及其技术方法，也要关注图书馆的经营和管理，这符合图书馆工作实际，也符合社会发展要求。管理说对于图书馆工作的规范化、科学化起到了直接的推动作用。

（二）事业说

1957 年，刘国钧在《中国科学院图书馆通讯》杂志第 1 期上发表了题为《什么是图书馆学》的文章，提出"图书馆学就是关于图书馆的科学，也就是研究图书馆事业的性质和规律及其各个组成要素的性质和规律的科学"。他还明确提出"图书馆学所研究的对象就是图书馆事业及其各个组成要素"。由于一直得到吴慰慈、黄忠宗等的极力主张，事业说成为最具影响的学术流派。1960 年，黄宗忠等在《武汉大学人文科学学报》第 2 期上发表《关于图书馆学的对象和任务》一文，也认为图书馆学的对象是图书馆事业。吴慰慈和邵巍在其 1985 年出版的《图书馆学概论》一书中指出，图书馆事业及其相关因素是图书馆学的研究对象。图书馆学研究对象包括微观和宏观两个方面。微观对象是指图书馆的各个组成要素，以及作为其工作对象的知识、信息等；宏观对象是指图书馆与图书馆事业。事业说是对前期理论研究结果的概括和总结，旨在通过对客体的研究来揭示其内在的运行机制。事业说从图书馆事业的角度出发，是对图书馆学研究领域的一个拓展。这不仅丰富了图书馆学的基本理论，而且对图书馆事业的发展有很强的推动作用。同时"图书馆事业"这种研究对象的表述形式，能够明确地将图书馆学和其他学科区分开来。这一学术思想在国内图书馆学界一直占有支配地位，对我国图书馆学研究影响深远。属于事业说的观点也比较多，社会说、规律说、矛盾说实际上也是从不同角度来阐释图书馆事业的。

1. 社会说

美国著名图书馆学家、芝加哥大学图书馆学院教授皮尔斯·巴特勒（Pierce Butler）在 1933 年出版的《图书馆学引论》一书中提出："图书是保存人类记忆的社会机制，而图书馆则是将人类记忆移植于现在人们意识中去的社会装置。"他把人类的读书现象与图书馆的本质联系起来考察，发现了"社会知识是以图书为媒介，并通过人们的阅读行为进行传递交流"这一规律。后来的一些研究者认为，巴特勒的《图书馆学引论》首次将图书馆与社会发展联系起来加以研究，是"图书馆学发展的真正的里程碑"，开拓了图书馆学对象研究的新领域。此外，德国的卡尔斯泰特（P. Karstede）提出了知识社会学。他在 1954 年出版的《图书馆社会学》一书中认为，图书是客观精神的载体，图书馆则是客观精神得以传递的场所。图书馆是维持和继承社会精神不可缺少的社会机构，担负着把社会精神移入作为社会形象载体的社会成员的职能。它所采用的手段就是搜集、保存和传递社会精神客观化的图书。有了图书馆这样的社会机构，人类文化的创造和继承才有了可能。他认为，知识社会学是图书馆学的研究对象。社会说对我国早期图书馆学研究也有很大影响，如 1925 年，杜定友在《图书馆通论》一书中提出："图书馆的功用，就是社会上一切人的记忆，实际上就是社会上一切人的公共脑子。一个人不能完全地记着一切，而图书馆可记忆并解答一切。"这实际上是对巴特勒的观点进行了通俗的、符合中文表达的解释。此外，要素说探讨的是图书馆的组成要素，也可以看作图书馆事业的一部分。早在 1929 年，陶述先就提出图书馆要素有三个：书籍、馆员与读者。1932年，杜定友也提出图书馆有书、人、法三个要素，并以书、人、法的次序来解析图书馆事业发展的重点；1934 年，刘国钧在《图书馆学要旨》一书中提出了图书、人员、设备和方法的四要素说；1957 年，他又进一步提出了图书馆的五要素说，即读者、图书、领导与干部、工作方法、建筑与设备，并明确提出："图书馆学所研究的对象就是图书馆事业及其各个组成要素。"要素说表面上看是探讨图书馆这一社会现象的组成要素，但实际目的却是要探讨图书馆事业的发展机制。

此外，被称为印度图书馆学之父的阮冈纳赞在 1931 年提出了著名的图书馆学五定律：①书是为了用的；②每个读者有其书；③每本书有其读者；④节省读者的时间；⑤图书馆是一个生长着的有机体。这五定律虽然是对当时图书馆实际工作所提出的要求并成为当时图书馆界所追求的目标，但是却反映了阮冈纳赞把图书馆和图书馆事业看成一个整体并作为图书馆学研究对象的学术思想。

2. 矛盾说与规律说

矛盾说的主要代表人物是武汉大学的黄宗忠。1962 年黄宗忠发表了《试谈图书馆的藏与用》一文，把"藏与用"当作图书馆的特殊矛盾，试图通过分析这对特殊矛盾来概括图书馆的本质和规律。规律说则是 1981 年北京大学、武汉大学图书馆学系合编的《图书馆学基础》一书出版后，在我国迅速流行并被广泛接受的一种观点。该书指出，"图书馆学是研究图书馆事业发生发展、组织形式以及它的工作规律的一门科学"。这两种观点站在整体角度对图书馆宏观事业进行了考察，是对图书馆的运作机制的探寻，对图书馆与社会联系的考察，在很大程度上丰富了事业说的内涵。

（三）图书馆本质说

本质指事物本身所固有的根本属性，是对事物根本性和规律性的把握。本质可使人们脱离具体的形象进行创新活动，所以对本质的把握必须是抽象的而非具体的。本质说是在各种具体的现象中做出合理的抽象。图书馆的本质可以表述为一个信息资源体系。把图书馆学研究对象表述为一个"资源"体系或集合的观点都可以称作图书馆本质说，无论这个"资源"体系指的是信息、知识还是文献。

1. 信息资源说

信息资源说是在 20 世纪 70 年代末、80 年代初在美国迅速形成的一个新兴专业概念。信息资源说把图书馆视为信息资源体系，而且不仅是一个可重复使用的社会资源体系，同时还是一个有机发展的动态体系。20 世纪 90 年代以后，以计算机技术和网络技术为核心的现代信息技术迅速发展，导致信息数量激增，人类生产、传递和利用信息的方式也发生了根本的变化。图书馆的工作对象不仅仅局限于文献资源，因而，图书馆学研究对象开始向信息资源扩展。1992 年美国图书馆学家切尼克（B. E. Chernik）在《图书馆服务导论》一书中将图书馆定义为"是为利用而组织起来的信息集合"，并提出了"图书馆资源是一种信息资源的论述"。这一思想启发了图书馆学研究对象信息资源说的产生。不久，我国图书馆学研究者也开始接受这一观点。20 世纪 90 年代末，我国科学院文献情报中心的徐引篪、霍国庆出版的《现代图书馆学理论》一书中提出了"信息资源说"，认为图书馆学的研究对象是"动态信息资源体系及其过程"。他们认为，作为一种社会现象，现代图书馆建立在几个相关的平台之上，依次是：人类信息需求、信息市场、高速信息网络（互联网）。基于这样的平台，图书馆的实质是"针对特定用户群的信息需求而动态发展的信息资源体系"。主要观点有：图书馆的实质是一种信息资源体系，信息资源体系是一个不断发展的有机体；图书馆学的研究对象是图书馆，而图书馆的实质是信息资源体系，故图书馆学研究对象是动态的信息资源体系。

信息资源说将图书馆视为动态的、有机的信息资源体系，力图揭示图书馆学研究对象的本质。它利用系统论的思想，将图书馆学的研究对象扩展到一个开放的信息资源领域。

2. 知识集合论

1999 年 9 月，我国的学者王子舟主张，要摆脱图书馆学的危机，图书馆学研究应对一些"元问题"进行深入探究，并指出，"元问题"就是指决定图书馆学发展，制约图书馆生命力的那些根本性问题。图书馆学研究对象问题，就是一个"元问题"。呼吁要对图书馆学研究对象进行科学探求，从而准确定位。知识集合就是用科学方法把客观知识元素有序地组织起来，形成专门提供知识服务的人工集合。知识集合具有内在性、整体性和增值性，其功能表现为知识存储、知识检索和知识优控。图书馆的实质就是知识集合，知识集合是图书馆学的研究对象。2004 年，柯平发表了《知识资源论——关于知识资源管理与图书馆学的研究对象》一文，开创性地提出了知识资源论。

这几种观点立足信息时代和知识经济的广阔背景，系统而深入地探究图书馆学研究的基本元素，对图书馆的本质也有了更加深刻的把握。面对网络化、数字化对图书馆产生的巨大影响，资源说的提出在一定程度上适应了信息社会的变化。然而，图书馆本质说仍然是从图书馆的角度出发，采用了与以往相同的思维范式，即图书馆的本质是信息资源体系（或知识集合，或知识资源）→图书馆学的研究对象是信息资源体系（或知识集合，或知识资源），仍然没有使图书馆学研究超越图书馆这种客观的社会事物，不是对图书馆学这门科学的本质把握。图书馆学作为一门科学，是一种独立于图书馆和图书馆学科的客观存在。诚然，对图书馆学的认识源于对图书馆的认识，但图书馆学的本质却不以图书馆的本质为转移，也不以对图书馆学的认识为转移。

（四）图书馆学本质说

图书馆学本质说是从图书馆学科学本质的角度出发，脱离出图书馆的限制，是对图书馆学本质和规律的把握。图书馆学是社会科学的重要组成部分，这已经得到了普遍的认可。社会科学的研究对象是社会现象，考虑到图书馆学的应用科学性质，因此应该将图书馆学研究对象表述为一种社会行为。所以，对图书馆学交流、组织等社会行为的论述都属于图书馆学本质说。其中，比较有代表性的是各种交流说，以及信息组织、知识组织等各种组织说。

1. 交流说

美国图书馆学家谢拉（J. H.Shera）最早提出了交流说，他是这一学说的集大成者。他在 1972 年出版的《图书馆学教育基础》一书中明确指出，"交流是社会结构的黏合剂""图书馆是社会交流链中的一环"。他认为，"交流不仅对个人的个性十分重要，而且对社会结构、社会组织及其活动也是重要的，所以它成了图书馆学研究的中心内容"。他在 1965 年系统提出的社会认识论，其实质也是交流。苏联图书馆学家丘巴梁指出，"苏联图书馆学是一门把图书馆过程作为群众性交流社会思想的一种形式的社会科学"，也体现了交流说的学术思想；同时我国的图书馆学者也开始提出有关交流说的观点。文献交流说、知识交流说和文献信息交流说是我国具有代表性的交流说的观点。文献交流说的代表人物是北京大学的周文骏，他在 1983 年发表的《概论图书馆学》一文中提出："文献首先是一种情报交流的工具。"知识交流说的代表人物是华东师范大学的宓浩，1984 年他在《知识的交流和交流的科学——关于图书馆学基础理论的建设》一文中指出，图书馆收集、存储、整理、组织、传递和利用知识信息的活动本质，是人类知识交流。图书馆实质上是知识交流的工具，图书馆学应该研究知识的交流。文献信息交流说以南开大学图书馆学系等 1986 年集体编写的《理论图书馆学教程》为代表，该书认为，"文献信息交流是图书馆工作的出发点和归宿""图书馆学是研究图书馆进行文献信息交流的理论和方法的学科"。马恒通于 2007 年发表了一系列文章，把图书馆学的研究对象表述为"馆藏知识"的传播，进而把图书馆学定义为"研究图书馆馆藏知识的传播、以促进人类文明进步的一门综合性学科"。实际上，传播和交流是同一个概念（communication）的不同表达形式，因此传播说的本质还是交流说。交流说突破了从图书馆实体出发确定图书馆学研究对象的局限，着眼于对图书馆学研究对象的本质特征进行理论抽象，这对改变长期以来图书馆学研究的封闭思维，扩大图书馆学研究领域，推动图书馆学科向科学化发展，起到了重要的作用。

2. 组织说

组织说将图书馆学研究对象通过组织这种社会行为来表述。知识组织（knowledge organization）的思想产生较早，1929 年，著名分类法专家布利斯（H. E. Bliss）先后出版了《知识组织和科学系统》《图书馆的知识组织》两部著作，从文献分类角度对组织知识的思想进行了阐述。著名图书馆学家谢拉（J. H. Shera）在 1965 年和 1966 年出版的《图书馆与知识组织》《文献与知识组织》两部论著中，对图书馆的知识组织表现及作用进行了初步研究。将知识组织作为图书馆学研究对象来讨论，始于 20 世纪 90 年代初的我国图书馆学界。当时，知识经济兴起，知识日益成为重要的生产力要素，如何有效地组织、控制、传递、利用知识已成为知识社会人们极为关注的问题。因此，一些研究者提出了图书馆活动的实质是知识组织，而图书馆则是对客观知识进行专门组织和控制的社会机构。由此构成了图书馆学研究对象的知识组织说。

在国内，刘洪波教授针对知识交流说的不足提出了知识组织说，他在《知识组织论——关于图书馆内部活动的一种说明》一文中认为，知识交流论只是对图书馆活动的外部关系给予了有力的说明，而没有揭示图书馆内部活动的本质和机理，并指出"图书馆内部活动的本质是知识组织"。他在《图书馆》杂志 1992 年第 5 期上发表的《探究知识组织的底层》一文中认为"知识组织就是知识交流的整序"。王知津认为"知识组织应建立在知识单元的基础上,将无序的知识组织起来供人们使用,这就是图书馆学的研究领域"。蒋永福先生也是知识组织说的代表人物。他认为图书馆是对客观知识进行专门组织和控制的社会组织,知识组织理论应当成为图书馆学的理论基础。无论是知识组织说还是信息组织说,都把图书馆学研究对象表述为组织这种社会行为,都试图对图书馆学的科学本质进行把握。

在上述四种流派中,工作说、事业说、图书馆本质说都是围绕图书馆(图书馆工作、图书馆事业、图书馆本质)来阐释图书馆学的研究对象,可以统称为图书馆说。图书馆学本质说则是从图书馆学的科学本质来阐述图书馆学的研究对象,可以称之为非图书馆说。

三、面向信息检索的信息组织

确立图书馆学研究对象的原则关系到图书馆学为整个科学领域所认知和认可的程度问题。因此,研究图书馆学的研究对象也应坚持相应的原则。

第一,要保证图书馆学研究对象的特殊性。将图书馆学与其他学科区别开来,这是确立和表述图书馆学研究对象的根本任务。毛泽东在《矛盾论》中论及:"科学研究的区分,就是根据科学对象所具有的特殊的矛盾性。"研究对象是科学部类之间、门类之间以及学科之间相区别的内在根据。如果关于一个学科的研究对象不能将该学科同其他学科区别开来,那要么是研究者的认识不准确,要么是这个知识体系根本就不是一门独立的学科。因此,保证图书馆学研究对象的特殊性,是关系图书馆学"生死存亡"的根本问题。各学科对于研究对象的认识都是一个不断深化的过程,现代科学发展的趋势使得本来就不断变化的各学科日趋综合交叉,这就更加要求图书馆学的研究对象要能够区别于其他学科特别是邻近学科,否则图书馆学就会失去自我。

第二,图书馆学的研究对象不能局限于图书馆。图书馆作为一种社会现象是客观存在,图书馆学作为一门科学也是客观存在。所不同的是,社会现象会发展变化甚至消失,但科学却一直存在并永远不会消失。人对于科学的认识可以逐渐深化,但科学这种客观存在却不以人的认识为转移,除非这门"科学"被最终证明不是科学。因此,如果关于图书馆学研究对象的认识局限于图书馆这种现象,那么图书馆学就有随着图书馆的消失而消失,从而被证明不是科学的危险。在图书馆学的学科建设过程中,学术研究和专业教育中遇到过一些实际困难,许多学者据此提出更改学科专业的名称,主张不能再以图书馆这样一个机构的名称来命名一个学科。学科的名称可以更改,但科学的研究对象却是客观和稳定的。不可否认,关于图书馆学研究最初来源于对图书馆的认识,但这只能说明图书馆是认识图书馆学的起点,却并非图书馆学的科学本质。在确立和表述图书馆学研究对象时,要对图书馆学的科学本质进行抽象,对其内涵做出准确的把握和说明。

第三,图书馆学的研究对象不能等同于图书馆学的研究内容。"如果图书馆学的研究对象不针对图书馆,那图书馆学研究什么?"这样的疑问貌似是对上述原则的有力质疑,但其实在以往的研究中,往往把图书馆学的研究对象与研究内容混为一谈。研究对象是科学得以成立的学术内核,它是抽象的而非具体的,而研究内容往往是由研究对象派生出来的。从理论基础的层面上来讲，研究内容可以用本学科的理论做基础，也可以用其他学科的理论做基础，或者二者兼而有之。例如，图书馆经济、图书馆建筑、图书馆用户服务等图书馆学研究的重要内容，除了以图书馆学的基本理论为指导外，还要有经济学、建筑学、心理学、市场营销学等相关学科理论的指导。如果将这些研究内容都纳入图书馆学研究对象的范畴，无疑是缺乏科学根据的，同时也会造成各学科研究对象的交叉重复。换言之，各学科的研究内容可以有交叉，但研究对象绝不可以有交叉。

图书馆学的研究内容强调的是其协变性，要求与社会发展相适应，也要求与时代背景相适应；但图书馆学的研究对象强调的是其科学性，而科学的东西是无须突出民族性、地域性、时代性和继承性的。只有将图书馆的研究对象和研究内容区分开来，才能抓住图书馆学的科学内核，才能保持图书馆学的可持续发展。

第四，图书馆学的研究对象表述为一种社会行为。图书馆学有向综合性科学发展的趋势，但目前，图书馆学的社会科学性质得到了普遍的认可。既然是社会科学，就要研究社会现象，因此图书馆学应该是探寻某种社会现象的发生、发展规律的理论或知识体系。这种社会现象可以表现为一种社会事物，也可以表现为一种社会行为。如果把图书馆学的研究对象表述为一种社会事物，那么关于此问题的研究很容易回归到"图书馆学的研究对象就是图书馆"的老路上去，从而同第二条原则相违背。考虑到图书馆学同时具有应用科学的性质，因此将图书馆学研究对象表述为一种社会行为应是优先考虑的命题形式。

基于上述原则，可以将图书馆学研究对象表述为：图书馆学的研究对象是面向信息检索的信息组织。

首先，图书馆学研究的社会行为是组织。这一点从上述的观点中也可以清楚地反映出来。信息资源说中的信息资源体系表明这种信息资源是经过组织的。知识集合论、知识资源论中知识集合和知识资源的重要特征就是有序性，说明也是经过组织的。即使从图书馆的层面来确立图书馆学的研究对象，也可以清晰地感受到图书馆的本质特征是组织——图书馆所建设的资源。无论是文献还是信息或知识，都是经过组织的，这是图书馆区别于书库或书店的根本所在。古代藏书楼虽然没有为用户服务的职能，但它之所以也能被称为图书馆，就因为它所藏的文献按照一定标准进行了分类组织。网络图书馆、数字图书馆、虚拟图书馆虽然都强调其服务职能，但它们之所以能区别于一般的网站，原因也在于它们将对信息的组织作为区别于其他网站的依据。同理，如果一个网站的建设注重信息组织，可以认为这是图书馆学的科学理论在起作用。

其次，图书馆学所研究的组织行为的客体是信息。信息和知识是一对具体属种关系的概念，虽然知识的内涵更丰富，但信息的外延却更大，对知识的组织同样也是对信息的组织，但对信息的组织却不一定是对知识的组织。因此，只有将图书馆学的研究对象定位在信息层面，才能使其具有更广泛的适用范围，学科的渗透力才会更强，才能够将元数据、搜索引擎这些信息层面的组织方式纳入图书馆学的研究范畴。蒋永福认为图书馆是对客观知识进行专门组织和控制的社会组织，知识组织理论应当成为图书馆学的理论基础。这说明知识组织说在一定程度上还是将图书馆学的研究对象局限于图书馆。当然，知识组织应是图书馆学研究的热点问题，也是对图书馆事业和工作的更高要求。但如果从这样的角度来定位学科的研究对象，显然是值得商榷的。

最后，图书馆学所研究的信息组织具有特定目的，这种特定目的使图书馆学和其他学科所研究的信息组织有区别。在社会生活中和学术研究中，信息组织行为十分普遍，撰文立说要经过信息组织，言语表达也要经过信息组织。因此，一定要明确图书馆学所研究的信息组织与一般意义上的信息组织的区别，这种区别就在于两者的目的不同。一般意义的信息组织是为了信息存储或信息交流，而在此基础上，图书馆学所研究的信息组织的直接目的是满足信息的检索需要，更好地实现信息存储或信息交流。

图书馆学作为一门科学是客观存在、是永恒的。图书馆学理论研究包括对于研究对象的研究，都努力揭示和认识这种存在，认识过程会逐渐接近但永远也不能触摸到图书馆学的科学本质。然而，图书馆学的学科体系却是人为建立起来的，在其发展和完善过程中，对科学理论的认识不可避免地会受到价值观等主观因素的影响，这也使得对图书馆学研究对象的认识会有不同的出发点和不同的视角。作者依据一定的认识原则，探究了图书馆学的研究对象并把它具体表述为"面向信息检索的信息组织"，也只不过是诸多认识中的一种，一直以来人们对图书馆学的研究对象很难提供一种现有的、一劳永逸的答案，对图书馆学科学内核的追求可谓任重道远。一代代图书馆人依旧对此前赴后继，砥砺前进，这将极大地增强图书馆学学科的生命力，从某种意义上来说，这也正是图书馆学的魅力所在。

第二节 图书馆学原理

原理即具有普遍意义的最基本的规律。图书馆学原理是图书馆学基础理论研究的重要内容之一，是对图书馆发展的本质规律和必然趋势的把握与揭示。图书馆学原理主要研究图书馆学在发展过程中形成的基本规律与基本道理。

一、图书馆学五定律

随着对图书馆学研究的不断深入以及对图书馆学定理的探求和总结，形成了图书馆学领域中一些特有的定律，但是学科基础理论层面的定律极为罕见，最为著名的是印度图书馆学家阮冈纳赞的图书馆学五定律。图书馆、图书馆工作、图书馆事业、图书馆学中的各种复杂关系，被阮冈纳赞凝练为五个浅显的、不容置疑的短小命题。

（一）阮冈纳赞图书馆学五定律

1931 年《图书馆学五定律》（*The Five Laws of Library Science*）在印度问世，该书出版后迅速得到了学界的广泛重视，阮冈纳赞关于图书馆学的这五个定律被认为是职业最简明的表述，虽然简短，但沿用至今，一直被学界尊为经典理论。具体如下所示。

（1）书是为了用的（Books are for use）。

（2）每个读者有其书（Every reader his or her book）。

（3）每本书有其读者（Every book its reader）。

（4）节省读者的时间（Save the time of the reader）。

（5）图书馆是一个生长着的有机体（A library is a growing organism）。

阮冈纳赞图书馆学五定律是经过图书馆长期实践检验的，揭示了图书馆最基本的规律。阮冈纳赞图书馆学五定律体现了以读者为中心这一理念，同时也是图书馆的价值所在以及图书馆发展的动力来源。它从本质上揭示了图书馆工作和发展中的两个核心问题：一是图书馆工作的基本法则——图书馆必须坚持读者第一，服务至上，贯彻全心全意为读者服务的宗旨；二是图书馆发展的重要规律——图书馆工作必须适应社会的发展和需要。服务和发展将永远是图书馆界需要面对和研究的永恒不变的重大主题。

在现代信息技术和网络条件下，数字图书馆作为传统图书馆的继承与发展，以读者为中心的服务理念并没有改变，所以阮冈纳赞图书馆学五定律作为数字图书馆建设指导思想的地位并没有改变，而且数字图书馆能够更好地传承阮冈纳赞图书馆学五定律的精髓。信息共享空间是数字图书馆发展的一个特殊形式。它的建设和发展更是离不开阮冈纳赞图书馆学五定律理论。从信息共享空间理念、结构功能、服务内容、运行管理模式等几个方面分析，阮冈纳赞图书馆学五定律对信息共享空间的建设有极大的指导意义，可以说阮冈纳赞图书馆学五定律是信息共享空间建设中最基本、最重要的理论基础。在规范高校外文图书采访工作中，第三定律是外文图书采访工作的着眼点和实践策略，第二定律是外文图书采访工作的解决目标，第四定律是外文图书采访工作的发展思路，第五定律是外文图书采访工作的发展理念。

图书馆在长期的累积过程中，根据自身的信息资源特点，能够最大限度地整合与协调好馆藏、读者和馆员的关系，能够保持图书馆持续发展的竞争优势，为用户或读者提供独特服务。阮冈纳赞图书馆学五定律在培养图书馆核心竞争力上具有重要意义。第一定律是培育图书馆核心竞争力的来源。图书馆核心竞争力的基础在于运用、转换、整合资源，提供多种形式的"书"，供读者使用，而不单单是为了"藏"，装点自己的门面。有效地发挥文献信息资源的力量是培育图书馆的核心竞争力的前提。第二与第三定律是培育图书馆核心竞争力的出发点。虽然"每个读者有其书"的定律是以"读者"为出发点提出的，而"每本书有其读者"是以"书"为出发点提出的，但其目的都是使图书馆的书尽可能地被读者利用，归根结底都是为了读者。图书馆要想具有核心竞争力，就要把读者放在第一位，从读者的需求出发，积极、快速地反应和响应其需求的变化，加快馆藏文献的更新，优化资源结构。第四定律是培育图书馆核心竞争力的关键。现代图书馆的管理理念、管理方法是核心竞争力形成的关键。然而，"节省读者的时间"引进了时间因素，这一定律引发图书馆管理方面的许多改革。在管理中应坚持以人为本，营造重视人才、尊重人才的氛围，合理调配人员，使每一个馆员都在合适的岗位上发挥自己的最大效用，这一切为"节省读者的时间"提供了可能。第五定律是培育图书馆核心竞争力的归宿。核心竞争力总与一定时期的行业动态、服务需求的变化以及图书馆资源等变量高度相关。随着相关变量的变化，图书馆核心竞争力的动态发展演变是客观必然的。

（二）图书馆学新五律

阮冈纳赞图书馆学五定律一经提出即得到了诸多图书馆员的支持和响应，也正像阮冈纳赞自己所料想的那样，图书馆随着时代的发展和科技的进步，发生了许多变革。阮冈纳赞的追随者在他的基础上发展了图书馆学五定律，使之更加缜密，既体现其生命力，又能与时代同步并指导图书馆实际工作的开展，使图书馆学基础理论又站到了一个新的高度。例如，戈曼（Michael Gorman）在其《未来图书馆：狂想与现实》一书中提出了图书馆事业的五个命题，又称图书馆学新五法（five new laws of librarianship）。戈曼通过对20世纪末的信息革命和网络技术的发展以及图书馆实际服务工作的思考研究，在阮冈纳赞图书馆学五定律的基础上，进一步扩大了图书馆学研究范围。图书馆学新五律也得到广大图书馆学学者的响应，尤其对信息资源共享理论有巨大影响。

第一定律：图书馆服务于人类文化素质。这一命题站在了全人类文化素质的全新高度上，赋予了图书馆更重要的社会价值和历史使命。图书馆事业中支配一切的道德规范是服务，这种为人类服务的强烈愿望便是成功的图书馆事业的基础，它的存在不是为排他主义的群体服务，而是为提高人类文化修养这一远大目标及其更广泛的目标和对文化的渴望服务，这是图书馆产生、存在与发展的第一推动力。在信息时代的今天，信息技术的变化改变了图书馆与读者利用文献的方式，但图书馆服务的宗旨没变。

第二定律：掌握各种知识传播方式。随着网络信息资源的大量涌现和知识传播方式的改变，图书馆通过配置纸本型文献、电子光盘、声像资料，建立电子阅览室、局域网、广域网及数字图书浏览等，使不同年龄性别、不同健康状况、不同文化程度的读者都能获取相应的文献信息。每种新技术的交流方式都不可能完全取代以前的任何一种，但都增强和补充了以前交流方式的力量。正确看待新旧知识传播方式，肯定新的传播媒介对知识传播的巨大推动作用，不盲目推崇电子媒体。

第三定律：明智地采用科学技术提高服务质量。图书馆事业发展的历史是一个将新技术与新交流方法成功地结合到现有活动和服务中的历史。随着新技术应用和社会的向前发展，为了更深地发掘文献信息资源，需要借助现代技术手段，更好地揭示馆藏，更好地为读者服务，更好地体现图书馆的人文关怀。其阐述了科学技术对图书馆知识管理与信息服务的促进作用。

第四定律：确保知识的自由存取。表明图书馆应是自由的集中体现，创新服务理念、服务方式，维护用户自由获取信息的权利，要努力保持开放，并使所有读者都有机会使用，同时提高馆员应用现代技术的水平，提高服务层次，确保知识的自由存取。

第五定律：尊重过去、开创未来。一方面，继承过去的图书馆的优良传统；另一方面，促进变革创新思维，继往开来。图书馆无论如何变革，都应是肩负历史赋予了伟大使命的知识传播机构，必须公正、清醒、理智地将过去、现在与未来相融合，缺乏这一点，图书馆就将是纯粹反应式的、瞬间的东西。只有在尊重过去的基础上，具有历史感和有关持续价值与使命延续的知识，图书馆才能永远不被摧毁，才能创造出一个美好的未来。

图书馆学新五律的提出为新形势下图书馆的发展指明了方向。随着经济的发展、技术的进步，人类社会进入了一个崭新的发展阶段，图书馆面临着新的形势：社会信息化进程加快，信息产业将成为支柱性产业，新兴信息服务部门异军突起，图书馆的信息垄断地位一去不复返。图书馆学新五律则在一定程度上为图书馆的发展指明了方向：首先，第一定律是图书馆的价值体现，是图书馆立足于社会的前提；其次，第三定律"明智地采用科学技术提高服务质量"则是图书馆立足于社会的重要保障；最后，第五定律"尊重过去、开创未来"，更是迎接未来种种挑战应遵循的原则。同时，图书馆学新五律的提出，为图书馆学注入了新的活力。图书馆学新五律的一些观点虽有待完善和接受实践的检验，但它的提出如平静的湖水投入了一粒石子一般，必将引起图书馆学界的思考和辩论，将促使人们回顾阮冈纳赞图书馆学五定律，重新审视它对于当今社会的适用程度。

新、老五定律都是以图书馆学定律命名的，图书馆学新五律是由阮冈纳赞图书馆学五定律延伸而来的，在表述对象、思想观点上又有所创新，并对新形势下图书馆面临的一些新问题做了分析与回答。两者之间既有相似之处，又有差别存在。图书馆学新五律继承了阮冈纳赞图书馆学五定律的基本原则和指导思想：开放性和平等性原则，以及读者第一、服务至上和坚守知识传播思想；图书馆学新五律引入了新的信息技术，赋予了阮冈纳赞图书馆学五定律新的内涵与外延。

图书馆学新五律由对图书馆工作的研究转变为对图书馆学的研究。随着时代的发展，科学技术的不断应用，图书馆工作发生了巨大的变革，服务项目也日趋多样化，人们到图书馆不仅仅是借阅图书，更多的是利用其服务获取知识。首先，图书馆学新五律与阮冈纳赞图书馆学五定律相比，以"用户"取代了"读者"，以"知识"取代了"图书"；其次，阮冈纳赞图书馆学五定律的表述对象仅为书与读者，图书馆学新五律则增加了科学技术，服务于人类文化素质，是对图书馆机制的表述。现代网络信息不断涌现，图书馆服务内容也开始从借阅图书向利用各种资源转变。阮冈纳赞图书馆学五定律重点强调对书的利用，而图书馆学新五律则强调的是服务，增加了服务意识。对于图书馆人来说，服务用户永远是图书馆工作的核心。在借助于现代信息技术的同时，倾注于图书馆人的深切关怀，最大限度地满足用户的需求，更好地为用户服务。

图书馆学新五律虽然在思想上、观念上有所创新，部分反映了当代图书馆的时代特色，但从中仍能看到阮冈纳赞图书馆学五定律的痕迹。正如戈曼先生本人所说，他这个图书馆学新五律的提出，是站在了巨人肩上，以当今图书馆及其未来发展趋势为背景，对阮冈纳赞图书馆学五定律所蕴含真理的重新解释。阮冈纳赞图书馆学五定律在信息技术快速发展的今天，依旧对图书馆事业具有较好的指导性。

二、图书馆学价值、功能与使命

图书馆学作为一门服务于人类文明进步、服务于社会发展的、综合性、应用性的，以人文社会科学为学科基础的交叉学科，它的现实基础就是现当代人类社会的图书馆事业和图书馆社会实践活动。无论是图书馆的社会价值、人文价值还是图书馆学的学术生命活力，无不源自图书馆和图书馆事业这一社会实践之中。

（一）图书馆学核心价值：建立和完善信息秩序

事物的存在各有其自身的意义和价值，就是因为它拥有价值，也受其自身的功能和使命的影响，得以在岁月的长河里熠熠生辉。就像科学本身所存在的意义一般，图书馆学就是这样一个存在，具有重要的社会科学价值与学科价值，建立和完善信息秩序是图书馆学核心价值。

1. 社会科学价值与学科价值

图书馆学是社会科学中不可分割的一部分，图书馆学利用其他社会科学领域的研究成果来分析自身的现象，同时也将理论创新和方法创新输出到其他领域。因此图书馆学也具有典型的社会科学的价值体现。学科价值就是价值在学科中的体现。有学者认为，学科价值来源于学科所固有的属性，取决于主体教育或发展的需要，产生于学科的主体化活动。学科价值研究的重点在于研究学科的属性如何更好地满足主体的需要，适合于主体，服务于主体。有学者将学科价值界定为四个方面：①培养高素质人才；②发展科学；③通过科学与技术成果的社会化以及其他社会服务活动，促进地区以及国家科技进步和社会经济发展；④在上述三个方面保持持续的进步，保持学科竞争优势的积累。其中，前三个方面都可归为学科建设的社会价值，可见学科的社会价值应当是学科的首要价值。

2. 时代背景与现实意义

进入 21 世纪后，互联网的发展和互联网对其他生产与生活领域的渗透呈现了指数级增长的特点。信息革命兴起，信息传播速度极大加快，社会单位时间内人们可获取的信息量成倍增加，各类媒介携带着海量信息汹涌而来，期待信息盛宴的人们却逐渐在纷乱无序的信息汪洋中脱力疲乏。信息时代开始显现一种"怪象"，即主观上信息稀缺，客观上却泛滥成灾。同时，随着科学技术的进一步发展，社会经济生活也发生着深刻的变化，特别是数字化网络和计算机技术的广泛应用，改变了传统的信息载体，丰富了信息传播手段、途径和方式，加快了信息传播速度，全方位地影响着社会生活的各个领域。

现如今，信息技术发展到了一个全新阶段，信息商品化与市场化的趋势使社会信息服务格局发生了深刻变化。当前，信息对现实世界所产生的冲击主要表现在如下方面：一是海量信息和信息污染；二是信息壁垒或称信息沟；三是负熵意义上的秩序端倪。从以结绳记事到数字模拟，再到 3D 打印，人类社会的信息化经历了一个加速的历程。当前信息社会面临的主要问题与风险是信息爆炸及信息污染所导致的混乱和无序，因此需要建立一种机制使混乱、无序的信息社会走向有序状态，并使其可以持续性地维持，这一过程即整序。数字化时代的信息秩序应该有这样一个重要维度，即符合人类的基本价值和人文理想。这种秩序应该朝着有助于消灭至少是缩小信息鸿沟、促进人与自然和谐及消灭贫富分化的人类理想的方向努力。在网络环境下实施个性化信息服务和个性化情报服务，总是要求信息运动协同、有序。在特定需求的激发下，涌起的信息只有在协同保障平台上做有序、同步的协同运动，协同加工、协同研究、协同服务才能实现。

　　随着网络信息来源更加多样，有必要做好信息的序化与组织，把看似不相关联的、缺乏稳定的知识框架体系的不同信息个体，经过加工融合成一个能够科学地揭示信息内容、完整地维护信息形态、充分地实现其信息价值的有序的信息集合体。如若不加以人工干预，信息社会便总会趋于杂乱和无序，信息就不能在"孤岛"之间协同运动，协同保障环境不会得到有效的应用，协同作业也就无法实现，"孤岛"也就始终会是"孤岛"。长此以往，信息就会成为无用的信息。

　　因此，现代图书馆学的核心价值应该是建立和完善信息秩序，这其实是在图书馆学出现时就存在的核心价值，只是由于时代发展与技术进步而在当代信息社会环境下更加凸显。信息资源数量庞大、形式多样、更新速度快，信息组织的种类形式多样，现代信息技术的飞速发展，都凸显了建立和完善信息秩序的重要性。社会信息技术等方面的影响使信息资源的共建共享成为当代信息资源最显著的特征，信息资源更新速度的加快使信息资源的及时保存出现困难，信息资源的冗杂使得各种信息良莠不齐且不易分辨。面对庞大且纷杂无序的信息资源，建立和完善信息秩序的任务更为紧迫。

　　（二）图书馆学功能和使命

　　一门科学学科的存在，其自身的功能必不可少，这是立足于科学界的基础之一。功能是指事物内部固有的效能，它是由事物内部要素结构所决定的，是一种内在于事物内部相对稳定独立的机制。功能一般是褒义词，它是事物与外部环境发生关系时所产生的外部效应。功能是作用产生的内部根据和前提基础，客观需要是测评产生作用的外部条件。功能即事物的效用和价值，对一定的主体来说，功能是某事物存在和发展的应有意义与基本论据所在。学科功能问题是一个重要的元理论问题。图书馆学的功能就是图书馆学内部诸要素之间及图书馆学与外部社会环境之间相互发生联系作用时所表现出来的特征和效果。对图书馆学功能的定位，就是要明确图书馆学功能类型及表现形式。使命是应该承担的责任和义务。宗旨、核心价值观、精神的内涵基本一致，是哲学层次判断是非对错的最高准则。功能是学科的基础，使命是学科基础理论发展的组成部分。图书馆学的使命就像是图书馆学这个学科本身所具有的义务和责任。图书馆学的价值、功能和使命，三者相互依存。依据宏观发展的全局形势，结合当前我国图书馆研究的现状，当代我国图书馆学的功能和使命可以从学术功能、教育功能及应用功能三个方面进行论述。

　　图书馆学所具备的学术、教育和应用这三个层次的功能是每个基础学科理论基本具备的，就像普遍应用的哲学和社会学一般。众所周知，哲学可以促进理智的发展。它主要有三大功能：学术功能、人生功能、哲学的普遍价值观功能。社会学的功能可以概括为两个主要层次，也就是两大功能：社会认识功能和社会实践功能。综合分析哲学和社会学的功能可以发现，二者具备的几项功能，基本可以概括成三个层次，即学术、实践、教育。实践层次的功能，也是应用层次的功能。由此可以认为，一门科学学科基本都会具备这三个层次的功能。因而可以做出判断，对于图书馆学的功能，依然可以从三个角度进行分析，分别是应用功能、学术功能和教育功能，而图书馆学的使命可以以功能为基础展开论述。

1. 应用功能及使命

1）应用功能

就功能而言，图书馆学可以指导图书馆实践。图书馆学来自实践、反映实践，又要指导实践。图书馆学的目的是指导图书馆实践的发展，解释图书馆实践中的各种现象，解决实践中的各种问题。正确指导实践的关键在于理论的正确性、科学性、应用性。图书馆学是一门实践性很强的科学，理论便是为了指导实践，而研究脱离实践或与图书馆毫无关系的纯理论不是图书馆学的目的。图书馆学可以预见图书馆的未来发展。任何一门科学，不仅要通过现象揭示研究对象的本质、特征、发展规律，还要总结经验、上升为理论，进行科学抽象，并运用这些理论指导实践，解决实践中的问题；还要预测未来，指出图书馆未来的走向是什么，为图书馆制订发展规划提供依据，使图书馆事业的发展尽可能少走弯路，或错过机遇，赶不上时代发展的步伐。

2）应用使命

图书馆学的应用功能所推出的图书馆学应用层次的使命主要有两个方面。

第一，对于相关事业进行引导、设计和规划，具有管理功能。可以帮助指导相关行业、相关事业的建设，丰富其他行业和事业，引导事业的发展，探索事业发展方向，指导相关事业建设的具体工作。从哲学的角度来说，一门学科产生于实践，优先于实践（此实践是指图书馆学自身所存在的实践而非外在的大时代的实践），指导于实践。马克思主义认为意识形态有历史性和过渡性，随着社会结构变化而变化。图书馆学作为一门实践哲学，显然不能停留于知识争论，它必须经过现实、知识、客观三部分整合而成，必须脱离纯理论性。因此，争取和实现图书馆学的客观性成为图书馆学研究者进行图书馆学研究的标准参数，经由图书馆学的客观性，图书馆学才能去引导、设计、规划图书馆事业的发展。与自然科学的精准性相比，图书馆学相对具有较大的模糊性，然而这并不意味着图书馆学缺少一定程度的可预见性和能动性。在充分考虑了人的意志和人的主观能动性后，预见则意味着尽可能地清楚地观察过去和现在的存在状况，即能准确地识别图书馆事业发展过程中根本的和持久的因素。与意识形态的政治行动性一样，图书馆学的目的性也在于唤起大众摆脱消极状态，在相当一部分图书馆的工作表现出消极和被动的状态时，那些寻求一致性发展的探索及统计学研究在图书馆学研究中的运用都是大有裨益的。引导、设计、规划并提交图书馆事业全局发展的蓝图，是图书馆学外在使命的主要任务。在各种观念与制度均已发生翻天覆地的变化之际，图书馆事业的发展需要新的战略和方法，需要构建最完备的评估和决策体系。图书馆学的革命性不仅仅要求它对本体的否定性思考和创新，也要求它在新时代为图书馆事业的前进寻求合理的着陆点。它是图书馆学、图书馆与社会对于共同的未来的共同责任。这是一项艰巨而复杂的工程，但也是图书馆学研究的最终归宿。只有在这里，图书馆学才能体现出它作为一门社会科学的实质和全部作用。

第二，图书馆学可以帮助社会进行信息社会治理。这是受当代的信息资源自身特征所影响的，信息资源数量庞大、分布不均匀，且具有无限性。从内容特征角度分析，信息资源形式多样、质量参差不齐且具有碎片化的特征；信息资源的传播又具备动态性强、交互性强、传递快捷和传播范围广的特征。因此，信息资源的有序化整理十分重要。图书馆学核心价值是建立和完善信息秩序，图书馆学的功能是指导实践具有管理功能，因此，图书馆学具有可进行社会信息治理的功能。当下的信息社会，应当是一个多元有序和谐的信息社会，这既符合社会主义核心价值观，也顺应时代发展趋势，有利于时代的发展。

2. 学术功能及使命

1）学术功能

图书馆学作为一门学科基础理论，为学科发展提供学术指导，指明正确的发展方向，帮助图书馆学学科发展少走弯路，具有十分重要的意义。图书馆学是科学的组成部分，是科学丛林中的一片天地，是科学的一个分支。图书馆学研究图书馆的本质，信息、知识的收集与利用或集聚与传播，是图书馆的本质，也是最主要的矛盾。没有收集，不会有利用，收集是手段、前提，利用是目的、结果。收集是利用的基础、条件，二者相互依存，又相互促进，形成一个统一的和谐的有机整体。任何图书馆能正确认识、掌握这一本质，就能抓住根本，促进图书馆实践的发展。图书馆学还可以进行科学抽象。图书馆学的研究主体是图书馆，图书馆是一种复杂的社会现象，有漫长历史，普遍存在于世界各处，规模大小不一，收藏的文献品种繁多，内容极其丰富，而利用者是全社会成员。从表层看，图书馆是一个收集、整理、保存、转化、传播信息与知识为社会服务的组织。面对这一复杂的研究对象，图书馆学的重要功能必须运用科学抽象手段，舍弃个别的、非本质的、次要的属性，通过思维和科学方法，找出图书馆的本质特征和本质联系，并加以概括，上升为概念、范畴、规律、原理、理论，建立图书馆学的概念群和理论体系，提高图书馆学理论水平。图书馆学的发展也是在不断进步的，从一代图书馆到二代图书馆，直至今天的三代图书馆，虽然核心价值是永恒不变的，但是图书馆学的功能却经历了变化和进步，功能从最初图书馆这个定义出现时期的基础存储功能一步步发展到现在的信息组织功能，图书馆也从单一的房屋建筑，变成了今天的各种建筑设计。单从图书馆这种种进步变化而言，如果没有图书馆学基础理论的支持并作为图书馆事业发展坚实的理论基础，图书馆很难有今天的繁荣和成就，信息组织的发展及学科间的不断交融影响。如果没有图书馆学基础理论的支撑，图书馆学很有可能会被别的学科影响甚至被吞并而日渐没落。

2）学术使命

根据图书馆学学术层次的功能推及图书馆学学术层次的使命主要有两个方面。

第一，图书馆学揭示图书馆的发展规律。论述图书馆学的相关学术使命，把握学科发展方向和规律，帮助专业始终在轨道上发展，不走偏，不出事故，就像人们常说的"火车跑得快，全靠车头带"，图书馆学就是图书馆事业发展的火车头，图书馆学发展得好，图书馆事业就会走向一个新的高度。图书馆学是在图书馆工作长期实践的基础上产生和发展的，在图书馆发展的每一个历史阶段，图书馆学均代表着当时人们对于图书馆发展规律的认识程度。总之，图书馆学是图书馆知识长期积累和发展的总结。它的目的就是揭示图书馆发展的基本规律和一般规律、解释图书馆各个时期的各种现象，它的任务就是透过偶然的、杂乱的、无序的现象去发掘和研究表面上看不出来的存在于图书馆内部的客观规律，并以这些客观规律的知识来武装从事图书馆实践活动的人们。由此看来，揭示图书馆规律、发掘图书馆规律，研究、认识和掌握图书馆规律是图书馆学最基本的使命之一。

第二，完善图书馆学的体系结构。建立图书馆学体系，这不仅是客观的需要，也是自身生存与发展的需要。学科体系的形成代表一个学科成熟的程度，内容成熟就可能构成体系，内容不成熟则不能形成，或只是初步形成。一个学科的最终目标就是建构自己的体系，发展自己的体系，因此建立和完善图书馆学体系是图书馆学的基本使命。建立一套完整的关于图书馆学的理论系统，可以通过建立起上述学术功能与学术使命之间的内在联系和互动机制，构筑图书馆学完整的理论体系，还可以帮助始终紧握图书馆学研究的本质，帮助站稳脚跟，使图书馆学的发展少受影响。另外，图书馆学在完善自身体系结构的同时，作为科学体系的一部分，完善自身就是帮助完善整个科学体系结构。图书馆学的内在使命是指图书馆学对其自身活动、内涵和外延、学科建设方式以及学科理论建设的研究，虽然如此，但图书馆学活动首先是在活跃的图书馆学和图书馆界的知识分子间进行的，它们所构筑的意识形态，即图书馆学的存在。

3. 教育功能及使命

1）教育功能

图书馆学可以帮助培养人才，提高全民信息素养，具有教育功能。首先，图书馆学作为一门独立学科，最本职的功能是为学科发展提供理论基础和指导，这是在学术功能里提到的，在具备学术功能的同时还会凸显其教育功能，一方面，图书馆学提供的基础理论建立了图书馆学学科，图书馆学学科利用基础理论和实践教学对图书馆学专业学生进行了专业的培训和教育；另一方面，图书馆学对图书馆馆员进行相关的培训和指导，这都体现了图书馆学的教育功能。另外，图书馆学可以发展分支学科。图书馆学不仅要有自己独立的体系，还要发展各个分支学科，分支学科是图书馆学体系的组成部分，每个分支学科还可形成多个低层学科。这就要求图书馆学体系既有整体性，又有均衡性，各个部分得到正常的发展，不要某些分支学科很粗，某些分支学科很细，还要使理论与应用获得平衡发展。为图书馆学科的专业教育提供理论指导，可以提供图书馆学专业教育的教材，帮助培养图书馆学专业人才，还可以为高校图书馆和公共图书馆提供专职专业人才，这有利于图书馆的运营和发展，图书馆可以不断发挥其自身最大的效益。总体而言，作为一门独立的科学学科，它有其自身科学系统的理论，可以作用于图书馆的实际运营和发展上。其次，图书馆学自身包含信息系统、信息检索和信息组织的理论知识，它又和情报学、档案学有着密不可分的关系，这都使它具备了教育的功能。

2）教育使命

由图书馆学所具备的教育功能推及图书馆学教育层次的使命主要有两个方面。

第一，帮助培养专业人才。一个毋庸讳言的事实是，长期以来，由于诸多原因，从新中国成立至今长达几十年的时间里，我国图书馆界从业人员的整体学术素质偏低。鉴于这一实际状况，理论界、学术界、知识界和图书馆界之外的人士由于对古今中外图书馆事业的完整历史和图书馆学这门学科不够了解而对图书馆学能否成为一门科学有些疑问并不奇怪。而上述这种来自图书馆界本身，并且是从学术研究的角度对图书馆学的科学基础所进行的自我否定，就不能不成为图书馆学在学术之林中所独有的奇异现象。图书馆学界如果对这一学坛怪象熟视无睹，不从历史的、现实的、学术的和政治的诸方面影响因素进行深刻的综合分析，从理论上挖掘根源、拨乱反正，不但将造成图书馆学的学术危机，还将动摇甚至断送图书馆学的现实基础。图书馆学的研究与发展有利于教育事业的发展完善，帮助培养专业人才有利于专业人才队伍建设。

第二，图书馆学的发展可以帮助提高全民信息素养。图书馆学的发展，图书馆是其发展的受益者，一方面培养优秀专业人才，专业人才投入到图书馆学的研究及图书馆的实际运营发展之中，可以帮助图书馆效益最大化发挥出来，这些都将有利于提高全民信息素养，使整个社会和民族受益。当前图书馆学首先要进行以下几个方面的研究：①对从事图书馆活动的人群（知识或半知识分子）的存在状况和活动状况进行广泛的研究，从而获得第一手资料，全面了解和掌握图书馆事业的进展和问题；②对从事图书馆学活动的人群（知识分子）的活动状况和存在状况进行广泛的研究，从而全面了解和掌握图书馆学的进展方向和存在问题；③对与图书馆有交往的人群——那些与图书馆发生关系的社会机构和民众进行研究，研究内容包含他们利用图书馆的方式、获得的满足程度、进一步的愿望、有可能对图书馆发生的影响等，从而试图去构建最接近时代的图书馆存在模式。

通过以上论述，21世纪图书馆学理论体系这种多元互补、相互统一、整体发展的基本趋势最直接的表现就是在多元发展的基础上有一个统一的图书馆学学科建设的基本方向。对图书馆学的价值功能和使命进行了一个大致判断。探索价值、功能和使命有利于图书馆学基础理论研究的繁荣与深化，有利于图书馆学的学科建设，有利于图书馆事业建设，有利于图书馆事业促进人类信息文明的进步与发展。同时，也明白了图书馆学的价值、功能和使命三者之间的关系是相辅相成、相互促进、相互影响的。总之，在图书馆学理论多元化发展这一无比广阔的学术天地中，对图书馆学的价值、功能和使命进行逻辑判断是十分必要的。

第三节　图书馆学体系结构

图书馆学体系结构是图书馆学基础理论研究中基本问题之一，构建一个科学合理的图书馆学体系结构有利于把握图书馆学的发展规律以及推动图书馆学的整体发展。

一、图书馆学体系结构概念

图书馆学体系结构的构建一直是图书馆学研究中重要而艰巨的任务。那么，到底什么是图书馆学体系结构呢？不同学者有着不同的看法。

20世纪80年代我国学者开始对图书馆学体系结构进行深入研究。有学者认为，图书馆学体系结构反映图书馆学的研究对象、内容范围、发展趋势，同时揭示图书馆学的各个分支学科之间的相互关系及其在学科整体化道路上的地位和作用。

黄宗忠认为，图书馆学体系就是图书馆学内容分类、排列、组合而形成的一个相互联系、相互制约的整体。也就是由相互联系、相互制约的图书馆学各个门类、分支学科、低层次学科、知识单元、知识元素构成的整体，是理论（原理）与应用（技术）的有机结合。

梅雪认为，作为一门科学的图书馆学，它的体系结构，与科学的体系结构一样，存在着知识结构、学科结构、门类结构。

吴慰慈认为，图书馆学的体系结构就是由相互联系、相互制约的图书馆学理论、图书馆技术方法、图书馆史等知识元素构成的整体。图书馆学体系包括经验要素、理论要素和结构要素。

图书馆学体系结构可以看成是图书馆学研究内容的集合。相比较图书馆学研究对象而言，图书馆学研究内容不是一成不变的，随着时代的发展、技术的进步，以及社会的需求和图书馆实践的变化，研究内容都会随之发生改变，因此，图书馆学体系结构也是动态变化的。图书馆学是各个分支图书馆学的一个总称，图书馆学的研究对象和研究内容决定了图书馆学的外延，即图书馆学的体系结构包括各分支学科及其内容。

19 世纪初期，图书馆学开始成为一门独立的学科，发展到今天历经两百多年，已经形成了众多的研究方向和领域。如何对这些研究方向和领域进行符合逻辑的归纳与梳理，并在此基础上构建科学合理的图书馆学体系结构，对于图书馆学的发展具有重大意义。

构建科学合理的图书馆学结构体系有利于全面概括和反映图书馆学的主要研究内容。图书馆学体系结构是图书馆学基础理论中的一个重要组成部分。无论是早期刘荣折等认为的图书馆学体系结构囊括图书馆学研究对象、内容范围、发展趋势，还是黄宗忠提出的图书馆学体系结构是由相互联系、相互制约的图书馆学各个门类、分支学科、低层次学科、知识单元、知识元素构成的整体，是理论（原理）与应用（技术）的有机结合，以及随着时代的发展，徐引篪和霍国庆以信息资源体系为基础构建图书馆学体系结构，都明确了图书馆学研究内容与图书馆学体系结构息息相关。因此，为了深化对图书馆学研究内容的认识，为了全面把握图书馆学的本质属性，研究构建一个完整的图书馆学体系结构是十分必要的。

图书馆学体系结构与图书馆学的发展规律之间有密不可分的联系。吴慰慈认为，只有了解了图书馆学的体系结构，熟悉了图书馆学的研究范畴，并明确各分支学科在图书馆学体系结构中的地位和作用，才能从总体上把握图书馆学的发展规律，才能对图书馆学的自身发展和演化起重要作用。由于图书馆学体系的不断扩大，构建一个科学、合理的图书馆学体系结构是至关重要的。图书馆学作为一门独立的学科，不仅是一个整体，而且是一个有层次结构的学科体系。随着时代的进步，图书馆实践在不断地发生变化，造成图书馆学的知识不断积累，在这个过程中，如果没有一个科学合理的体系结构，就会导致图书馆学这门学科缺少系统性与发展性。紧随发展的步伐，不断充实和完善图书馆学体系结构，才能从整体上促进这门学科的发展。

二、图书馆学体系结构的形成与发展

（一）形成

我国对于图书馆学的理论研究开始于 20 世纪 20 年代。杨昭悊是我国第一个明确提出图书馆学体系结构的学者，他在《图书馆学》一书中利用普通科学分类法将图书馆学体系结构分为纯正的图书馆学和应用的图书馆学两大类。纯正的图书馆学专为说明图书馆原理原则，或现有的事实，里面又分为具体的（如图书馆史、图书馆法令）和抽象的（如图书馆学教育）两部分内容；应用的图书馆学专为指导图书馆实施的方法，里面又分为特殊的（如分类编目）和一般的（如管理组织法）两部分内容。

杨昭悊将图书馆学体系结构主要分为图书馆学原理和图书馆学应用两部分（即理论图书馆学和应用图书馆学），这一时期主要是以图书馆的工作内容来构建图书馆的体系结构。理论图书馆学的主要研究内容是与图书馆工作有关的；应用图书馆学的主要研究内容是图书馆工作流程中所涉及的编目法、分类法及应用于图书馆管理中的相关法规。

除此之外，杜定友、刘国钧、李景新等学者也先后提出了自己对构建图书馆学体系结构的见解。1926 年杜定友在《图书馆学的内容与方法》中提出图书馆学大致可分为理论的和实用的，并认为两者相比，实用为贵。1935 年李景新在《图书馆学能成一独立的科学吗》提到"凡成为一种科学，就必须有历史的、系统的研究方法，以求得一种知识，图书馆学即所以研究图书馆学之根本原理及其应用者也，将图书馆学分为历史的图书馆学和系统的图书馆学"。他认为图书馆学学科主要划分为历史的图书馆学和系统的图书馆学两大主体系。

历史的图书馆学主要包括：①图书史，涵盖的内容包括书写史、分类学史、印刷史、编目学史、装潢史、校雠学史、收藏史、书影学史、目录学史；②图书馆史；③图书馆学史。系统的图书馆学包括理论的图书馆学和实际的图书馆学。理论的图书馆学主要包括图书馆学的原理、图书馆学的研究方法、图书馆学的目的和价值、图书馆学与其他学科的关系；实际的图书馆学主要包括：①行政论，组织建筑法规、设备管理馆员训练；②经营论，选购法、交换法、笔记法、登记法、互借法、打字法、分类法、广告法、标目法、编目法、出纳法、修理法、收藏法、索引法、装订法、陈列法、编纂法、校雠法、统计法、翻译法、参考法、书写法；③形式论，儿童图书馆、学校图书馆、专门图书馆、特别图书馆、机关图书馆、团体图书馆、公立图书馆、私立图书馆、个人图书馆、流通图书馆、巡回图书馆、纪念图书馆以及其他形式图书馆。

这一时期对图书馆学体系的划分主要采用二分法，即根据图书馆学的基础理论和实际工作所运用到的知识进行划分，总体将图书馆学划分为理论图书馆学和应用图书馆学两大体系。

（二）发展

20 世纪 80 年代以后，我国学者才开始对图书馆学体系结构这一问题进行更为深入的研究。一部分学者坚持将图书馆学体系结构划分为理论图书馆学与应用图书馆学，以倪波和荀昌荣为代表。虽然这种划分方法与杨昭悊的划分结果的子项相同，但其子项所包含的内容却不尽相同。倪波和荀昌荣认为理论图书馆学是研究图书馆学基本理论的学科，其主要内容包括图书馆学原理、图书馆学史、图书馆事业研究等；而与图书馆工作相关的学科则归入应用图书馆学中。除此之外，应用图书馆学还将其他学科的原理与方法应用于图书馆学，作为交叉学科包含于其中。

随着图书馆学研究内容的不断扩展以及研究者认识的不断细化，图书馆学体系结构的三分法、四分法开始出现。1983 年，周文骏将图书馆学体系结构划分为理论图书馆学、专门图书馆学和应用图书馆学。1985 年，黄宗忠将图书馆学体系结构划分为理论图书馆学、技术图书馆学和应用图书馆学。随后，吴慰慈将图书馆学体系结构划分为普通图书馆学、专门图书馆学、应用图书馆学和比较图书馆学四个分支学科。

吴慰慈和董炎主编的《图书馆学概论》一书中对图书馆学的体系结构作以下分类：①普通图书馆学（general librarianship）。普通图书馆学是研究图书馆学的基本问题，图书馆事业建设的基础理论，图书馆工作原理、特点及其内在发展机制的图书馆学。普通图书馆学还包括图书馆事业史和图书馆发展史的研究。图书馆哲学是普通图书馆学的核心，为图书馆学理论与图书馆工作实践提供哲学指导，为图书馆学建立正确的范畴体系，提供哲学指导，即提供对图书馆现象进行本质性认识的理论参照。客观知识是图书馆学的逻辑起点，知识组织是图书馆学的逻辑中介，人是图书馆学的逻辑终点。②专门图书馆学（special librarianship）。专门图书馆学是专门研究图书馆的各种类型及其特点的图书馆学分支学科。其内容包括：研究公共图书馆（国家图书馆、社区图书馆），大学图书馆，科学专业图书馆等的工作原理、特点、任务及其特殊的性质、职能、组织形式、发展形势等。③比较图书馆学（comparative librarianship）。20 世纪 50 年代逐渐形成的一门图书馆学分支学科，其研究对象是世界各国的图书馆事业，主要从社会经济、文化、科技、社会政治体制、思想和历史的角度对不同国家、地区的图书馆和图书馆体制、事业发展中的问题或经验进行研究，目的在于了解并掌握它们之间的异同点。研究模式分为影响研究、平行研究、跨学科研究。研究类型有地域研究、跨国研究和实例研究。严格讲比较图书馆学始于 1954 年美国的蔡斯·戴恩（Chase Dane）的《比较图书馆学的益处》，我国最早见于程伯群的《比较图书馆学》（1935 年）一书。南开大学钟守真教授《比较图书馆学引论》一书系统地论述了比较图书馆学的发展史、学科任务和比较研究方法，是我国在比较图书馆学领域的一本集大成的专著。

随着科学技术的发展，图书馆学研究内容不断扩大，人们对图书馆学的认知有所提高，从而促使图书馆学不断出现新的分支学科。从二分法到三分法，体现了技术的发展对图书馆学这一学科深深的影响，乃至吴慰慈教授根据图书馆学各分支学科的研究对象及其主要的研究内容提出的图书馆学体系的四分法，从中不难发现科学技术的发展给图书馆学的基础理论研究注入了新鲜血液，促使图书馆学界的学者紧跟时代，为图书馆学的研究增添新的动力。

三、图书馆学体系构建原则

体系结构的构建体现图书馆学发展的时代性。事物是不断发展变化的，图书馆学的体系结构也不会一成不变，想要构造一个永恒的、涵盖一切的体系结构是无法实现的。研究者从不同的角度，运用不同的方法和手段进行研究，往往会提出不同的体系结构。继二分法、三分法、四分法这三种主要的体系结构流派之后，徐引篪和霍国庆以信息资源体系为基础、王子舟以知识为逻辑起点所构建的图书馆学体系结构也相继成为学界的主流观点。相对于最早的二分法、三分法、四分法而言，研究者构建体系结构的方法有了很大的发展。构建合理的图书馆学体系结构，一定要紧跟时代的脚步，不能一味地看过去，时代变化、图书馆实践变化、图书馆学研究内容变化，图书馆学体系结构一定要随之变化。

分支体系的形成应该围绕图书馆学的研究对象，并且反映图书馆学的研究内容。王子舟以知识为中心来构建图书馆学体系结构，他将图书馆学体系结构划分为理论图书馆学与应用图书馆学。理论图书馆学包括三个分支，分别是现实图书馆学、历史图书馆学和发展图书馆学；应用图书馆学也包括三个分支，分别是客观知识研究、知识集合研究和知识受众研究。这种划分体系结构的方法使得到的每一个分支体系都能够紧密地围绕图书馆学的研究对象，涵盖了图书馆学的研究内容。研究者如不围绕研究对象这一标准对分支体系进行构建，那么其所构成的体系结构就不是图书馆学的体系结构。更值得注意的是，构建分支体系时要明确研究对象与研究内容的区别。在日常研究中，研究者往往把研究对象与研究内容混为一谈。研究对象是科学得以成立的学术内核，应该是抽象的，而由研究对象派生出来的研究内容却往往是具体的。在构建图书馆学体系结构的过程中，各分支体系的研究对象不能有交叉，而研究内容是可以交叉的。只有将图书馆学的研究对象和研究内容区分开来，明确反映图书馆学的研究内容，才能使构建出的体系结构更加科学合理。

分支体系名称的确立应围绕一个成熟的核心概念。分支体系名称的提出必须得到学界的公认，并且能够反映一个成熟稳定的概念。很多研究者都致力于图书馆学体系结构的研究，据统计，我国对图书馆学体系结构的研究共提出了几十种观点。研究者的热情固然可以理解，但观点众多难免形成混乱的研究局面。分支体系名称的确立虽然可以超前，然而如果没有得到学界的认可，则无法形成一个成熟的核心概念，那么所形成的分支学科也就不稳固。分支体系的形成应该建立在一定研究规模的基础上。在图书馆学发展的初期，由于构建图书馆学体系结构的知识和经验都处于积累阶段，其体系结构直接反映了图书馆工作的具体内容。随着图书馆学理论基础的日渐完善、科学技术的不断发展，图书馆学的体系结构逐渐融入更多新的内容。面对图书馆学生存与发展的新环境，图书馆学体系结构的研究需要形成一定的研究规模，以推动这一学科的发展。

四、图书馆学的分支学科

一个科学系统的图书馆学体系结构应该是动态的、发展的、可交叉的，同时又要反映图书馆学的发展态势。图书馆学分支体系应该或者将会包括以下三类分支学科。

（一）传统分支学科

传统分支学科在学界已占据主流地位并且已得到普遍认可，故将其纳入图书馆学学科体系。图书馆学传统分支学科主要包括理论图书馆学、应用图书馆学和比较图书馆学。

1. 理论图书馆学

理论图书馆学是整个图书馆学研究的起点和根本。它从总体上规定了图书馆学的发展方向，是图书馆学的理论基础，为整个图书馆学提供基本理论与研究方法。

2. 应用图书馆学

应用图书馆学作为为图书馆事业及其相关因素的应用实践提供理论支持和技术指导的图书馆学分支学科，是图书馆学体系结构中不可或缺的一部分。应用图书馆学的内容几乎包含了图书馆工作的各个方面、各个环节，归纳起来共有五个主要方面：①图书馆信息资源建设，主要研究图书馆选择和收集文献与信息的原则和方法、文献信息的类型、馆藏类型的变化、出版物的供应制度、馆藏的划分及馆藏的组织、存储、典藏和保护等。早期主要是研究以图书为代表的纸质文献的收集和保存，随之是以缩微和电子文献在内的信息资源建设，现在是研究馆藏文献信息资源建设及互联网上虚拟信息资源连接在内的信息资源建设问题。②图书馆文献资源整序工作，主要包括文献目录工作、文献的分类和主题标引工作等。③图书馆用户服务工作，主要是研究图书馆用户的构成、用户的类型、信息需求、图书馆信息服务的类型（如文献流通借阅、参考咨询、网络信息导航、新媒体文献信息资源的管理与服务）。④图书馆管理，主要研究图书馆事业与个体图书馆的管理工作，包括宏观管理和微观管理。在图书馆综合采用科学管理、行为管理、定额管理、目标管理、战略管理、信息资源管理、系统管理，结合现代化管理手段，合理配置图书馆各种资源，提高工作效率，充分发挥图书馆人力、物力、财力和文献信息资源的作用，提高工作水平。今后探讨数字图书馆必须采用的市场化的运作模式和资金筹措中风险投资与收益问题。⑤图书馆工作现代化，主要探讨以电子计算机为核心的信息技术对图书馆工作的影响，如信息压缩技术、信息存储技术、信息传递技术、信息处理技术等在图书馆的应用（图书馆馆藏资源数字化，网络信息资源与虚拟馆藏建设、图书馆工作过程的机械化、自动化，图书馆工作的标准化，图书馆计算机自动化管理集成系统）。

3. 比较图书馆学

比较图书馆学是运用比较的研究方法对不同国别、地区、不同历史文化背景下的图书馆问题进行研究，从而确定它们的共同点和差异点。比较图书馆学能够揭示图书馆事业发展的客观规律，是图书馆学体系结构的重要组成部分。20 世纪 50 年代，比较图书馆学一词的出现逐渐受到学界的关注。20 世纪 80 年代以来，我国学者对比较图书馆学的研究热情空前高涨，对比较图书馆学的定义、研究对象、学科性质、研究模式、研究方法等展开了热烈的讨论，但到目前为止还未有统一的界定，具体可划分为三个派别：①方法派，认为比较图书馆学不是一门学科，只是比较方法在图书馆学研究中的某些应用；②学科派，认为比较图书馆学是图书馆学的一个分支学科；③折中派，试图调和以上两种理论观点。虽然学界对比较图书馆学能否作为图书馆学的分支学科存在很大争议，但这同时也促进了比较图书馆学在这一领域研究规模的扩大。鉴于构建方法允许分支学科交叉重复，最终将其作为图书馆学的重要组成部分。

在吴慰慈和董焱主编的《图书馆学概论》一书中认为比较图书馆学是一种研究方法，理由有三点：首先，比较方法广泛地应用于科学研究的各个领域，图书馆学研究人员也十分注意采用比较的方法研究国际图书馆事业发展的共性和特性问题。许多论著采用比较研究的方法进行归纳和阐释，而将所有采用比较方法进行研究的论著都归入比较图书馆学的范畴，显然是不适合的。其次，比较图书馆学并没有形成自己所特有的一套学术规范和术语，也没提出新的研究方法，所采用的方法都是社会科学和自然科学中所广泛采用的比较方法、历史方法、调查法、实验法、数理统计法等。最后，比较图书馆学未能形成一支研究队伍，在所有图书馆相关问题研究中，从事本专题研究的人员数相对较少，论著数量也有限。

究其原因，是因为比较图书馆学运用比较的方法对于不同国家、地区、不同的历史文化背景下的图书馆学问题进行研究，从而确定其共同点和差异点。除此之外，比较图书馆学能够揭示图书馆事业发展的客观规律，是图书馆学体系结构的重要组成部分。

需要说明的是，传统教材中认为专门图书馆学也是图书馆学的分支学科。由于应用图书馆学可以涵盖专门图书馆学的研究内容，并且专门图书馆学在学界并没有形成明显研究阵容，因此暂不将其作为图书馆学的分支学科。

（二）形成一定规模的学科

随着人们认识水平的逐步提高，图书馆学的研究内容也在不断扩展。在构建其体系结构时所体现出一定的发展变化是符合自然规律的，图书馆学体系结构随时代的发展而不断发生变化也是一种客观存在。例如，随着数字图书馆的出现，图书馆学界及其相关领域已经对其展开了广泛而深入的研究，也不乏学者对数字图书馆的基础理论进行研究，进而提出数字图书馆学这一概念。虽然无法预知未来图书馆学的研究内容究竟涵盖哪些领域，但在构建图书馆学体系时，要尽量彰显出图书馆学未来的研究方向。只有这样，才能做到全面反映和概括图书馆学的研究内容。近些年图书馆学研究领域中，形成了一定研究规模的学科有数字图书馆学、制度图书馆学等。考虑到这类学科在图书馆学领域中的研究态势，故将这两个有代表性的学科纳入图书馆学分支体系中。

1. 数字图书馆学

理论上来讲，数字图书馆学也应该涵盖在应用图书馆学中，但是由于其研究阵容庞大、成果丰硕，因此将其单独列为图书馆学分支学科。数字图书馆学是研究人类社会数字资源整理、存储和提供社会利用的一门科学。数字图书馆学概念的引入有助于更深入地认识数字图书馆研究的主要内容。就目前的发展趋势来看，数字图书馆研究的主要内容有数字图书馆的功能以及数字图书馆的发展趋势，因此，数字图书馆学也必然包括这些内容。

数字图书馆一词是由英文 digital library 翻译过来的，由美国学者伍尔夫（W. Wulf）在 1988 年提出来的。而数字图书馆的概念，始终没有统一、明确的定义。基于数字图书馆的产生背景，我们将数字图书馆定义为：在互联网的推广和普及以及国家重视信息基础设施建设背景下，以丰富的数字化信息资源为基础，并不断以信息用户的信息需求为动力而要求其最大限度地满足信息用户的信息需求的信息中心或信息资源共享系统。

数字图书馆是一个开放式的硬件和软件的集成平台，不再是传统意义上的图书馆，它通过利用新技术，以新的方式执行图书馆功能。从数字图书馆的产生背景来看，笔者认为数字图书馆的主要功能有如下两点：一是以信息需求为动力的作用体现；二是以数字化信息资源为基础的功能发挥。

关于未来数字图书馆的服务趋势主要表现在知识服务文献方面。一是加大对原始文献知识深度的挖掘,即更加重视对隐性知识的挖掘和开发;二是及时收集信息将其知识含量和学科所属加以精练概括并迅速反馈给读者与用户,如专业学科信息门户导航服务;三是直接参与课题项目的咨询研究工作和提供文献保障,这就要求每一个信息提供者要不断和信息用户进行交流与沟通,发现新知识,解决新问题;四是对文献知识的创造性传输、开发、增生、转化并形成信息产业。

2. 制度图书馆学

制度图书馆学同数字图书馆学情况类似,其研究内容应涵盖在理论图书馆学中,但基于制度图书馆学理论体系结构系统、代表人物突出以及在学界所占据的重要地位,因而将其单独列为图书馆学分支学科。制度图书馆学的研究重点是图书馆发展需要什么样的制度安排及其实施机制的问题。将制度图书馆学作为一种新的研究视角,能够有力地促进图书馆事业的发展,充实图书馆学的体系结构。

制度图书馆学一词,最早于 2005 年在我国图书馆界出现,来源于制度经济学。制度经济学是把制度作为研究对象的经济学分支学科,类比之下,就出现了制度图书馆学。虽然,制度图书馆是受制度经济学的启发而出现的,但是它们的区别还是非常大的。制度经济学主要是在经济学的前提之下,对社会上制度的出现、发展及变迁进行研究,所以制度经济学是经济学的重要分支学科。而制度图书馆学则是相反的,它不是从图书馆学出发,而是从图书馆现有的制度出发,在图书馆制度的前提下,研究图书馆的发展及变革。可见,制度经济学与制度图书馆学在称谓逻辑上的区别主要表现在两方面:第一,制度经济学是从经济学角度出发,而制度图书馆学则是从图书馆学角度出发,说明两者的逻辑起点不同;第二,制度经济学研究的目标是总体意义上的社会制度的性质及其变迁问题,而制度图书馆学研究的目标则是图书馆发展问题,两者的逻辑终点不同。

制度图书馆学和其他分支学科不同,研究内容较为单一,主要是图书馆制度。制度图书馆不研究图书馆应该有什么制度,而是研究在已存在的制度之下,如何促使图书馆更好地发展、如何更好地服务用户,同时,还会研究当前图书馆制度的合理性以及合法性。对制度图书馆学进行研究,有利于清晰图书馆的各种制度对于图书馆发展的影响,从而使得图书馆可以选择更加适合的发展道路;同时也有利于图书馆制度的创新以及改革,为其提供实践依据。

(三)具有巨大发展潜力的学科

在构建图书馆学体系结构时应该体现出一定的超前性。在新时代,图书馆学会生成新的分支学科和发展模式。近年来由循证医学衍生出来的循证图书馆学正逐渐成为国内外图书馆学界的研究热点,并在学界逐渐引起重视,为图书馆学研究开辟了新的研究领域,将成为图书馆学科的一个重要组成部分。因此,在构建图书馆学体系结构时,可以考虑将这种具有生命力的研究领域直接列为图书馆学的分支学科。

当前一个富有勃勃生机的领域开始崭露头角,符合图书馆学的研究对象——面向信息检索的信息组织的标准,也定会在未来图书馆学的舞台上大有作为,它就是循证图书馆学。

　　循证图书馆学（evidence-based librarianship，EBL）受循证医学（evidence-based medicine，EBM）的影响，后者是循证实践（evidence-based practice，EBP）在医学中的应用，是最为重视科学证据的临床医学。在信息科学领域，医学图书馆员的职责之一就是帮助医生查找需要的医学文献，以保障 EBM 顺利实施，这种早期的信息服务促进了 EBL 的产生。但 EBL 并不是循证医学在信息科学领域的简单移植，循证医学是使用最好的证据来决定病人的治疗方案，而 EBL 是使用最好的证据来指导图书馆以及其他领域的实践。另外，也有国家称 EBL 为循证实践或 EBIP（evidence based information practice，信息循证实践），由此可见 EBL 并不是图书馆学的新的分支学科，而是图书馆学的一种独特研究方法，本质上是为了信息检索而对信息的组织，所以 EBL 的应用不单单局限于寻找出最佳证据服务于图书馆的用户，协助图书馆制定决策和指导实践，只要是需要获取证据的科学实践，EBL 都能组织信息，获取最佳证据给用户以高效的信息服务。图书馆学具有很强的实践性以及管理、搜索、评价证据便利的特质，因此，EBL 已经或将会在以下领域大有作为。

　　1. 循证医学

　　循证医学是遵循科学证据的临床医学。它提倡将临床医师个人的临床实践和经验与客观的科学研究证据结合起来，将最正确的诊断、最安全有效的治疗和最精确的预后估计服务于每位具体患者。它不同于传统医学，后者是以经验医学为主，即根据非实验性的临床经验、临床资料和对疾病基础知识的理解来诊治病人。循证医学并非要取代临床技能、临床经验、临床资料和医学专业知识，它只是强调任何医疗决策都应建立在最佳科学研究证据基础上。这些证据包括随机对照试验、病例对照研究、基于临床经验的权威意见和专家委员会的描述性研究或报告等。如上可知，循证的过程是将这些证据组织起来，按级分类并找出最佳证据服务于每位患者，实际上主要是为了检索而进行信息组织的一个过程。这也就表明了虽然是循证医学带动循证图书馆学成为近年来图书馆学的研究热点，但循证医学的本质其实是循证图书馆学在医学中的应用。不仅如此，循证图书馆学在医学中所运用的相似方法可以为今后打开多学科合作的大门。

　　2. 循证法学

　　基于循证图书馆学在法学中应用，可提出循证法学这一概念。大陆法系与英美法系是当今世界的两大主要法系，涵盖了世界上一些主要的国家。大陆法系是成文法系，英美法系的法律渊源既包括各种制定法，也包括判例。虽然我国所属的大陆法系，不讲求判例制，但是如果能将已经结案的判例组织起来供司法人员、审判人员以及其他法律工作者、当事人使用，也会对司法的客观公正起到积极作用。而循证法学，可以借鉴以前的判例，使得诉讼的标准尺度更加统一，更加有据可循。如果循证法学开展得好，以前相类似的案件判决，将得以迅速地提供给司法判决的各方，也将会增加更加严格的定量研究证据的比例，以弥补传统方法在支持案件决策中的不足，并选择最相关的证据来解决问题，确保在法律纠纷中正确决策而减少判决的随意性，可成为司法判决中重要的依据。

　　3. 循证史学

　　文献学的一个重要分支是历史文献学。历史文献学是对文献的产生发展、表现方式、流传情况，以及文献的内容类别、整理利用乃至文献数据化进行探讨和研究，并阐述其发展规律，总结其实践经验，进而加以理论说明的一门综合性的学问。文献学工作之所以一直是图书馆学研究的一个重要分支，其实际上就是在做循证史学的工作，是将文献中找到的有价值的东西组织起来。通过循证史学可以解决社会中许多难以解决、争议颇多的问题。

尽管循证实践在图书馆学的应用目前还处于初始阶段，鉴于循证法的科学性和普适性，循证研究已经成为图书馆界理论研究的一个趋势。笔者相信，循证研究可以使图书馆学更具专业性和科学性，更易被其他专业所接受与认可，更利于图书馆学的良性发展。因此，将循证图书馆学列入图书馆学的体系结构，可以丰富图书馆学的研究内容、促进图书馆学的发展。

五、图书馆学的相关学科

图书馆学作为一门独立的学科，并不是孤单的，其在发展的过程中同其他学科有着各种各样的联系。相关学科是指跟该学科密切相关的，有直接或间接关系的学科，与图书馆学相关的学科有很多。从学科概念来讨论学科关系，需要对与图书馆学有直接关联的学科，做概念层面的分析，包括有同族关系的目录学、文献学、情报学和档案学等，还有在逻辑上有交叉关系的教育学、社会学与数据科学，存在属种关系的管理学和信息科学。

（一）同族关系

1. 目录学

西方图书馆学的理论源于图书馆工作。这一思想在一定程度上影响了我国图书馆学理论的形成，本土的图书馆学对我国图书馆学理论的形成影响更深远，而且我国的图书馆学与国外相比更像一门科学，是因为我国的图书馆学不仅起源于图书馆工作，也起源于学术，即目录学。

为什么能说图书馆学源于目录学呢？主要有两个原因。一方面，我国目录学内涵深刻，与图书馆学有很深的历史渊源。目录学的起源可以追溯到汉代刘向、刘歆父子，他们是目录学的创始人。从古至今目录学始终追寻"辨章学术，考镜源流"这一精神，目录学家在历史文献的丛林中鉴别版本、校勘、注释、辑佚，以便后世考证学习。另一方面，目录学本质符合图书馆学的研究对象，即基于信息检索的信息组织。秦汉时期，图书数量达到一定规模，但是秦始皇实行焚书坑儒，导致许多书籍被毁灭。汉代开始注重对图书的收集和整理，汉武帝实行献书政策，此后图书逐渐增多，于是命刘向对书籍进行校验整理，刘向历时19年整理出我国第一部综合性提要目录《别录》。其后，刘向之子刘歆继承父业，编制出我国第一部综合性分类目录《七略》。《别录》与《七略》不单单是对一本书的编目，而是对群书的编目，是对整个书籍的体系进行分类。这体现了图书馆学中信息组织这一核心概念。

自汉代之后，也有许多学者在不断丰富图书馆学理论。宋代郑樵是对目录学作系统理论探讨的第一人，他注重会通，读书极多，有广泛的知识面，著有《求书之道有八论》

一书，求书可说是买书，属于信息资源建设的一部分。明代对目录学思想有一定贡献的是胡应麟和祁承爜。胡应麟注重图书和书目的发展源流，而祁承爜对目录学有较大影响的理论是"通"与"互"，也就是别裁和互著。清初有孙从添著《藏书纪要》，总结了古代藏书编目理论，即购求、鉴别、钞录、校雠、装订、编目、收藏和曝书八则，其中编目一词一直沿用至今，是信息资源建设中不可或缺的部分，现在也称之为信息描述。章学诚的目录学思想主要源于《七略》的范式，是对其的归纳和阐述，就像姚明达说我国目录学"时代精神殆无差别"。这个时代精神主要是指"辨章学术，考镜源流"的精神。当代仍有许多学者延续这一精神，继续深刻钻研，传承发扬了刘向、刘歆的薪火。

目录学是图书馆开展各项工作的重要基础，对购置来的文献进行分类是以目录学分类方法为依据的，除此之外为用户检索提供服务，也需要目录与索引。多数学者将目录学看作读书治学的入门之学，认为掌握目录学知识，会使自己在求学之道上事半功倍。我国目录学是一门具有广泛社会基础的学科，从古至今，它的产生、形成与发展过程就与其他学科紧密相连，学术研究的过程也密不可分。

2. 文献学

如果目录学是信息组织，那么文献学是获取信息，其本质就是信息检索，与图书馆学的研究对象相得益彰。文献二字，在《论语》中首次出现，"文"与"献"各有其含义，"文"指文章、典籍，"献"指贤人，为什么这么说，是因为把人物的思想观点或评论也作为研究考证的资料。在现代对文献的含义有一个公认的说法：文献是记录有知识的一切载体。无论传统图书馆还是数字图书馆都要有充足的文献作为基础。

我国传统文献学有悠久的历史，虽然自古我国没有一门专门的文献学，但历代学者进行了大量的整理和研究工作，积累了经验，丰富了文献学理论。不论是古典文献学还是现代文献学，都是从已有文献中获取信息，寻找历史原貌。文献学不仅包括目录、版本、校雠，还包括历史文献学，也称循证史学，从古籍中追根溯源。

文献学的研究对象是文献，文献是信息所依附的主要载体和主要来源，而图书馆学研究对象是面向信息检索的信息组织，因此文献学与图书馆学之间不可避免地会存在交叉重复的研究。图书馆学和文献学的目的都是给文献能够有效管理和使用提供科学的指导，它们之间的关系非常紧密，互相借鉴，共同发展。

3. 情报学

情报学是从 20 世纪二三十年代开始，特别是第二次世界大战以后，现代科学技术进入高速发展时期，信息时代的到来，导致"情报爆炸"，在这种新形势下，科学情报工作不但作为一种社会职业，而且作为国家科学技术事业不可分割的组成部分。20 世纪 50年代以后，情报学也就作为一门新兴的学科诞生了。

情报学来源于情报工作，情报工作又来源于文献工作。著名的西方学家布拉德福强调文献工作，收集整理已有的文献，才能让学者少走弯路，避免重复研究，能够直接获取相对应的知识，文献工作是现代文献学的主要精神。可以说情报学属于现代文献学。情报学是基于信息组织的信息开发。大文献学包括目录学，图书馆学来源于目录学，由此可见，图书馆学与文献学密不可分。一直以来，图书馆学与情报学是极为亲密的姐妹关系。图书馆的出现，加快了科学技术的发展速度，与此同时，科学技术的发展，使得图书馆工作大量采用现代信息技术开展信息服务、知识服务以及智慧服务，使图书馆工作越来越情报化。

4. 档案学

档案与图书都是人类文明发展到一定历史阶段的产物，是人们用文字、图画或其他符号来记录、保存或传播信息而形成的文献。其产生的先后时序，很难加以区分。公元前 3000 年以前，当时两河流域出现的数以万计的泥板文献，档案界称之为泥板档案，图书馆界则称之为泥板图书，二者都说得通。

20 世纪初，辛亥革命的爆发，这一时期国家机构加强了公文方面的改革，而国家经济的发展以及西方资本主义思想的传入，有力地推动了近代文书工作、档案工作的发展。1935 年，档案学一词在我国正式问世，滕固在《档案整理处的任务及其初步工作》一文中指出："用科学方法处理档案，又叫作档案学的学问，在欧洲也是近百年来发达的事。"这是在我国首次明确提出"档案学"这一专用名词。档案学可以说来源于文书学，文件是档案的前身，研究文件的收集、整理、存储和利用有助于进行档案工作。

从工作的角度看，档案学起源于档案工作，档案工作和图书馆工作其实密不可分。古代官府藏书是为极少数人服务的，各朝代最权威的文献信息都存储在官府，我国古代藏书体系中的官府藏书正是现代档案机构的雏形。清代官府为保存囊括历代典籍的《四库全书》建立了藏书阁，分别是位于南方的南三阁——文汇阁、文宗阁、文澜阁，以及位于北方的北四阁——文源阁、文渊阁、文津阁、文溯阁。藏书阁正体现了档案学保存的内涵。官府建立藏书阁，对历代典籍进行收集整理，也体现了图书馆学信息组织的内涵。

档案学界一直想发展壮大自己的领域，逐渐占据信息资源管理领域，殊不知图书馆学、档案学和情报学这三个姊妹学科都属于信息资源建设流程中的一部分。随着文献的增加，图书馆和档案机构才分离出来，档案学、图书馆学有各自的特殊性，逐渐成为独立的科学，有了各自的研究范畴。档案学与图书馆学相比，更侧重的是面向信息利用的信息保存。未来，两个学科还将继续相互促进，相互发展。

（二）交叉关系

1. 教育学

在古代，教育就是读书。圣贤志士、迁客骚人通常汇集在一起辩论学术，交换思想，教授学生，由此文献逐渐汇集形成书院，书院藏书成为古代四大藏书体系之一。古代著名的四大书院有岳麓书院、应天书院、白鹿洞书院和嵩阳书院，这些都承担着教育的职能。通过教育提高人的德智体美，从而实现人的全面发展，进一步促进社会进步，良好的教育离不开图书馆。图书馆最核心的社会职能就是社会教育。

教育学是教书育人，提高人们的学习能力，促进人的全面发展，而图书馆学教育最重要的使命和功能就是提高信息素养，信息素养是指人们能够认识到何时需要信息，并且能够获取、评价和有效利用所需信息的能力。随着信息全球化，信息素养对人们的重要性日益增加。信息素养的提高同样会使人们的学习效率提高，能达到事半功倍的效果。

由此可以看出图书馆学与教育学存在交叉关系。

2. 社会学

社会学是研究社会普遍存在的客观问题，研究不同的社会问题之间复杂社会关系的一门科学。正如前文提到的，图书馆学的研究对象是一种社会行为。图书馆学有向综合性学科发展趋势，目前其社会科学性质得到学界的普遍承认。既然是属于社会科学，就必须要研究社会现象，学科应该探寻社会上某种现象的发生、发展规律的理论或知识体系。图书馆学不仅具有学术性，还有很强的应用性和实践性。因此，作者认为将图书馆学的研究对象表述为一种社会行为。图书馆与图书馆学的发展受到社会经济和生产力的影响，反过来图书馆与图书馆学影响着社会的发展。

图书馆学的研究对象众说纷纭，其中作为芝加哥学派的代表人物之一巴特勒的社会说和德国卡尔斯泰特的知识社会学，证明图书馆学与社会学有交叉关系。巴特勒认为图书是保存人类记忆的社会机制，而图书馆是将人类记忆移植于现在人们的意识中去的社会装置。卡尔斯泰特于1954年出版的《图书馆社会学》一书指出，图书馆是维持和继承社会精神的不可缺少的社会机构，图书是客观精神的载体，图书馆是这种客观精神得以传递的场所。图书馆其中最基本的功能是保护人类文化遗产，文化也是社会发展过程中的重要组成部分。

3. 数据科学

数据科学是一门新兴的学科。当今社会随着大数据的应用，数据科学越来越受到关注，杨旭等学者给数据科学下了一个定义：数据科学就是一门通过系统性研究来获取与数据相关的知识体系的科学。图书馆为读者、馆员能有一个全面的研究，离不开大数据，数据科学要形成一个知识体系，离不开图书馆学的信息组织。图书馆学与数据科学之间的逻辑关系是交叉关系。

（三）属种关系

1. 管理学

只要有组织机构就会存在管理学，组织机构要获得长远的发展，离不开良好的管理。吴慰慈教授提出随着管理科学化，图书馆学也开始重视图书馆的管理理论的研究，图书馆管理也逐渐成为一门管理学的分支学科。吴慰慈给图书馆管理下的定义是：图书馆管理是对图书馆的文献信息、人力、财金、物质资源，通过计划和决策、组织、领导、控制、协调等一系列过程，来有效地达成图书馆的目标的活动。金胜勇从结构维度提出图书馆由信息资源、人、信息设施和技术方法构成，这几部分要高效率地运行就需要科学的管理理论来支撑。由此可以看出，图书馆学与管理学是属种关系，管理学的范围更大。

无论哪一学科，在学科研究越来越细化的今天，都应该清楚本学科的核心能力和理论基础，只有抓住核心能力才不会被湮没，才能在学术研究中有一席之地，保证学科的独立性。

2. 信息科学

在国外，信息科学与情报学相对应，即 informatics 和 information science，其核心是对信息的分析、收集、分类、操作、存储、检索、传播等，情报学的研究对象是基于信息组织的信息开发，图书馆学的研究对象是面向信息检索的信息组织。信息科学、情报学与图书馆学的研究对象相互独立，又相互联系，是信息资源管理领域最亲密的姊妹学科。图书馆学的研究对象是信息组织，图书馆自诞生以来就在从事信息组织工作。信息资源是图书馆最不可或缺的构成要素，古代藏书楼虽然没有履行为用户服务的职能，但它之所以也能被称为图书馆，是因为它所藏的信息资源，以及对信息资源按照一定标准进行了分类组织。图书馆在信息产生、收集、交换、存储、传输、显示、识别、提取、控制、加工和利用等所用到的各种信息技术也充分体现了图书馆学具有信息科学的性质。

第四节 图书馆学研究方法

任何科学研究都是以揭示事物的规律性为目的，是有目的的思维活动，从而建立起一种理论来指导实践，而理论的建立都要借助一定的方法。逻辑学的研究也表明，人的思维也是有规律可循的，因此，可以运用辩证唯物主义认识论、科学学、逻辑学、心理学、数学以及信息科学等学科的综合研究成果，总结概括出科学家在向未知领域进行探索过程中所采取的步骤、手段和方法。这种在进行科学研究时所使用的变革和认识科学对象的方法，即科学研究方法。

科学研究方法是人类长期进行科学实践的智慧结晶，会随着人们对客观世界的认识和实践的不断深化而丰富、提高。当科学发展到一个新阶段时，总会产生新的方法与现有的科学发展相适应，从而推动科学技术的发展。就历史发展进程来看，科学研究方法经历了古代时期、近代时期及现代时期。古代时期的科学研究主要处于自然哲学阶段，它的主要研究方法就是直观加思辨，逻辑方法占主导地位，亚里士多德的《工具篇》就是最早的方法论著作。近代以来，自然科学从自然哲学中分化出来，开辟了实践科学的新阶段。在这一时期科学研究的主要任务是收集材料，科学发展以分化为主要趋势，客观上需要人们分门别类地进行研究，因此这一时期的主要研究方法是在观察实验基础上的分析方法，培根的《新工具篇》以及笛卡尔的《方法论》成为代表作，对科学的发展有着深远的影响。到了19世纪，这些方法已经不能再适应科学的发展，单一的研究方法已经不能满足现代科学研究的需要了，需要将多种方法综合起来，进行科学研究。

一、对图书馆学研究方法的认识

科学发展史表明，科学方法与科研成果同生共长，没有科学方法，就没有科研成果。研究方法的重要性在于给科学研究提供方法和途径，是科学研究取得成功的重要条件。人们在进行科学研究时，必须使用一定的研究方法，离开研究方法的科学研究是根本不存在的。作为一门发展中的学科，图书馆学更需要加强对专门研究方法的研究。

（一）意义

图书馆学研究的方法论，可以简称为图书馆学方法论，通常被认为是关于图书馆学科学研究活动的理论或学说。然而，关于图书馆学研究活动的理论不是脱离人们从事科学研究活动的一般理论而孤立地存在和发展的,它实际上是关于科学方法论的理论与方法运用于图书馆学这一领域而形成和发展起来的有关图书馆学研究活动的理论与方法的总和。

图书馆学研究方法是构成图书馆学研究者认识能力的基本要素。缺乏认识能力的图书馆学研究者是无法从事科学研究活动的,认识能力是从事科学研究活动的必要前提,而在认识能力中,认识方法又是构成认识能力的核心要素。研究者只有掌握了科学的认识方法,才能进一步发展其理解能力、联想能力、创造能力以及思维的统摄能力等。

图书馆学研究方法对于图书馆学学科体系和图书馆实践工作均具有现实的和长远的意义。目前,图书馆学整体理论水平不高,学科发展相对不成熟,这与研究方法的欠缺有一定关系,因此,更应致力于探索和发掘图书馆学研究领域的研究方法。对图书馆学研究方法的研究能使图书馆学向理性的研究道路上迈出重要的一步,有利于发展和完善图书馆学理论,丰富图书馆学学科体系。图书馆学研究者要在学术上有所突破、创新,就要掌握一套比较成熟的研究方法,只有熟练掌握正确的研究方法,才能增强科学的鉴别能力,认清科学发展前沿,开展科研工作。图书馆学研究方法的一个重要作用,就是引导图书馆学研究沿正确的道路走下去。在科学发展史上,研究方法的突破导致科学理论突破的事例并不罕见,研究方法对于学科理论的发展尤为重要。图书馆学研究无论是实践探索还是理论研究都需要有好的研究方法,只有掌握正确的图书馆学研究方法,才能发展和完善图书馆学理论,改进和推动图书馆实践工作。科学技术的发展给人类社会带来广泛深远的影响,其中信息资源不断增长的影响尤为突出。图书馆在处理信息资源的过程中,要取得较高的工作效率,就必须改变传统的工作方式,采用现代化的技术手段和先进的管理方法。同时,工作实践的发展要求图书馆学理论研究,尤其是方法论研究的进一步提升。图书馆学研究方法与图书馆工作之间的实际联系最为密切,最具学科特色,最能适用于图书馆学研究和图书馆实践的各相关领域,因此最能针对图书馆的具体工作内容,揭示图书馆工作的本质和规律,解决在实践工作中的特殊问题,从而也最能行之有效地推动图书馆实践工作。

图书馆学研究方法对于研究者也有重要意义。

第一,学习图书馆学研究方法,可以调整和完善研究者的思维结构,激发思维活力,增强适应能力。由于现代科学技术的迅猛发展,知识量迅猛增加,知识更新速度变快,教育的职责不应该仅是传授知识,还应该注重研究方法的培养,锻炼学生的思维能力。否则培养出来的学生很有可能满腹学问,但不能灵活运用,只能模仿着解决同类问题,而遇到创新问题就很难解决,甚至在实际工作中,无从下手,不能将知识融会贯通为我所用,更不能另辟蹊径。因此,为了适应当前的大环境,必须要加强方法的传授和学习,只有这样,才能在探索未知领域的过程中有更强的适应性、主动性和创造性,才能不受时空的局限,将已有的知识灵活运用,在图书馆学研究中取得成功。

第二,学习图书馆学研究方法,可以使研究者的思维更加灵活开阔,提高效率,加快图书馆学研究的进程。在图书馆学的研究中,由于专业领域的局限,人们的思维往往会被束缚,而图书馆学研究方法吸收了许多其他科学的内容,能够打开研究者的思路,开阔研究者的眼界,使研究者少走弯路,提高研究工作的效率。

第三,学习图书馆学研究方法,能够提高研究者的创新能力,为图书馆学发展做出更大贡献。科学方法上的创新，通常会带来科学理论和知识的重大突破，一些科学家取得科学上的重大成就，很大程度上是因为科学方法的创新。巴甫洛夫曾说过："科学的跃进往往取决于研究方法上的成就，研究方法每前进一步，也仿佛随之升高一层，从那高处，就可以望见广阔的愿景，望见许多先前望不见的事物，因此，头等重要的任务乃是制定研究方法。"

第四，学习图书馆学研究方法，能够减少研究者认识的盲目性，从而选择正确的认识途径。认识方法，就是人们在认识活动中为达到认识目的而采取的措施、步骤、程序、计划、方案等的总和，它们具有程序化的特点。如果图书馆学研究者按照认识方法规定的程序进行思维操作，就可以减少认识过程的盲目性，选择正确的认识途径，从而获得科学的认识。因此，图书馆学研究方法具有非常重要的意义。

（二）构成要素

任何一门学科的发展都离不开规范和科学的研究方法，图书馆学同样如此。图书馆学研究方法的构成要素是指影响和制约各种具体研究方法的一些因素。这些因素主要包括研究逻辑、研究方案、研究类型、研究方法、研究工具等。

人的思维活动实际上是一个逻辑过程。逻辑是思维、思维形式的规律，是指导人们所有思维活动的准则。图书馆学研究作为一种高层次的思维活动，必然离不开逻辑。

研究方案的设计包括研究问题的选择、研究目的和研究性质的确定、研究方式的选择、分析单位的确定及时间维度的选择。

研究类型通常包括调查研究和实验研究，描述性研究和解释性研究，实证研究和规范研究，普遍研究、抽样研究、典型研究和个案研究。

图书馆学具体研究方法主要有问卷法、访谈法、文献法、结构—功能分析法、文献计量法、引文分析法等。

图书馆学研究工具可分为理论工具和物质手段。理论工具是指人们在科研活动中所运用的理论知识的综合。理论知识是人们运用一定的科学方法对研究对象进行分析研究的科学认识的成果或产物，同时，它也是人们对新的研究对象进行分析研究以取得成果的一种工具。物质手段则是指在研究工作中所使用的各种工具或仪器设备等硬件，是一种物化的智力。

二、图书馆学的研究逻辑

逻辑是思维、思维形式的规律，是指导人们所有思维活动的准则。图书馆学研究作为一种高层次的思维活动，必然离不开逻辑，没有任何一种科学研究能够脱离逻辑，也没有任何一种研究方法可以不符合逻辑。

逻辑有两种基本思维进程，即归纳逻辑和演绎逻辑，两者都存在着不能克服的局限性。归纳逻辑通常被定义为从特殊到一般的逻辑推理，也常被称为一种豁然性推理或扩展性推理，归纳逻辑的前提与结论之间的联系具有或然性，即结论未必是可靠的；演绎逻辑虽然是一种必然的逻辑推理，却强烈依赖归纳逻辑为其提供前提。科学研究在规避两种逻辑局限性的基础上，衍生出一种独到的研究逻辑——假设检验。其基本步骤是：

①通过研究初探，提出研究假设；②运用逻辑推演，从研究假设中推导出一组经验命题；③通过操作化过程将经验命题和概念具体化为测量指标；④搜集有关资料；⑤整理与分析资料；⑥检验与批判研究假设，形成研究结论。

三、图书馆学研究方法层次

1983 年，乔好勤首次完整地提出了图书情报学研究方法的三层次说，即哲学方法、一般科学方法和专门科学方法。1985 年，随着吴慰慈、邵巍详细阐释了该论说，层次论逐渐得到学界的确认，并成为图书馆学方法论研究的主流观点。但图书馆学研究方法层次论的三个层次，并不是三类方法，任何一门学科的专门研究方法都是源于哲学方法和一般研究方法，独立于哲学方法和一般研究方法层次之外的专门研究方法是不存在的。图书馆学研究的科学方法可以通过三种重要的科学哲学，即波普尔的证伪主义、库恩的科学发展理论、拉卡托斯的科学研究纲领方法论来考量。

（一）图书馆学研究的科学哲学

1. 波普尔的证伪主义

对我国图书馆学界而言，波普尔最为人熟知的哲学思想当属其"三个世界"理论。其批判理性主义对我国的学术研究起着潜移默化的影响，这种影响不是简单的"认可与否"的问题，而是科学发展过程中"接受与否"的问题。

波普尔批判理性主义科学思想的核心是证伪主义。根据证伪主义思想，波普尔认为，"一切知识命题，只有能够被经验事实证伪才是科学的，否则就是伪科学（pseudo-science）"。从语义层面上理解，证伪主义似乎陷入了一种悖论：能够证伪的知识命题就不再是真理，不能被证伪的就不应该是科学。然而从语用层面上分析，证伪主义却是无比清晰地指明了一条科学研究的道路，即科学研究是从提出理论假设开始，到搜集经验材料证实或证伪理论假设的过程。波普尔之所以认为科学是可证伪的而不是可证实的，就是要强调在科学的发展道路上永远没有终点，科学知识相对于更长远的研究而言，永远都是一种"猜想"或"假说"。由此可见，证伪主义实际没有解决科学的划界问题，而是提出了科学的发展道路问题。符合这样一条发展道路的科学研究，虽然其知识或命题本身不一定是科学或真理，但其发展过程却是科学的。

2. 库恩的科学发展理论

库恩的科学发展理论对我国图书馆学的影响是显而易见的。科学发展理论认为：科学的发展经历着"前科学→常规科学→反常与危机→科学革命→常规科学"这样一个循环过程。前科学时期尚未形成范式，只有常规科学才具有范式。具有范式的常规科学在一段稳定发展时期之后，又会出现反常与危机，最终导致新的范式取代旧的范式，即发生科学革命。科学发展就这样循环往复、不断向前演进。库恩虽然将范式作为其科学哲学思想的核心概念，但在他的著作中并没有给出关于范式的明确的、定义性的解释。究其原因，库恩的科学发展理论关注的也并非科学的判定标准问题，同波普尔科学哲学一样，它更多的是要揭示科学的发展轨迹。换言之，科学发展理论更多地关注科学发展过程中的反常与危机，更多地关注科学革命。

3. 拉卡托斯的科学研究纲领方法论

第三种对图书馆学研究起到指导意义的科学哲学，是拉卡托斯所倡导的科学研究纲领方法论（methodology of scientific research programmes，MSRP）。MSRP 认为，那些反映重大科学思想的理论不是一个孤立的命题或假说，而是一个研究纲领（research programme）。研究纲领由两部分组成，一部分是纲领的硬核（hard core）以及由各种条件和辅助性假说所构成的保护带（protective belt），体现在研究纲领的理论实体部分；另一部分是启发力（heuristic），分为正面启发（positive heuristic）和反面启发（negative heuristic），体现研究纲领在应用中的方法论原则。MSRP 解决了波普尔和库恩所未能解决的"科学与伪科学的划界""科学进步与知识退化区别标准"问题，并对理论研究提出了明确的要求。

科学哲学为科学的研究者提供如何理解、掌握和运用具体方法的理论，为科学提供思想基础，审视基本问题检验基本假定。图书馆学研究者世界观和方法论都发乎于某一种科学哲学，并在潜移默化中影响图书馆学的研究活动。科学哲学为图书馆学的创新和发展提供强有力的支持，研究者只有依据一定的科学哲学才能寻找科学研究的精神动力和研究方向。

（二）图书馆学研究方法论三层次之间的关系

任何一门学科的科学方法都由哲学方法、一般研究方法、专门研究方法三个层次组成，图书馆学也不例外。哲学方法是对研究对象总的看法，适用于一切科学领域，是研究工作的指导思想，它对于一门学科的发展，常起到重要的指导作用；一般研究方法是指从各学科中抽取出来的，各学科普遍适用的方法；专门研究方法是指各学科为研究其特定的研究对象而采用的特殊方法。遗憾的是，有相当一部分研究者将图书馆学研究方法层次论的三个层次错误地理解为三类方法。他们认为，一种具体的方法只能属于方法论体系的一个层次。换言之，一种方法如果是专门研究方法，就不能是哲学方法或一般研究方法。这实际上是将方法论的三个层次理解为三类方法。图书馆学研究方法是三个层次而非三类方法，类与类之间应该是互相并列、互不从属的。科学方法论的三个层次是互相联系、互为依托、不可割裂的，它们之间的区别应表现为认识深度和认知层面的不同，不能将三者之间的关系理解为互相对立或非此即彼。任何一种具体的研究方法，都可以从哲学的高度和一般研究方法、专门研究方法的层面来认识它。也就是说，任何一种一般方法，都可以将它概括为哲学层次的方法，也可以将它和某一学科研究的具体特点相联系，从而具体成为专门研究方法。对于图书馆学是否存在专门研究方法这一问题，答案是肯定的，一种方法只要运用得当且效果颇好，它就一定是专门研究方法，一定注入了所研究领域内的专业内涵。例如，数学、统计学这些最为常用的一般研究方法，既可以从哲学层面用发展、辩证的观点来认识它，也可以将它应用于图书馆学研究中，并广泛吸收图书馆学研究的特有属性，体现本学科的特殊规定性，从而成为图书馆学的专门研究方法。文献计量学作为公认的图书馆学的专门研究方法，恰好可以体现方法论三个层次之间的关系。再如，引文分析法，它是图书馆学的专门研究方法，但是别的学科也在应用，之所以说它是图书馆学的专门研究方法，是因为引文分析法在图书馆学领域的应用有了图书馆学领域专门的内涵。

四、图书馆学的研究类型

同其他社会科学研究一样，图书馆学研究也分为许多研究类型和研究方法，它们有着紧密的联系，但即便如此，也不能将二者混为一谈。在图书馆学的研究过程中，只有准确定位研究类型，才能设计和采用适当的研究方法。

（一）调查研究和实验研究

所有的研究过程都包括搜集资料（信息）这一核心阶段。根据资料发生（信息源）的情况，可以将科学研究分为调查研究和实验研究两大类型。如果资料（信息）独立于研究工作而客观存在，无论存在于文献中（包括网络文献）、人的头脑中、还是自然界或人类社会中，也无论是已经发生过的还是正在发生的，都属于调查研究；如果（信息）是研究人员根据研究需要而设计或制造出来的，无论是在实验室还是在特定的社会现场设计或制造出来的，则属于实验研究。调查研究和实验研究并不是具体的研究方法，而是科学研究的两种类型。实验研究在自然科学研究领域的应用比较普遍，而在包括图书馆学在内的社会科学研究中，绝大多数研究都是调查研究。

（二）描述性研究和解释性研究

根据研究的目的和性质，社会科学研究可分为描述性研究和解释性研究两种类型。描述性研究是指搜集相关资料进行分析加工，把研究对象的状态和情况真实地描绘、叙述出来，用以回答研究对象"是什么"或"怎么样"的问题；解释性研究是以一定的命题或假设为前提，运用假设检验的逻辑过程探讨事物内部的系统功能或现象之间的因果关系，从而对研究对象的本质属性和发展规律做出明确的阐释。解释性研究根据研究具体着力点的不同又分为因果性研究和预测性研究，用以回答研究对象"为什么是这样"或"将怎么样"的问题。对于描述性研究和解释性研究的研究类型划分，往往被许多研究者所忽略，事实上这种研究类型定位对于图书馆学的研究十分关键。以解释性研究为代表的科学研究应遵循假设检验的研究逻辑，但纯粹的描述性研究并不需要提出研究假设，因此在描述性研究的逻辑过程中，需将"提出研究假设"调整为"建立描述框架"，这将对搜集资料和分析资料方法的采用产生重要影响，也因此决定着图书馆学研究的研究过程。目前单纯的描述性研究已经越来越少，更多的图书馆学研究是在描述性研究的基础上进行解释性研究。但由于研究的出发点不同，两类研究的区别还是非常明显的。

（三）实证研究和规范研究

讨论社会科学研究的类型，就不得不论及实证研究。实证研究，顾名思义就是通过分析来自实践的证据来获得研究结论。当前图书馆学界有些研究者对实证研究的推崇已经到了无以复加的地步，单纯强调实证研究的重要性，却置实证研究注重搜集第一手资料的本质属性于不顾，简单地将实证研究等同于定量研究，认为有庞大的数据支持或者构建某个所谓的数学模型就是实证研究了。事实上，个案研究、实地观察或访谈，这些以定性分析为主的研究类型或方法，才是获得第一手资料的主要方式，才是实证研究的基础。实证研究和规范研究是科学研究中相互支撑共同发展的两种研究类型，而非两种具体的方法。这两类研究对图书馆学的发展同样重要，那种片面强调实证研究的经验性或片面强调规范研究的理论性的认识都是非常荒谬的。兰开斯特早在 20 世纪 70 年代就提出"无纸社会"的大胆预测，并描述了图书馆与图书馆员的发展前景，虽然有些预测并未如期实现，但他的研究被认为是"走在科学的道路上"，而这样的预测性研究显然必须通过规范研究得以实现；而当前学界对于图书馆事业发展中一些重大问题的分析，则必须通过实证研究才能得出符合客观规律的结论来。

（四）普遍研究、抽样研究、典型研究和个案研究

随着以美国盖洛普世界民意调查所为代表的民调机构兴起及大规模社会调查活动的开展，抽样研究结合问卷调查、统计分析成为现代社会科学研究特别是社会调查研究的标志性研究方式。但实际上，抽样是一种确定（调查）研究范围的方法，而并非一种具体的研究方法，是依据研究范围所划分出来的一种研究类型，与之相并列的研究类型还有普遍研究、典型研究、个案研究。

普遍研究是指通过对研究总体所包含的每一个个体进行无一遗漏的考察和分析，从而得出关于研究对象的普遍性结论的研究类型。同其他几种研究类型相比，普遍研究的结论最为全面、准确，也最具有普遍意义。但由于普遍研究的研究范围往往涉及一个地区甚至一个国家，需要投入很多的人力、经费和时间，因此这种研究类型很少在图书馆学研究中采用。

抽样研究是指按照一定方法从总体中抽取一定的个体形成样本，通过对样本调查分析来推断总体的情况，其本质是以样本的统计值来推断总体的参数值。根据是否遵循随机原则，抽样研究分为概率抽样（也称随机抽样）和非概率抽样。概率抽样的主要方法有简单随机抽样、等距抽样、分层抽样、整群抽样和多阶段抽样；而非概率抽样经常采用的抽样方法有偶遇抽样、立意抽样（主观判断抽样）、配额抽样和滚雪球抽样等。

典型研究是指从研究总体中选取若干具有代表性和共性的个体进行调查研究，从而认识同类研究现象发生发展规律的研究类型。典型研究过程中，对典型的确定主要依靠主观判断，并且典型研究的结论只能反映同类研究对象的情况，并不能对研究总体产生普遍性指导意义。由此可以得知，一些研究者经常把先进经验或突出案例作为典型进行研究，从而得出关于图书情报事业或图书馆学某方面普遍性结论的做法，是违背典型研究的原理的，其结果往往会产生以偏概全的逻辑错误。

个案研究是指针对某一特定对象，全方位搜集相关资料进行分析研究的研究类型。

上述几种研究类型，从普遍研究到抽样研究、典型研究和个案研究，其研究广度呈递减趋势，而其研究深度则呈递增趋势。进行个案研究必须放弃研究结论的普遍意义或外在效度，转而追求个案的内在机理和研究深度。那种以一个研究个体为例，就得出关于某类研究对象总体结论的做法是站不住脚的。在当前研究者普遍注重实证研究的氛围中，个案研究由于其注重搜集第一手资料的特点，理应在图书馆学研究领域具有更广阔的应用空间。

图书馆学研究中的各种研究类型没有高低贵贱之分，只有适用与不适用的区别。在研究过程中，根据研究需要确定研究类型，从而进一步选择最恰当的研究方法，是对待研究类型和研究方法的正确态度，而不应该去追求研究类型和研究方法的时尚性或传统性，从而背离图书馆学研究的正确道路。

五、图书馆学的常用研究方法

搜集资料和分析资料是图书馆学研究的两个核心阶段，图书馆学研究的专门方法也要从搜集资料的方法和分析资料的方法两个方面进行表述。

（一）搜集资料的方法

任何科学研究都要经历搜集资料的过程，即使是有些学者提到的思辨研究也不例外，只不过思辨研究所需要的资料多是之前已经搜集好的。搜集资料的方法有问卷法、访谈法、观察法、文献法和实验法等。

1. 问卷法

问卷法也称问卷调查法，是调查者运用统一设计的问卷向被选取的调查对象了解情况或征询意见的调查方法。问卷调查是一种以书面提出问题的方式搜集资料的研究方法，研究者将所要研究的问题编制成问题表格，以邮寄方式、当面作答或者追踪访问方式填答，从而了解被试对某一现象或问题的看法和意见。问卷法的运用，关键在于编制问卷、选择被试和结果分析。问卷是重要的搜集资料的工具，是一套有目的、有系统、有顺序的问题设计，一份问卷一般由五个部分组成：标题、封面信、指导语、问题和答案以及编码。

一份问卷在设计的时候一定要遵循这样几个设计原则：①以被调查者为中心。问卷法应该坚持一切为调查者着想的出发点，即所提出的问题不仅要被调查者有能力回答而且愿意回答，凡是超越被调查者理解能力、记忆能力、计算能力、回答能力的问题，都不应该提出，凡被调查者不可能自愿真实回答的问题，也都不应该正面提出；②立足于研究假设的验证，任何一种形式或者规模的问卷都应该有明确的理论作指引，有正确的理论及理论导出的各种假设，才可以引导问卷调查走向现实；③保证问卷的信度和效度，一份好的问卷必须要保证信度和效度。

问卷中涉及的问题大体上分为四种类型：①背景性问题，主要是被调查者个人的基本情况；②客观性问题，是指已经发生和正在发生的各种事实和行为；③主观性问题，是指人们的思想、感情、态度、愿望等一切主观世界状况方面的问题；④检验性问题，为检验回答是否真实、准确而设计的问题。

问卷的答案设计也有一定的原则：①完备性，要求尽可能地囊括所有可能答案，使得每一个被调查者都有一个合适的选项可选；②中立性，即所有的答案都要客观中立；③互斥性，所设计的答案之间都是相互独立的，没有交叉；④根据研究的需要确定变量的测量层次。

对于变量的测量层次，使用最广泛的方法就是史蒂文斯在1951年创立的测量层次分类法，他将测量层次分为了四种：定类测量、定序测量、定距测量和定比测量。

1）定类测量

定类测量也称为类别测量或定名测量，本质上是一种分类体系，即根据研究对象的不同属性或者特征加以区分，标上不同的名称或者符号以确定其类别，一般用等于（属于）和不等于（不属于）来表示。例如，性别对应男性、女性；婚姻状况对应未婚、已婚等，每一个研究者都是属于或者不属于其中的一个类别。这种测量方法所分类别既要有穷尽性又要有互斥性，尽可能把所有可能的情况都包罗进来。

2）定序测量

定序测量又叫作等级测量或者顺序测量，即按照某种特征或者标准，确定研究对象的强度、程度或者等级的不同序列，其主要的数学特征是大于或者小于，定序测量不仅能够像定类测量一样将事物区分为不同类别，而且还能反映事物或者现象在程度上的差异，如文化程度的对应等级文盲、半文盲、小学、初中、高中、大专、大学及以上等。有时候为了统计的需要将这种程度序列转换为数字表示，如量表中常用数字"5、4、3、2、1"来表示"完全同意、非常同意、比较同意、不太同意、完全不同意"。

3）定距测量

定距测量也叫作等距测量或者区间测量，其不仅可以将社会现象或者事物的类别和等级关系表现出来，还可以确定它们之间的等级间隔或者数量差别，定距测量的结果一般用具体数字表示，并可进行加法或减法等数学运算。例如，对人的智商、人均生活费用、家庭人数等可用某种基本单位表示数量差别或间隔距离的社会现象的测量，就属于定距测量，其测量结果可用具体数字来反映，如果月人均生活费用2010年为1000元，2020年为1500元，2010年比2020年增加500元；平均入学年龄，城市为6岁，农村为7岁，农村比城市大一岁等。

4）定比测量

定比测量也称为等比测量或者比例测量，是对测量对象之间的比例或比率关系的测量，定比测量的数量化程度比定距测量更高一个层次，其测量结果不仅能进行加减运算，而且能进行乘除运算，如对人们的出生率、离婚率、失业率等的测量都是定比测量，定比测量更有利于反映变量或者社会现象之间的比率关系，其除具备上述三种测量方法的全部性质外，还具有一种绝对的零点，表示所要测量的属性是无。

问卷调查法既存在很多优点也有局限性。问卷调查法的最大优点是它能突破时空限制，在广阔范围内，对众多调查对象同时进行调查；便于对调查结果进行定量研究；匿名性；节省人力、时间和经费。问卷调查法的缺点：最突出的一点就是它只能获得书面的社会信息，而不能了解到生动、具体的社会情况；缺乏弹性，很难作深入的定性调查；问卷调查特别是自填式问卷调查，调查者难以了解被调查者是认真填写还是随便敷衍，是自己填答还是请我代劳；被调查者对问题不了解、对回答方式不清楚，无法得到指导和说明；填答问卷比较容易，有的被调查者或者是任意打钩、画圈，或是在从众心理驱使下按照社会主流意识填答，这都使得调查失去了真实性；回复率和有效率低，对无回答者的研究比较困难。

2. 访谈法

访谈法指调查者与被调查者通过有目的的谈话来搜集资料的方法。根据访谈问题的不同准备程度，访谈法可分为结构访谈、半结构访谈和无结构访谈。结构访谈指访谈问题完全事先准备好，并且访谈问题的提问顺序也提前确定。结构访谈与问卷在一定程度上相似度很高，只是访谈问题的问答都以口头形式进行。无结构访谈则与结构访谈相反，研究者事先不准备任何具体问题，只是在熟悉掌握研究问题的基础上，大致了解访谈问题的构成，至于具体的问题，则是在访谈过程中提出。半结构访谈则介于结构访谈和无结构访谈之间，研究者可以选择事先准备一些访谈问题，也可以在访谈中根据需要提出跟进问题。这种方法非常灵活，可以重复解释被调查者不理解或没有搞清楚的问题，可以根据不同的调查对象调整自身的访谈方式，还可以直接观察被调查者的语言行为，了解一些可能非常重要的东西。但访谈法也容易出现相互影响和作用的现象，导致访谈内容的偏颇与失实。提高访谈的有效性就要掌握一定的访谈技巧：①一般事先应对访谈对象有所了解；②一般要尽可能自然地结合受访者当时的具体情形开始访谈；③访谈的问题应该是由浅入深、由简入繁，而且要自然过渡；④在有充分的准备的前提下，为避免谈话跑题，有时需要适当的调节和控制；⑤无论是提问还是追问，问的方式、内容、都要适合受访者；⑥在回应中要避免随意评论；⑦在访谈中要特别地注意自己的非言语行为；⑧要讲究访谈的结束方式。

3. 观察法

观察法是指研究者根据一定的研究目的、研究提纲或观察表，用自己的感官和辅助工具去直接观察被研究对象，从而获得资料的一种方法。科学的观察具有目的性和计划性以及系统性和可重复性。常见的观察方法有：核对清单法、级别量表法和记叙性描述。观察法多用于实际行为和社会交往研究，研究者亲自到被研究对象所在地进行实地考察，以耳闻目睹为主搜集各种资料。观察者一般利用眼睛、耳朵等感觉器官去感知观察对象。由于人的感觉器官具有一定的局限性，观察者往往要借助各种现代化的仪器和手段，如照相机、录音机、显微录像机等来辅助观察。这种方法的主要优点是简单易行，不受研究者和被研究者主观条件的限制，调查资料也较翔实。缺点是资料一般不十分精确，只能用作描述，不能用作推论。观察法主要有参与观察法、非参与观察法、结构性观察法、无结构性观察法和系统观察法等种类。一般而言，观察法总是与其他研究方法，如文献研究、采访法等结合使用。

4. 文献法

任何科学研究都离不开文献，文献法是任何科学研究都必定采用的方法。文献法是指对文献进行查阅、分析、整理，从而了解研究对象的一种研究方法。这种方法省时、省力，是搜集资料的好方法，特别适用于对人口、经济、教育等在相当长一段时间内保持稳定的现象的研究。但运用这种方法有一个前提，这就是要事前考证文献资料的质量。在使用文献搜集资料时，研究者要辨别资料的真伪，要确定资料的精确度、完整性和资料的品质。应注重查阅第一手材料，若是第二手材料则必须鉴别其真伪后再决定取舍。此外，还要确定资料的适用性，要了解资料产生的原始目的，资料产生的过程、搜集方法，各种术语的特定含义等情况。

由于文献是记录有知识的一切载体，文献法的采用早已超出了传统纸质文献的范畴，而拓展至网络文献和数字资源。基于研究对象、研究特点等原因，文献法在图书馆学研究中的运用就更为广泛和直接，图书馆学领域的研究者经常提到的引文分析法、内容分析法及各种检索法，其实质都是文献法。

5. 实验法

实验法是在研究者人为控制的条件下，通过操纵一个或更多的自变量刺激，观察受试者相应变化以及相应关系，或者检验某种假说的研究方法。从认识论角度考察，科学研究中的实验方法扎根于培根倡导的经验主义研究，自 20 世纪三四十年代芝加哥学派在西方图书馆学研究领域获得霸权地位，实验法进入了图书馆学研究者的视野。实验法具有很多优点，它能充分发挥人的主观能动性，使人摆脱自然的束缚，打破时间和空间的限制，对那些在自然观察中不易观察到或不易集中观察到的情境现象进行研究，从而扩大了研究范围，加速了研究工作的进程。它可以明确地区分、定义和控制各种变量，使复杂的事物简化，便于揭示事物之间的本质联系和因果关系。它有严密的程序和测量方法，研究的过程可以重复，测量结果也更精确、可靠。但同时实验法在图书馆学的研究领域中也存在着一定的局限性。比如，实验法与图书馆职业面对的现实情境之间脱节，实验者的主观性可能会无意带到实验中去，使研究结论受到影响。只有当实验变量的选择、操作化与有效控制建立在对所要研究的问题进行充分了解的基础上，实验方法才能发挥其最大的作用。

（二）分析资料的方法

科学研究最后都要通过分析资料来得出研究结论。分析资料的方法有统计分析和理论分析两大类，即定性方法和定量方法。

1. 定性方法

定性方法是对事物发展过程和结果从性质的角度进行描述、分析和评价的方法，是一种非数量化方法。在操作过程中，定性方法要依据一定的质量要求，划定等级标准的区间，确定一个模糊的量，然后根据搜集的资料和信息，对事物进行分析、推理和价值判断。

定性方法是科学研究中经常使用的一种基本方法，在运用定性方法时还要注意量的概念。因为任何事物的特殊性质都和一定的量相联系着，没有量的概念有时也难于区别具有不同质的事物。图书馆学研究领域经常采用的理论分析方法有因果分析法、比较分析法和结构-功能分析法等。

因果分析法顾名思义是探求事物原因及结果的方法，如果一种事物的存在必然引起另一种事物的变化，那么就构成了因果关系。因果分析法可以通过求同求异并存法来进行分析，求同求异并存法是根据被研究的事物现象，在一些场合出现、在一些场合不出现的情况，经分析比较后，发现其因果联系的归纳方法，又称契合差异并用法，是英国哲学家穆勒提出的，探求现象间因果联系的方法之一。

比较分析法在运用过程中，首先，要确定比较的对象，要注意比较对象需要具有可比性，确定的比较对象要互有优势；其次，要建立比较域；最后搜集资料。

结构-功能分析法主要分析系统的维度、层次、要素在系统中的能力、行为、作用和地位，分析系统及其维度、层次、要素在环境中的能力、行为、作用和地位，包括维度-

功能分析、层次-功能分析、要素-功能分析和环境-功能分析等方法。要素、层次和维度对系统产生影响，是以结构为中介的。结构指系统维度之间，层次之间，要素之间，维度、层次和要素之间相互作用的方式，也可称之为机制。因而，要素-功能分析、层次-功能分析、维度-功能分析也必须建立在结构-功能分析的基础上。

2. 定量方法

定量方法又称数量化方法，即对事物发展过程与结果从数量方面进行描述、分析和评价的方法。统计分析的方法又可以分为描述性统计分析和推断性统计分析。在操作过程中，定量方法以数学方法作为其实现目的的工具和手段，强调数量分析是决策的依据之一，要求在对事物进行全面深入的定量分析之后，在量化的基础上制定出量化指标，并按一定的量化指标对事物进行描述、分析和评价。需要特别指出的是，统计分析的方法并不能独立于理论分析而存在，任何统计分析的方法都以一定的理论分析方法作为逻辑基础。例如，统计分析中经常采用的相关分析，实际上就是以理论分析中的共变法（一种因果分析法）为逻辑基础的。

（三）综合研究方法

由于网络环境的影响，科学研究的跨时空模式逐渐盛行，研究者与研究者之间的时空界限、各研究环节之间的阶段性界限逐渐模糊。许多研究工作已经将搜集资料和分析资料的阶段合二为一，也产生了诸如头脑风暴法、德尔菲法这样兼具搜集资料和分析资料性质的综合性研究方法。在图书情报学研究领域，这种情况也比较常见。一些所熟知的图书情报学研究的常用方法，往往就是这类综合性研究方法，如引文分析法、文献计量法等。

第五节　图书馆学专业教育

影响图书馆学和图书馆事业发展的关键因素是图书馆专业人才，而图书馆专业人才队伍的建设依赖于图书馆学专业教育。因此，图书馆学专业教育直接影响图书馆学和图书馆事业的发展。由于图书馆学和情报学紧密联系，国外许多图书情报学专业教育等同于图书馆学专业教育。

一、世界图书馆学专业教育的起源与发展

世界图书馆事业已经发展了数千年，图书馆教育至今也发展了 300 多年，但正规的图书馆学校出现不过百年。

按照发展阶段来划分，世界图书馆学专业教育可以分为三个阶段，分别为世界图书馆学专业教育的初步兴起阶段（1650—1886 年）、世界图书馆学专业教育的逐步探索阶段（1887—1946 年）以及世界图书馆学专业教育的繁荣发展阶段（1947 年至今）。

（一）世界图书馆学专业教育的初步兴起阶段（1650—1886 年）

最早提出图书馆学专业教育的是英国皇家图书馆馆长戴利。他于 1650 年发表了《新

图书馆员》，书中首次提到了图书馆的职业及图书馆教育的问题。他认为图书馆员的任务就是成为读者和图书之间沟通的桥梁，并以传播文化为己任，因此，为了培养图书馆员崇高的思想和高深的学问，对他们进行培训和教育是非常有必要的。1808 年，德国图书馆学家施莱廷格在他的《试用图书馆学教科书大全》一书中也提到了图书馆的训练和教育问题。1820 年，德国艾伯特专门写了一本名为《图书馆员的教育》的图书，书中强调了图书馆员的教育和进修问题。他的思想就是图书馆员必须具有广博的学识，也应掌握多个语言和学科的知识。1874 年，德国一所大学的图书馆的馆长费·罗尔曼首次提出了一个具体的教育方案，之后发表了文章《关于图书馆整理学和德国大学图书馆的专门研究》，他在文章中指出，图书馆学教育从 1850 年就开始了私授形式，1861 年波恩大学就开办过大学图书馆的进修班，1865 年在意大利，1869 年在法国都出现过图书馆员的训练。他分析了以前的图书馆学教育的情况，认为必须培养图书馆学研究的专门人才，才能有利于图书馆事业的发展。同时，他认为图书馆员应当具有综合素质和综合知识，因此必须开展大学图书馆学专业教育。他提出了为期三年的大学图书馆学教育课程的详细规划。课外研究包括外国语和工具书，修完图书馆史、图书馆经营、目录和分类工作等课程，考试合格之后，可以授予学生图书馆员的资格证明。受这些思想的影响，德国哥廷根大学的图书馆学讲座从 1886 年开始，主讲人由卡尔·嘉茨科担任。（后来，1891年正式成为哥廷根大学教学组织的一部分，后于 1904 年被柏林大学接收。）

（二）世界图书馆学专业教育的逐步探索阶段（1887—1946 年）

美国联邦政府教育局在费·罗尔曼发表文章两年之后对其高度重视，并把它翻译之后作为当时政府的参考文件，后于 1876 年在一次图书馆学会议上展开了讨论。这份翻译资料吸引了美国的图书馆学家麦维尔·杜威的关注，杜威于 1883 年 8 月在一次图书馆大会上首次提出他有关创办图书馆学校的大胆设想，还向当时的大学提出相关的建议。1887年，麦维尔·杜威创办了美国哥伦比亚学院图书馆经营学校，这是美国第一所正式的图书馆学校，也是世界上第一所图书馆学校。该所图书馆学校旨在培养图书馆专门人才，致力将图书馆学转变为一种职业教育。当时的主要课程有图书馆管理、图书馆分类、藏书补充和打字。世界上第一所正式的图书馆学校的出现标志了世界图书馆学专业教育走向了一个全新的发展时期。在美国哥伦比亚学院图书馆经营学校成立之后，19 世纪末 20世纪初，美国众多图书馆院系相继创办。到 1933 年，美国图书馆专业院校的数量有了飞速的发展。世界各个国家也纷纷效仿，先后创办图书馆学校。苏联在 1918 年成立了克鲁普斯卡娅图书馆学校；同年，丹麦成立了丹麦图书馆学校；英国于 1919 年成立了一所全日制的伦敦大学图书馆学校，后于 1946 年解散；我国于 1920 年 3 月成立了武昌文华大学图书科；印度先是在 1911 年开展过一期图书馆学训练班，后来由印度著名的图书馆学家阮冈纳赞成立了印度的第一所正式的图书馆学校；挪威在 1940 年成立了图书馆学校。

此外，除了正规教育，有些院系还会设置函授教育、进修班和短训班等。不同图书馆院校的课程侧重点不同，但都将图书馆学导论、图书选择、图书馆管理、研究方法等实用技术作为重点课程。

这一阶段的大多数图书馆学校并没有设置高级学位，目的只是培养一般的图书馆工作人员。虽然课程的设置比较单一，但是仍然能够很好地适应当时图书馆的工作需要。

（三）世界图书馆学专业教育的繁荣发展阶段（1947年至今）

随着科学技术在第二次世界大战后的快速发展，工业大学开始出现，对科技文献的需求凸显，图情院系在各个工业大学如雨后春笋般大量涌现。有些国家的大学前后都成立了图书馆学情报学院以适应当时的需要。根据20世纪80年代的数据统计，英国当时共有17所图情院系，其中7所隶属于工业大学。后截至1992年，所有的工业大学都转变成了综合性大学，英国的图情院系也因此全部归于综合性大学，这就导致图情院系的地位下降，不得不面临重组的困境。利兹工业大学的图书馆学与信息学系在20世纪90年代初就被解散了，还有一些得以保留的图情院系也逐渐改名。此外，还有一些图情院系选择和其他院系合并，利物浦工业大学的信息学与图书馆学系先后并入到信息科学与技术学院，计算学、信息学与数学科学系和利物浦商学院。

当时的这些图书馆学情报学院无论是在人员培养、课程设置还是在教学方法上都产生了很大的不同。同时，图书馆学专业教育开始向多层次的方向发展。英国的谢菲尔德大学在1960年创办了图书馆学研究院；1967年，日本在庆应义塾大学的文学系图书馆学情报学专业开始面向硕士研究生招生，在1975年开始面向博士研究生招生。英国的图情教育在20世纪80年代以前一直重视本科生的教育，但是由于本科生源不足、传统图书馆学教育的吸引力不足以及经济萧条引起的就业困难等原因，图情教育的重点已经由本科生教育转为成人教育和研究生教育，在调整招生政策的同时，也开始鼓励招收外国的留学生。随着招生政策的调整，课程的设置也发生了一些变化。除了原有的专业课程的设置，为了适应信息化社会对人才的多层次需求，图情专业教育的课程设置中增加了信息技术、信息管理以及人际交流等内容。

1988年，匹兹堡大学信息学院院长、雪城大学信息研究学院院长和德雷塞尔大学信息科学与技术学院院长成立了一个三人小组，讨论交流图书情报学的研究生教育等问题，这是最早的iCaucus的前身。后于2003年，美国七所著名的图书馆情报学院的院长对21世纪图书情报的教育、研究及其事业发展进行探讨，提出了信息学院运动（information schools movement，iSchool运动）。2004年，北美19所图书情报学院共同创建了iSchool项目（iSchool project），以信息、技术和人三者之间的关系为中心进行研究。2005年，第一批19个学院通过章程，组成了iSchool联盟。2006年10月，iSchool联盟被正式修改为信息学院运动计划，成为21世纪美国图书情报发展中具有历史意义的重要事件。

到21世纪初期为止，日本已经有9所学制为4年的大学成立了图书馆学信息学院系或者专业，其中，有8个院系设立了硕士学位，4个院系设立了博士学位。总体来看，日本的图书馆学专业教育已经基本达到了多层次的要求。印度1975年在新德里创办了情报学学院。加拿大在21世纪初期成立了七所图书馆学情报学学院，全部都开展了本科生和硕士研究生的课程，并且受到了美国图书馆学会的肯定。这些学校对研究生的培养在很大程度上改善了图书馆学的人才结构。这个阶段的图书馆学专业教育的发展受到了当时科学技术发展的影响，在数量和质量上都比上一个阶段有所提升。

二、我国图书馆学专业教育的起源与发展

我国图书馆学专业教育源于 20 世纪 20 年代。1920 年 3 月，美国图书馆学家韦棣华女士与沈祖荣先生在武昌文华大学就设立了图书科，经过发展，1929 年成为独立的武昌文华图书馆学专科学校。这是我国第一所图书馆学专业机构，它开启了我国图书馆学专业教育的历史。

（一）发展历史

我国图书馆学专业教育已经有百年历史了，该历史进程可分为三个不同的发展阶段，分别为我国图书馆学专业教育的初步兴起阶段（1920—1949 年）、我国图书馆学专业教育的逐步探索阶段（1950—1977 年）以及我国图书馆学专业教育的繁荣发展阶段（1978年至今）。

1. 我国图书馆学专业教育的初步兴起阶段（1920—1949 年）

1920 年 3 月，韦棣华女士与沈祖荣先生在武昌文华大学就设立了图书科。虽然在这之前美国图书馆学家克乃文就开设过图书馆学课程，但武昌文华大学图书馆使图书馆学专业教育走向正轨。

1925 年，上海国民大学图书馆系成立，当时的系主任是著名图书馆学家杜定友先生，这是我国第二所图书馆学高等教育基地，也是我国图书馆学专业教育更进一步的标志。1927 年，金陵大学文学院图书馆学系成立。1929 年 8 月，武昌文华大学图书科改名为武昌文华图书馆学专科学校。1931 年，文华图书馆学专科学校独立成为我国第一所独立的图书馆学高等专科学校。1947 年，北京大学文学院附设了图书馆专修科；1949 年，专修科独立后实行公开招生。

除以上各大学设置图书馆学系（科）之外，还有中山大学、厦门大学、河南大学等也设置了图书馆学课程。这些课程的普及，对图书馆学知识的传播具有极大的促进作用。

2. 我国图书馆学专业教育的逐步探索阶段（1950—1977 年）

自从新中国成立以来，党和政府相当重视图书情报工作，随着全国各种图书馆规模的不断扩大，对相关工作人员的需求也在日益增加，这对图书馆学专业教育的发展起到极大的促进作用。新中国成立之后的 20 多年，我国图书馆学专业教育主要以高等教育为主，主要代表就是北京大学和武汉大学的图书馆学。1966—1976 年，我国图书馆学专业教育受到了巨大的打击甚至基本处于停滞不前的状态。1972 年，北京大学和武汉大学的图书馆学系开始以各个单位保送的方式重新招生。1977 年，我国图书馆学专业教育重新实行了入学考试制度，自此以来才开始走向正轨。

总体来看，新中国成立之后的 20 多年间，我国图书馆学专业教育无论是在数量上的增加还是在质量上的提高，都远远超过 1949 年之前的发展水平。

3. 我国图书馆学专业教育的繁荣发展阶段（1978 年至今）

我国图书馆学专业教育的繁荣发展阶段从 1978 年开始，延续至今，长达 40 余年的时间。

1978 年 8 月 12 日，教育部发布了《关于加强高等学校图书资料工作的意见》，社会也因此加大了对图书情报工作的重视。华东师范大学、北京师范大学、上海大学、山西大学、郑州大学、河北大学、江西大学等几十所高校在几年之内先后都成立了图书馆学专业或图书馆学系。为了培养不同水平和层次的图书馆学专业人才来顺应图书馆事业的快速发展，在发展大学图书馆学本科教育和专科教育的同时，也发展了中等图书馆学专业教育以及更高层次人才的培养。此外，多个地方也成立了图书馆学专修班、走读班、函大和夜大等从事图书馆学专业教育的机构。

自1978年开始快速发展以来，我国图书馆学专业教育已经取得了较为卓越的成绩。由于数字图书馆以及其他商业网络在我国如雨后春笋般涌现，在20世纪90年代初之后的10年里，我国的图书馆学院的数量有了飞跃式的提升。

20世纪70年代末到80年代是图书馆学本专科教育迅猛发展时期。1978—1990年，全国设有图书馆学本科或专科的高校达55所，1983年还正式兴办了图书馆学中专层次的教育。进入20世纪90年代，随着社会对图书馆学专业人才的需求结构发生变化，图书馆学研究生教育开始出现较快发展，本科教育则开始调整和缩减，办学点由1990年的55个减至1998年的20个。专科教育则基本都升格为本科教育，中专层次的教育则消失。但进入21世纪后，图书馆学本科教育又悄然复苏，2017年，全国图书馆学本科办学点为22所。从2004年起，设置的图书馆学硕士点已超过本科专业教学点，成为图书馆学教育的主体，到2018年，图书馆学硕士学位点共有55个，其中图书馆、情报与档案管理一级学科硕士学位授权点49个。进入21世纪以来，社会对高层次图书情报人才的需求愈益强烈，博士生教育也与时俱进。截至2018年10月，我国共有13个图书馆、情报与档案管理一级学科博士学位授权点，图书情报与档案管理博士后流动站11个，标志着我国图书馆学完整的专业教育体系发展成熟。

当前，我国图书馆学专业教育面临着希望与困难并存的局面，希望来自信息时代赋予图书馆事业的良好发展前景，困难表现为目前图书馆事业尚不理想的发展状况给图书馆学专业教育带来了巨大的压力。

尽管我国图书馆学专业教育水平有了较大的提高，但与某些发达国家相比仍然相对滞后，不能满足图书馆事业蓬勃发展的需要。目前我国图书馆学专业教育仍存在一些问题。①图书馆学专业教育的层次不合理。目前我国的图书馆学专业教育是以硕士研究生教育为主体，各教学单位都在努力地提高教育层次和扩大教学规模。②专业教育的空间分布不合理。我国目前的图书馆学专业人才大多集中在以京、沪为中心的地区，而在对大量专业人才有急迫需求的西部来说，图书馆学专业教育的分布却相当分散。③专业教育的竞争压力巨大。作为专业教育产品的高校毕业生将背负不同的专业背景走向社会，而图书馆学专业在专业名称、课程设置、事业建设的形势等各个方面都存在着先天不足，竞争压力更加大。专业教育的具体形势不容乐观，一方面，体现在图书馆学专业在高校各专业中的地位不高；另一方面，还表现在图书馆学专业高等教育的招生相对不景气。

现在强调的新文科建设，主要是指不同学科之间的交叉和融合。图书馆学专业教育逐渐引入了一些技术要素，当前很多学校的图书馆学专业教育的课程设置都加入了信息技术和社会科学多方面的发展。

（二）学科归属

一个学科或专业在学科体系和教育体系中的正确定位，是这个学科或专业成熟的标志，它决定着学科或专业的长远发展，也影响着社会对其专业的认知。1987—2022年，教育部五次调整修订《普通高等学校本科专业目录》，最后确定了图书馆学专业归属于"管理学"门类的"图书情报与档案管理类"专业。国务院学位委员会则从1983—2011年四次调整《学位授予和人才培养学科目录》，将本科专业与研究生学位授予学科专业目录统一归至"管理学"学科门类下的"图书情报与档案管理"一级学科[①]。

1981年我国确立学位制度初期，"图书馆学"归于"文学"之下。1987年和1993年《普通高等学校本科专业目录》的两次调整，以及1990年《授予博士、硕士学位和培养研究生的学科、专业目录》的修订，虽然所属的学科门类各不相同，但是都将"图书情报（信息）学"划分为同一学科类目，并作为一级学科类目出现，其意义在于顺应了图书情报一体化的发展趋向。20世纪90年代末期，《普通高等学校本科专业目录》与《授予博士、硕士学位和培养研究生的学科、专业目录》均增设了"管理学"门类，并分别下设"图书档案学类"专业类和"图书馆、情报与档案管理"一级学科。2011年发布的《学位授予和人才培养学科目录》与2022年第五次修订的《普通高等学校本科专业目录》，都将图书馆学专业归属的一级学科（专业类）名称变更为"图书情报与档案管理"，本科专业目录和研究生专业目录在一级学科和专业类名称上首次实现了统一。另外，在本科类目下新增了信息资源管理专业，共同构成新的专业类。

（三）教育的层次

图书馆对图书馆学人才的需求是多层次的，因此，图书馆学教育也应分等级、分层次地培养图书馆学人才。改革开放以来，我国的图书馆学教育迅猛发展，办学规模迅速扩大，办学层次和类型不断丰富，逐渐形成了一个科学合理的图书馆学教育体系。该体系的形成经历了三个阶段：20世纪70年代末到80年代形成了一个由中专—大专—本科—硕士构成的图书馆学教育体系；20世纪90年代演变为一个由专科—本科—硕士—博士构成的图书馆学教育体系；到了今天，已经发展成为一个由本科—硕士—博士—博士后构成的多层次、较大规模且较为完整的图书馆学专业教育体系。

（四）课程设置

图书馆学专业教育肩负着为图书馆、出版社等公共文化事业培养人才的使命，是图书馆等事业稳定发展的支撑及保障，是公共文化事业发展的重要基石。专业教育的主体是本科教育，本科教育的水平与层次决定着图书馆学专业教育体系的质量与发展趋势，对未来图书馆事业的发展有着深刻的影响。在图书馆学本科教育中，课程设置是核心与重点，专业课程设置的合理与否决定了图书馆学专业教育的质量，决定了人才培养的方向。

① 关于印发《学位授予和人才培养学科目录（2011年）》的通知，http://www.moe.gov.cn/srcsite/A22/moe_833/201103/t20110308_116439.html[2011-03-08]。

为了适应时代的发展趋势及社会的需求，我国高等教育的图书馆学本科专业课程的课程体系、授课名称、授课内容、授课模式一直处于发展改革之中，与时俱进地根据国家社会经济发展特别行业发展需求、学科专业的发展趋势积极调整课程设置，尤其重视对核心课程的研究、分析与设计。在继承传统的"图书馆"类课程和"文献"类课程的基础上，不断加强"信息"类课程和"数据"类课程的建设。同时，不断创新课程教学方式，如融入微课、MOOC（massive open on line courses，大型开放式网络课程）；结合 iSchool、DES（digital education services，数字化教育服务）等课程模型开展课程改革。将数字人文、数据科学、智慧图书馆、阅读推广等内容融入课程教学之中，实现学术研究、人才培养、事业实践的有效衔接。

三、图书馆学专业教育的展望

图书馆学专业教育是图书馆事业发展到一定阶段的必然产物，要发展图书馆学专业教育，必须大力发展图书馆事业。图书馆学专业教育工作者不能只把眼光停留在课堂和学生身上，而应放眼于整个社会的发展和图书馆事业的发展。目前，图书馆事业的发展正处在关键的转型时期，社会发展对信息资源的需求日益迫切，如何从理论研究出发，通过脚踏实地的实践工作，主动将满足这种需求的工作真正纳入图书馆事业的范畴，是所有图书馆工作者、图书馆学研究者、图书馆学专业教育者共同面对的一个重大课题。

图书馆学专业教育应当以现代信息技术的发展为支撑，将管理知识作为背景，将广泛而又科学的文化以及语言作为工具基础，将宽广的图书馆业务知识作为核心内容，办出具有特色的图书馆学专业。

（一）变革图书馆学教育的理念

随着国外 iSchool 运动的出现和数字时代的到来，各种先进的信息技术广泛运用于图书馆，不仅为图书馆工作提供了新的技术手段，而且极大地改变了图书馆业态。信息资源的发现与采集、信息资源的组织与储存、信息资源的开发与利用成为当今图书馆工作的核心内容。因此今天的图书馆学教育要确立以信息资源管理为中心的理念，图书馆学教育要定位于管理科学门类。同时还要看到，在新的信息环境下，图书馆、情报机构、档案馆等机构的功能、工作对象、工作目标、内容，以及工作方式和手段都有趋同的趋势，图书情报学科融合的趋势日益明显。这种跨学科的研究必然反映到图书馆学教育之中，使学科教育的内容得以深化与拓展，从而给图书馆学教育带来生机与活力。

（二）坚持图书馆学专业教育的人文传统

进入 21 世纪以来，国外兴起的 iSchool 运动在国内有很大的影响，但国人对 iSchool 的认识并非都很理性。iSchool 确实十分重视技术，在课程体系中设计了大量的技术类课程。但是 iSchool 并没有将技术作为 LIS（library and information science，图书情报学）教育的目的，而是将它作为促进人的全面发展，增强人在信息社会的适应能力和职业竞争力的手段。iSchool 的初衷并不是否定和放弃图书情报学的传统价值，而是在强调技术重要性的同时，也重视人文理念和传统的图书馆学知识，并将它融入新的体系之中，进而提出了信息、技术和人三位一体的教育理念。当然，iSchool 在后来的发展中与它的初衷有所偏离，出现"去图书馆化"的倾向。今天借鉴 iSchool 的理念，应该正本清源，在重视信息和技术的同时，更重视信息领域中人的因素，让图书馆学的人文传统和价值理性能更加和谐地融合到图书馆学教育之中。

（三）图书馆学专业的核心课程

图书馆学专业的核心课程应当随着社会科学文化、政治经济、图书馆学及图书馆事业的发展而不断发展。图书馆学专业教育的任务，最终要通过教学内容来实现，专业课程设置是否科学合理，直接影响图书馆学专业的教育质量。新文科强调学科之间的交叉和融合，也提倡在专业教育中融入一些技术因素，课程设置一定要反映图书馆事业的发展要求。从目前图书馆学发展趋势来看，信息科学、控制论、数学、情报科学、计算机科学等已经广泛地应用于图书馆工作中。图书馆学的专业课程也应当有所调整，适当压缩原本的课程，增加新理论、新技术的教学内容，专业课程的内容应该着眼于我国图书馆事业的发展，立足于未来。

但有些院校的课程设置原则，是用计算机和外语来包装传统的专业课程体系，甚至过分强调计算机技术在课程体系中的分量，而未能很好地把握图书馆事业的发展脉络。事实上，图书馆学专业人才之所以能在当今和未来的图书馆事业中发挥主导作用，不可能也不应该是依靠计算机的知识，而是依靠本专业在对信息或知识组织和检索过程中所表现出来的超前的意识和强大的能力。图书馆学专业课程设置的关键是更新传统核心课程，兼顾图书馆学传统课程教学内容和信息技术类课程，使之更能反映知识组织和检索的要求。这种更新就包括使信息技术类课程的设计能真正地服务于该要求，而不仅仅是将信息技术类课程与图书馆学专业传统教学内容简单相加。此外，课程设置不但要反映图书馆事业当前的发展要求，而且还要具有一定的前瞻性，因为专业教育要培养适应未来发展要求的人才。以本科教育为例，四年的教育周期在图书馆事业和图书馆学的发展进程中是不能忽视的，这就要求课程设计必须建立在科学的预测和决策的基础之上。例如，我国的数字图书馆建设在未来几年中的发展趋势，必须成为设计课程时所要考虑的重要问题之一。

（四）专业人才分层次培养

目前，我国图书馆的种类多种多样，对工作人员的知识水平的要求也有所差别。因此，为了适应图书馆学专业人员的知识结构差异、图书馆事业发展的需要以及社会对图书馆学专业人才的多层次需求，图书馆学专业教育也应该分层次、分等级地培养图书馆学专业人才。

1978 年，我国开始了图书馆学硕士研究生教育。1981 年正式建立了学位制度。早期的硕士研究生教育被定位于高端学术型人才的培养。直至 1999 年，国务院学位委员会和教育部研究生工作办公室编制的《授予博士硕士学位和培养研究生的学科专业简介》中对图书馆学研究生培养目标仍表述为："能独立进行创新性的科学研究、能胜任高等学校的教学和研究工作或大中型文献情报机构的中高层管理工作。"进入 21 世纪以后，为适应新信息环境下图书情报事业发展对图书情报专门人才的迫切需求，应对图书情报一体化，完善图书情报人才培养体系，国家将图书馆学硕士教育明确分为图书馆学学术型硕士和图书情报硕士专业学位两类。图书情报硕士专业学位在课程设置、教学方法、招生考试、毕业要求等各个方面都以实践为导向，鲜明地体现出面向实践技能的特点。

在本硕博专业教育和人才培养方面，不同层次的教育应有不同的侧重点。要坚持本科的专业教育和人才培养，并且以通识教育和专业教育相结合为原则，着重于个人素质能力的培养，如沟通能力、批判性思考能力、领导力、面对实践问题的解决能力等通识性的人才培养目标。在提升本科生各个方面的素质的同时，也有一些专业性的培养目标，要求学生能掌握基础理论，并能利用一些基础理论以及他们的能力来解决图书馆领域的实践和理论问题；重新考虑硕士研究生专业教育的培养模式，学业型硕士侧重科学研究素养的培养，专业硕士侧重实践研究能力的培养，积极鼓励硕士研究生追求更高的层次；而在博士的专业教育培养方面应更加注意对学生研究能力的培养，重视研究实践的训练，注重国际视野的培养。

除此之外，我国当前图书馆学专业教育应当更加注重高级人才的培养，加大对图书馆学硕士研究生以及博士研究生的招生力度，扩大研究生数量，加强和发展研究生教育，以此适应我国对图书馆学高级人才的需求。

（五）改变教学模式和方法

图书馆学专业教育不能仅仅满足于对学生进行理论知识的教育，更要重视对学生思考能力、工作能力以及实践能力的培养。

目前实行的教学模式过于单一，只是停留在课堂上，并且课堂教学占用的学习时间太多，平时学生自主支配、独立思考和工作的时间不多，从事图书馆实践的机会更是少之又少。要改变这种局面，势必要改变当前的教学模式和教学方法。

教学课堂依然是主要教学模式，如何在图书馆学专业教育的过程中提升学生的专业素养，应该是教育者重新思考的问题。可以适当压缩课堂时间，提高课堂授课的质量，结合教材内容的同时也要结合图书馆工作的实际情况，引导学生对有关事物内在规律的探索，同时也应当在讲授知识的同时，合理采用课堂讨论的方式，启发学生真正的思考，帮助他们掌握理解问题的正确观点和方法。

除了教学课堂之外，学校应适当增加其他的教学环节，如写作论文、社会调查，尤其是图书馆工作实践或者其他的社会实践，这样不仅能够考查学生对基础知识的掌握情况，同时也能考查他们运用这些知识的能力。学生总在学校里是不可能了解真正的社会的，只有让其真正地体验之后，才能使他们对未来的工作有所了解，这样也有利于学生毕业之后的工作。

（六）提高师资队伍的素质

师资队伍是教学工作的主导力量。既然要大力发展我国图书馆学专业教育，加大图书馆学专业的招生力度，那么提高师资队伍的素质就是关键。提高师资队伍的素质包括扩大师资队伍、提高师资队伍的业务水平和改造整个师资队伍的结构。应当调动各方面的人才对图书馆学专业教育事业提供支援。教师短缺、师生比例失调是目前最明显的问题。师资缺乏的问题不解决，无法从根本上提高教学质量。要提高师资队伍业务水平，除了需要教师本人的努力，教育部和学校也应当为教师提供进修条件，如减轻教学负担，派遣出国进修等。此外，在引进新生力量方面，可以采取毕业生择优留校任教，从外单位调入师资等手段来提高师资队伍的整体水平。对于师资队伍的结构调整，则可以采取吸收其他有关专业的毕业生作为本专业教师、召回一些早年毕业的实际工作者来补充师资队伍或者聘请图书情报学界的专家担任兼职教师，以专职教师为骨干，兼职教师为辅助等方法来改善师资队伍的结构。

随着社会的不断发展，图书馆学专业教育中的人才需求程度会越来越大。图书馆学专业教育应当顺应时代的发展，守住初心，不断提升图书馆学专业教育的质量和影响力。

思　考　题

1. 试述图书馆学研究对象的四大流派。
2. 图书馆学的研究对象是什么？
3. 图书馆学五定律及其意义是什么？
4. 叙述新旧图书馆学五定律的异同。
5. 简述图书馆学价值。
6. 简述图书馆学功能与使命。
7. 什么是图书馆学学科性质的判断依据？
8. 如何判断图书馆学的学科性质？
9. 构建图书馆学体系结构的意义是什么？
10. 构建图书馆学体系结构的原则是什么？
11. 简述图书馆体系结构的发展。
12. 图书馆学分支学科是什么？
13. 简述图书馆学相关学科。
14. 图书馆学研究方法的层次有哪些？之间的关系是什么？
15. 图书馆学研究的常用研究方法有哪些？
16. 简要概述图书馆学专业教育的起源与发展。
17. 国内图书馆学专业核心课程有哪些？

参 考 文 献

埃尔默，卢野鹤. 1984. 社会学和社会科学[J]. 现代外国哲学社会科学文摘，（12）：22-25.
巴甫洛夫. 1955. 巴甫洛夫选集[M]. 吴生林，贾耕，赵璧如，等译. 北京：科学出版社，1955.
白世盛. 2006. 阮冈纳赞二、三法则的当代解读[J]. 图书馆杂志，（3）：11-13.
北京大学图书馆学情报学系，武汉大学图书情报学院. 1991. 图书馆学基础（修订本）[M]. 北京：商务印书馆.

波普尔 K. 1985. 猜想与反驳——科学知识的增长[M]. 傅季重, 纪树立, 周昌忠, 等译. 上海: 上海译文出版社.

波普尔 K. 1987. 客观知识——一个进化论的研究[M]. 舒炜光, 卓如飞, 周柏乔, 等译. 上海: 上海译文出版社.

波普尔 K. 1987. 历史决定论的贫困[M]. 杜汝楫, 邱仁宗译. 北京: 华夏出版社.

陈大莲. 2008. 用图书馆学五定律规范高校外文图书采访[J]. 情报探索, (7): 17-19.

陈健. 1997. 科学划界: 论科学与非科学及伪科学的区分[M]. 北京: 东方出版社.

陈立军, 陈立民. 2013. 熵视阈中的人类社会秩序演进探索[J]. 常州大学学报 (社会科学版), 14 (2): 10-14, 88.

陈时见. 2013. 比较教育学的概念建构及其现实意义[J]. 比较教育研究, (4): 1-10.

陈兆祦, 王德俊. 1995. 档案学基础[M]. 北京: 档案出版社.

程焕文. 2001. 高涨的事业与低落的教育——关于图书馆学教育逆向发展的思考[J]. 中国图书馆学报, 27 (1): 67-70.

崔静. 2008. 基于"五定律"的图书馆核心竞争力的分析[J]. 晋图学刊, (4): 10-12.

董小英. 1996. 图书馆学情报学文献源[M]. 北京: 书目文献出版社, 10: 43-44.

段小虎. 2013. 图书馆学术研究中的"论域"问题[J]. 图书馆论坛, 33 (6): 26-32.

范并思. 2005. 百年文萃——空谷余音[M]. 北京. 中国城市出版社.

范并思. 2007. 核心价值: 图书馆学的挑战[J]. 图书与情报, (3): 2-5.

范并思, 等. 2004. 20 世纪西方与中国的图书馆学——基于德尔斐法测评的理论史纲[M]. 北京: 北京图书馆出版社.

范春萍. 2011. 信息妖与数字化世界的信息秩序[J]. 自然辩证法研究, 27 (9): 82-87.

范丽娟. 2011. 新世纪以来中国图书馆界对阮氏定律的研究及拓展——纪念《图书馆学五定律》发表 80 周年[J]. 图书馆, (6): 72-75.

冯琼. 2007. 图书馆学新老五定律与图书馆人文关怀[J]. 图书馆论坛, 27 (1): 63-65.

付长友. 2004. 信息的"爆炸"与"收敛"[J]. 现代情报, (2): 194-197.

谷冠鹏, 王艳玉, 闫树涛. 2004. 学科价值链: 一个关于学科建设的系统分析模型[J]. 河北农业大学学报 (农林教育版), (3): 6-8, 12.

郭星寿. 1992. 现代图书馆学教程[M]. 太原: 高校联合出版社.

贺军. 2006. 网络环境下图书馆学五定律研究[J]. 高校图书馆工作, 26 (114): 20-21.

洪大用. 2008. 公正、和谐、发展——追寻社会学的核心价值[J]. 教学与研究, (6): 24-26.

洪亮, 刘宣冶, 侯雯君. 2019. 基于 iSchool 教育理念的图书馆学专业课程模型[J]. 图书馆论坛, 39 (8): 47-56.

侯汉清, 刘迅. 1985. 阮冈纳赞《图书馆学五定律》概述[J]. 图书馆杂志, (4): 14-18.

胡昌平. 2001. 信息管理科学导论[M]. 北京: 高等教育出版社.

胡萍. 2003. 图书馆学研究对象的历史轨迹[J]. 图书馆理论与实践, (3): 51-53.

胡泳. 2015. "互联网+": 信息时代的转型与挑战[J]. 人民论坛·学术前沿, (20): 84-94.

黄俊贵. 2001. 图书馆原理论略——从阮冈纳赞五定律及戈曼新五定律说起[J]. 中国图书馆学报, (2): 5-10.

黄宗忠. 1962. 试谈图书馆的藏与用[J]. 武汉大学学报 (社科版), (2): 91-98.

黄宗忠. 2003. 图书馆学体系的沿革与重构[J]. 图书与情报, (3): 2-9.

黄宗忠. 2007. 论现代图书馆学原理[J]. 图书情报知识, (1): 38-46.

黄宗忠. 2013. 图书馆学导论[M]. 武汉: 武汉大学出版社.

黄宗忠, 彭斐章, 谢灼华. 1963. 对图书馆学几个问题的初步探讨[J]. 武汉大学学报 (人文科学), (1): 104-120.

霍国庆，孟广均，徐引篪. 1998. 西方图书馆学流派论评（一）[J]. 图书情报工作，（4）：3-9.

姬洪军. 2003. 数字图书馆与阮氏五定律[J]. 图书馆理论与实践，（4）：27-28.

蒋鸿标. 2005. 图书馆学研究对象不宜"本土化"——兼与宋希香同志商榷[J]. 图书馆学研究，（2）：6-7.

蒋永福. 2003. 客观知识·图书馆·人——兼论图书馆学的研究对象[J]. 中国图书馆学报，（5）：32-35.

蒋永福. 2009. 制度图书馆学：概念、内容、特点与意义[J]. 图书馆，（6）：11-16.

蒋永福，付小红. 2000. 知识组织论：图书情报学的理论基础[J]. 图书馆建设，（4）：14-17.

金胜勇，刘雁. 2003. 谈我国图书馆学专业的可持续教育[J]. 图书情报工作，（12）：10-13，40.

金胜勇，刘志辉. 2007. 图书馆学研究对象析论[J]. 图书馆理论与实践，（1）：4-7.

金胜勇，石璐鸣. 2014. 基于演绎逻辑的图书馆学发展趋势分析——兼论归纳逻辑的局限[J]. 图书馆，（5）：1-5，9.

金胜勇，谷艳锋，于淼. 2008. 论科学哲学对图书馆学科学性的观照[J]. 图书馆，（2）：1-4.

金胜勇，锅艳玲，陈则谦. 2017. 信息资源建设[M]. 北京：科学出版社.

金胜勇，李雪叶，王剑宏. 2011. 图书馆学情报学档案学：研究对象与学科关系[J]. 中国图书馆学报，37（6）：11-16.

金学慧，刘细文. 2009. 国内外典型竞争情报系统软件功能的差异性分析[J]. 情报杂志，28（9）：102-106.

景海燕. 1998. 图书馆学新老五定律之比较[J]. 图书馆理论与实践，（4）：3-5.

景海燕，康军. 1999. 图书馆学"新五定律"的启示[J]. 北京图书馆馆刊，（1）：45-47.

柯平. 2004. 知识资源论——关于知识资源管理与图书馆学的研究对象[J]. 图书馆论坛，（6）：58-63.

库恩 T S. 1980. 科学革命的结构[M]. 李宝恒，纪树立译. 上海：上海科学技术出版社.

拉卡托斯 I. 1999. 科学研究纲领方法论[M]. 兰征译. 上海：上海译文出版社.

兰久富. 2018. 能否定义价值概念[J]. 当代中国价值观研究，3（4）：20-32.

雷春蓉，颜静远. 2017. 信息时代对图书馆学新旧五律关系的研究[J]. 图书情报工作，（10）：30-34.

李惠珍. 2002. 世纪视野下的我国图书馆学教育[R]. 哈尔滨：海峡两岸咨询服务与教育新方向研讨会大会.

李明杰. 1999. 关于图书馆学方法论的哲学思考[J]. 图书馆理论与实践，（4）：8-10.

李燕丽. 2012. 学科价值的理论初探[J]. 科教导刊（上旬刊），（1）：89，145.

李月琳. 2020. 从图书馆的初心和使命谈图书馆学教育和人才培养[J]. 图书馆建设，（6）：21-25.

梁震戈，苏桂兰. 2007. 高校图书馆图书再利用工作研究[J]. 图书馆建设，（1）：75-76.

林芗. 1999. 略谈信息爆炸与信息稀缺[J]. 图书馆论坛，（1）：80-81.

林子婕. 2020. 中国情报学发展路径研究[J]. 图书情报研究，13（1）：35-39.

刘国钧. 1957. 什么是图书馆学[J]. 中国科学院图书馆通讯，（1）：1-5.

刘国钧. 1983. 什么是图书馆学[M]. 北京：书目文献出版社.

刘洪星，徐东平. 2005. 学科体系结构及其概念建模[J]. 高教发展与评估，（9）：58-60

刘莉. 2016. 图书馆学在社会科学中的地位与价值[J]. 兰台世界，（6）：71-72.

刘龙. 2012. 数字图书馆发展现状及特点研究[J]. 现代情报，（12）：135-137.

刘荣折，李锡初. 1987. 图书馆学体系结构新识[J]. 黑龙江图书馆，（3）：10-14.

刘晓琴. 2010. 教育原理和教育学原理的思考[J]. 吉林省教育学院学报，（2）：96-97.

刘旭青，金胜勇. 2014. 对图书馆学研究对象的再认识[J]. 图书馆，（5）：6-9.

刘璇，徐飞. 2007. 循证图书馆事业研究[J]. 情报杂志，（5）：106-108.

刘勇. 2010. 信息爆炸与信息加工增值[J]. 青年记者，（7）：46-47.

陆宝益. 2011. 论阮氏"图书馆学五定律"在 Information Commons 构建中的运用——Information Commons 构建的理论基础研究之一[J]. 图书与情报，（2）：57-61.

马皑. 2010. 法律心理学基本理论问题探讨[J]. 甘肃政法学院学报，（4）：51-59.

马大川，马越. 2006. 信息有序的理论框架[J]. 情报理论与实践，（6）：677-680.

马恒通. 2000. 新中国图书馆学研究对象争鸣 50 年（1949—1999）[J]. 图书馆，（1）：22-27，37.

马恒通. 2002. 论图书馆学研究对象的确定[J]. 图书情报工作，（6）：42-47.

马恒通. 2007. 知识传播论——图书馆学研究对象新探[J]. 图书馆，（1）：15-21.

马恒通，赵卫利. 2010. 新中国图书馆学体系研究六十年[J]. 图书情报工作，（23）：23-29.

马玉荣. 2005. 论现代信息整序的层次与结构[J]. 情报杂志，（4）：46-47，49.

毛泽东. 1964. 毛泽东选集（一卷本）[M]. 北京：人民出版社.

梅雪. 1992. 图书馆学体系结构再探[J]. 图书馆，（2）：20-23.

牟平，牟梅，李彤. 2008. 高校图书馆如何应对信息时代的挑战[J]. 西南农业大学学报（社会科学版），
　　（4）：222-224.

倪波，郑建明. 1997. 图书馆学信息学教育的发展与成就[C]//中国图书馆年鉴编委会. 中国图书馆年鉴
　　1996. 北京：北京图书馆出版社.

欧阳剑. 2009. 新网络环境下用户信息获取方式对图书馆信息组织的影响[J]. 中国图书馆学报，（5）：
　　97.

潘树广，黄振伟，涂小马. 2017. 目录学教程[M]. 桂林：广西师范大学出版社.

彭斐章. 2017. 目录学教程[M]. 北京：高等教育出版社.

齐振海. 1988. 认识论新论[M]. 上海：上海人民出版社.

丘巴梁 О С. 1983. 普通图书馆学[M]. 徐克敏，郑莉莉，周文骏译. 北京：书目文献出版社.

邱五芳. 2008. 中国图书馆学应进一步弘扬实证研究[J]. 中国图书馆学报，（1）：16-21.

邱燕燕. 2002. 二十年来中国图书馆学方法论研究综述[J]. 图书与情报，（4）：2-5.

全国高等学校图书馆工作委员会秘书处. 1983. 图书馆学情报学专业教育参考资料[M]. 北京：书目文献
　　出版社.

任全娥. 2004. 图书馆学论文研究方法利用情况调查——兼纪念乔好勤《试论图书馆学研究中的方法论
　　问题》发表 20 周年[J]. 图书馆杂志，（1）：13-16.

阮冈纳赞. 1988. 图书馆学五定律[M]. 夏云，王先林，郑挺，等译. 北京：书目文献出版社.

盛小平. 2006. 构建以知识为中心的图书馆学学科体系[J]. 图书馆杂志，（3）：3-7.

司马朝军. 2011. 文献学概论[M]. 武汉：武汉大学出版社.

孙瑞英. 2005. 从定性、定量到内容分析法——图书、情报领域研究方法探讨[J]. 现代情报，（1）：2-6.

孙瑞英，马海群. 2011. 基于 DES 模型的图书馆学专业核心课程优化设计研究[J]. 图书馆学研究，（1）：
　　30-35.

宛玲，杨秀丹，杜晓静. 2000. 试析中文搜索引擎的评价标准[J]. 情报科学，（1）：28-31，38.

王革，李钊. 2009. 社会科学定性研究中系统方法的操作化分析[J]. 天津师范大学学报（社会科学版），
　　（6）：14-19.

王玮. 2002. 帕累托原则与阮冈纳赞图书馆学五定律[J]. 图书与情报，（1）：7-9.

王先林. 2002. 循证医学与循证图书馆事业[J]. 中华医学图书情报杂志，（1）：47-52.

王星光. 2000. 档案界与图书馆学界的对话[J]. 档案管理，（2）：33-35.

王绪琨，罗远环. 2002. 图书馆学研究对象辨析[J]. 图书馆建设，（4）：10-12，17.

王知津. 1998. 从情报组织到知识组织[J]. 情报学报，（3）：230-234.

王知津. 1998. 知识组织的研究范围及发展策略[J]. 中国图书馆学报，（4）：3-8.

王知津. 1999. 知识组织的目标与任务[J]. 情报理论与实践，（2）：65-68.

王忠武. 2014. 论社会科学的价值选择与价值中立规范[J]. 社会科学研究，（4）：93-98.

王子舟. 2000. 知识集合初论——图书馆学研究对象的探索[J]. 中国图书馆学报，（4）：21-25.

王子舟. 2000. 知识集合再论——图书馆学研究对象的阐释[J]. 图书情报工作，（8）：13-17.

王子舟. 2003. 图书馆学的学科性质[J]. 图书馆学研究，（1）：5-10.

王子舟. 2003. 图书馆学基本教程[M]. 武汉：武汉大学出版社.

王子舟. 2004. 图书馆学基础教程[M]. 武汉：武汉大学出版社.

魏屹东. 2003. 论哲学对认知科学的作用[J]. 哲学动态，（6）：24-27.

魏屺东，王保红. 2011. 科学分类的维度分析[J]. 科学学研究，29（9）：1291-1298.

吴慰慈. 2008. 图书馆学概论[M]. 北京：国家图书馆出版社.

吴慰慈，董焱. 2002. 图书馆学概论[M]. 北京：北京图书馆出版社.

吴慰慈，董焱. 2008. 图书馆学概论[M]. 北京：国家图书馆出版社.

吴慰慈，邵巍. 1985. 图书馆学概论[M]. 北京：书目文献出版社.

吴慰慈，张久珍. 2002. 当代图书馆学情报学前沿探寻[M]. 北京：北京图书馆出版社.

肖大成. 2004. 在数字图书馆理论研究中引入数字图书馆学概念初探[J]. 情报科学，（6）：675-678.

肖希明，倪萍. 2019. 新中国70年图书馆学教育的发展与变革[J]. 图书与情报，（5）：1-12，38.

肖希明，温阳. 2019. 改革开放以来中国多层次图书馆学教育体系的建立与发展[J]. 图书馆，（1）：1-8.

肖希明，司莉，黄如花. 2008. 我国图书馆学教育发展现状的调查分析[J]. 图书情报知识，（1）：
　　5-10，16.

徐佳. 1986. 图书馆学学科性质讨论综述[J]. 图书馆理论与实践，（3）：22-25.

徐引篪，霍国庆. 1998. 图书馆学研究对象的认识过程——兼论资源说[J]. 中国图书馆学报，1998，（3）：
　　3-13.

徐引篪，霍国庆. 1999. 现代图书馆学理论[M]. 北京：北京图书馆出版社.

许文霞. 2003. 加拿大公共图书馆一瞥[J]. 图书情报工作，（10）：8-11.

严丽，路金芳. 2004. 图书馆学学科性质研究之我见——试论图书馆学学科归属[J]. 情报资料工作，（3）：
　　16-19，15.

杨文祥，陈兰杰. 2003. 图书馆学研究对象学术思想的历史演变与发展[J]. 河南图书馆学刊，（1）：16-19.

杨文祥，周慧. 2008. 对我国图书馆学基础理论研究的反思与展望——历届全国图书馆学基础理论会议
　　回顾与21世纪图书馆学理论研究思考[J]. 大学图书馆学报，（2）：2-7.

杨晓农. 2009. 图书馆学学科体系构建思想的演变与发展[J]. 图书馆，（4）：17-23.

杨旭，汤海京，丁刚毅. 2017. 数据科学导论[M]. 北京：北京理工大学出版社.

杨昭悊. 1923. 图书馆学[M]. 上海：商务印书馆.

于鸣镝. 2004. 试论图书馆学的学科定位问题[J]. 图书馆学研究，（1）：2-4.

张岌秋. 2005. 论网络环境下情报学研究方法的演化[J]. 图书情报工作，（10）：33-36，70.

张珅. 2009. 浅谈"信息爆炸"背景下的图书馆转型[J]. 科技情报开发与经济，19（16）：64-66.

赵俊玲，马环，宛玲. 2011. 国外数据库商的数字保存行为研究[J]. 图书馆建设，（6）：24-27.

郑章飞，黎盛荣，王红. 2001. 中国图书馆学教育概论[M]. 长沙：国防科技大学出版社.

中共中央办公厅，国务院办公厅. 2020. 关于加快构建现代公共文化服务体系的意见[EB/OL].http//www.
　　gov.cn/gongbao/content/2015/content_2809127.htm[2020-04-16].

钟丽萍. 2009. 循证实践与行动研究的融合：当代图书情报学研究新范式[J]. 情报理论与实践，（10）：
　　9-12.

钟丽萍，孟连生. 2009. 论21世纪图书馆学研究新范式：循证图书馆学[J]. 图书情报工作，（1）：30-33.

钟守真. 1995. 20世纪80年代以来中国比较图书馆学研究综述[J]. 图书情报工作，（5）：1-4.

周柏海. 2012. 独立学院图书馆读者满意度研究——以苏州大学应用技术学院图书馆为例[J]. 高校图书
　　馆工作，32（4）：28-31.

周文杰. 2011. 图书馆学研究中的实验法：回顾与前瞻[J]. 图书与情报，（2）：91-95.

周文骏. 1983. 概论图书馆学[J]. 图书馆学研究，（3）：12-18.

周旭洲. 1984. 论现代图书馆学的学科性质与地位[J]. 图书馆学研究，（6）：1-7，152.

朱乔生. 2001. 论图书馆学"新五律"在当前中国图书馆事业发展中的实践[J]. 四川图书馆学报，（6）：5-9.

朱月明，潘一山，孙可明. 2003. 关于信息定义的讨论[J]. 辽宁工程技术大学学报（社会科学版），（3）：4-6.

GB/T 13745—2009，中华人民共和国国家标准学科分类与代码[S]. 北京：中华人民共和国国家质量监督检验检疫总局，中国国家标准化管理委员会.

Lancaster F W. 1978. Toward Paperless Information Systems[M]. San Diego：Academic Press.

Lancaster F W. 1982. Libraries and Librarians in an Age of Electronics[M]. Arlington: Information Resources Press.

Waltman L, van Eck N J. 2012. A new methodology for constructing a publication-level classification system of science[J]. Journal of the American Society for Information Science and Technology, 63：2378-2392.

第六章　图书馆学的未来

进入 21 世纪以来,高等教育的快速发展以及国家对公共文化服务体系建设力度的加大,我国图书馆事业进入了空前发展时期,馆舍面积和资源购置费成倍增长、高学历人才大量涌入、服务手段日新月异,在全球网络化、数字化浪潮的冲击下,图书馆经历了从传统图书馆到复合图书馆、数字图书馆甚至智慧图书馆的巨变。在图书馆飞速发展的同时,图书馆学理论研究也取得了骄人的成绩,主要表现在研究对象的多元与理论视角的多维、研究方法的创新以及研究成果的多产等方面。但挑战与机遇并存,图书馆学也面临着新的问题和危机,研究对象的多元和理论视角的多维在扩大图书馆学研究边际的同时,致使图书馆学学科特质面临被稀释的危险,图书馆学研究内容的包罗万象致使部分研究成果因对图书馆实践工作缺乏有效揭示和指导而为业界所诟病。

无论是困境中的图书馆学,还是迷失于本我和超我中的图书馆学,都只是暂时的,图书馆学拥有坚实的根基,是一个拥有远大前途的学科。所以我们要做的是:①彻底转变传统落后的思想观念和思维方式;②着力加强图书馆学基础理论研究;③积极营造有利于基础研究的良好环境;④着力加强图书馆学基础理论研究人才和队伍建设;⑤坚持多维视角和一个中心的研究原则;⑥加强图书馆学研究的学术规范建设。

人类对信息的需要是普遍和永恒的,而信息总是天然离散和无序的,因此人类对于信息查询与获取的平台的需求也是普遍和永恒的。不仅如此,由于信息的积累和加速增长,人类对信息查询与获取的效率提出更高要求。人类不断升级的对信息查询与获取的需要驱动了图书馆形态的转变,图书馆经历了从一体化的"图书馆+档案馆"形态,到皇家、寺院、私人藏书楼形态,再到现代各类型图书馆形态,最后到依托互联网的数字化形态的各种转型。按照上述逻辑和图书馆发展轨迹,结合目前图书馆信息职业针对实体图书馆而采取的策略(即空间强化和复合化),我们对于图书馆的未来可以得出的比较顺理成章的结论就是:①图书馆作为系统收集与组织整理信息,以保障信息有效查询与获取的平台具有永久的未来。②现有各类型实体图书馆在可预见的未来,依然具有不可取代的价值,但它作为图书馆的一种形态,不具有天然的、内在的不可替代性;一旦实体图书馆不能满足人们对信息查询与获取的要求,新的形态有可能取而代之。因而,从理论上说,图书馆的未来与实体图书馆的未来是两个截然不同的问题,需要区别对待。自 20 世纪中叶开始,就有不少学者预测实体图书馆将走向灭亡,其中包括 20 世纪 70 年代末 80 年代初,美国著名图书馆情报学家兰卡斯特在其《通向无纸情报系统》和《电子时代的图书馆与图书馆员》等著述中所做的预测。多数此类预测都把实体图书馆等同于图书馆,把实体图书馆的消亡等同于图书馆的消亡。例如,兰卡斯特就认为,图书馆必将消失,但图书馆员的工作会在图书馆之外保留下来,这样的工作因为与图书馆无关而需要一个新名称。这种混淆其实也不奇怪:一种存在了数千年的外部形态,是很容易被人误作本质的，这就好比如果人类从来没有见识过马车之外的其他交通工具，他们就很可能把马车等同于交通工具。

20世纪80年代，图书馆带着强加于它的消亡预期，迎来了信息业、信息管理工作地位的日益飙升。这一切很快就引发了图书馆在各种话语体系中的衰退，它被很多院系名称、专业名称、机构名称、课题名称、著述名称"辞退"，代之以"信息"冠名。这个浪潮被称作"去图书馆化"。自20世纪末以来，那些依托互联网而诞生的数字化信息查询与获取平台虽然有些继承了图书馆的名称，如谷歌数字图书馆、超星数字图书馆，但"另立门户者"也很多，甚至更多，新名称包括门、portalgateway（门户）等。这些不同的名称可以视为对数字化信息查询与获取平台的冠名权之争。一旦任何其他表达方式成为数字化信息查询与获取平台的通用名称，图书馆的概念和实体图书馆的概念就会被更牢地捆绑在一起；这样一来，实体图书馆的未来恐怕就真的会成为图书馆的未来。由此可见，面对数字化技术的冲击，图书馆的未来不仅取决于实体图书馆的未来。

研究了图书馆学是什么和什么是图书馆学之后，学者将研究视角投向了学科研究现状和未来发展趋势。研究总是要在总结前人成果的基础上向前推进，所以及时地总结回顾对于学科的发展是十分有必要的。另外，理论指导实践，理论学习需要知行结合，发展趋势的预测也能为学科的发展指明方向。

从古至今，图书馆学的主要内容都是在文献整理方面，从古巴比伦王国的寺庙废墟附近按主题排列的大批泥板文献，到亚述巴尼拔皇宫图书馆的泥板文献上刻的主题标记，这都可视为是在一种明确思想指导下的文献编目的起源。将图书馆学作为一门科学去独立研究则是从近代开始的。由于图书馆学是在图书馆工作实践的基础上产生的，当图书馆学自立于近代科学之林以前，历史上已有关于文献收集、整理、存储和利用方面的经验和知识，这些都为图书馆学的形成奠定了基础。图书馆学又是一门正在发展中的科学。现代图书馆学融入了多种属性的科学内容。随着社会和科学技术的进步，特别是人类对信息、文献交流的需要日益增强，图书馆学的研究和应用的前景将更加广阔。

20世纪末以来，由于信息社会和现代信息与通信技术（information and communications technology，ICT）的出现，信息查询与获取的几乎所有方面都在经历巨大变革，这包括查询与获取的对象、过程、技术手段、基础设施、政策环境、伦理基础等，所有这一切都向图书馆情报学提出了很多新问题。因此，至少从理论上说图书馆情报学目前面临着历史上最好的发展机遇，但这个学科的未来同样受到很多现实因素的影响。它首先受到图书馆及图书馆信息职业前景的影响。如前文所述，虽然图书馆和图书馆信息职业都服务于一个永恒的人类基本需要，但在话语世界里图书馆和图书馆信息职业概念却不拥有与之相匹配的稳固地位。世界各国的图书馆情报学院自20世纪末以来纷纷"去图书馆化"，便是图书馆话语式微的例证。目前这种式微已经给图书馆和图书馆信息职业带来了很大的不确定性和巨大破坏力。对图书馆情报学而言，这几乎必然带来两方面影响。一方面，一旦图书馆不再作为信息查询与获取平台的名称，也不再作为保障信息查询与获取的职业分工的名称，它作为学科的名称就失去了基础；另一方面，一旦由图书馆及相关概念表达的现象、问题、假设、模型、理论等退出图书馆情报学的知识体系，不管这个学科以什么新的名称表达其现象、问题假设、模型和理论，它都不再可能是图书馆学、情报学。学科的前景还受到这个学科的教育前景的影响。教育虽然建立在学科知识体系之上并受其决定，但当代教育也在很大程度上受到生源和学校投入的影响。为了提高自身的竞争力，图书馆情报学教育机构最经常采取的策略就是更改院系名称、调整课程体系和研究兴趣等。每次这样的调整都不可避免地影响学科的知识创新，从而影响学科的知识体系。在本书中，我们已经看到，20 世纪 80 年代末以来，图书馆情报学教育的一个显著趋势就是"去图书馆化"，即从学院名称和课程体系中尽可能去掉"图书馆"字样，在"新文科"的视角下通过设立交叉学科等方式进行学科的重构与转型。

　　由于图书馆情报学学院集中了这个学科的研究活动，这种转型的结果就是其研究兴趣的多样化（或许叫作泛化更确切），新的研究兴趣开始涵盖信息资源管理、信息系统、知识管理、竞争情报、数据挖掘、大数据等一切信息相关领域；信息的有效查询与有效获取问题在很多教育机构正在失去对其研究活动的聚焦作用。由此产生的知识创新结果因为无法自然融入图书馆情报学原有的知识体系（即围绕信息有效查询与获取的知识体系），势必要求对学科的研究对象和使命进行重新定义，而重新定义的结果完全可能是继续瓦解而不是强化图书馆情报学。

　　总之，从理论上说，图书馆、图书馆信息职业、图书馆情报学因为服务于一个永恒的人类基本需要，所以具有持久发展的正当性。然而，20 世纪后半叶以来它们的未来走向都出现了相当程度的不确定性。正如本章所述，造成这种不确定性的原因非常复杂，既有学科内部的原因，也有学科外部的原因。在学科内部，长期误解图书馆（即把图书馆的形态误为其本质）并对话语建构职业权势和学科知识的力量缺乏敏感性，无疑是最重要的原因之一。误解图书馆概念的直接结果就是把实体图书馆等同于图书馆，把实体图书馆的未来当成图书馆的未来，进而错误地预期了图书馆的消亡；对话语力量缺乏敏感则导致我们不能洞察图书馆消亡论对同名职业和学科带来的毁灭性打击。因此，要还原图书馆信息职业和图书馆情报学的牢固根基必须从为图书馆正名开始，把它理解为通过系统收集组织整理信息而保障信息查询与获取的一切平台（不管其形态如何）。只有这样，以它命名的职业和学科才会有持久的未来。

　　图书馆信息职业一直是人类信息查询与获取需求的忠实守望者。一个强的图书馆信息职业和学科可以满足人们在开发天赋、实现抱负、求解问题、探索未知、维护公平正义等过程中产生的任何信息需求，充分驱动由信息获取和利用构成的社会发展引擎。人类永恒的信息查询与获取需要这个职业和学科毋庸置疑的合法性基础，不断转型很可能让它们离这一合法性越来越远，甚至迷失自己。

　　在研究图书馆学发展现状的过程中，也会总结其发展规律，毕竟万事万物的发展过程都遵循一定的规律。探索和掌握图书馆学的发展规律，其目的就是要更敏锐地提出图书馆学问题、更有针对性对图书馆学问题进行事实考察、更接近真理地提出和修正科学假说、更科学地建立与发展图书馆学。

　　图书馆学的发展既遵循社会发展的客观规律，也遵循事物发展的逻辑规律。逻辑的同一律、矛盾律和排中律是逻辑思维形式的基本规律，对于一切思维形态都是普遍有效的，是一切逻辑规律都必须假设的。除此之外，纵观图书馆学发展史可以发现，图书馆学一直都在与社会协同发展，其发展步伐同社会需要、经济发展、科学技术、文化建设、图书馆事业等因素密切相关。因此，作者认为协变性应该被图书馆学研究者作为图书馆学发展的根本规律加以认识。毕竟研究图书馆学的发展，不能闭门造车，必须将其同整个社会的发展联系起来，辩证地掌握和遵循图书馆学发展的协变性。唯有如此，图书馆学才是真正有活力的图书馆学，才是真正为社会所需要的图书馆学。

知识经济、数字信息、网络条件为图书馆学营造了全新的社会背景和技术环境。这既给图书馆学带来严峻的挑战，也为图书馆学创造出美好的前景。虽然分析图书馆学的研究热点、前沿，便于加强对图书馆学这门学科的认知，但若要研究和推断图书馆学的发展趋势，就势必要探讨演绎逻辑较之于归纳逻辑的优势，并指出图书馆学发展的新领域——循证图书馆学，以及图书馆学的新武器——Python 语言和大数据的应用。随着图书馆学新领域的开拓与发展，图书馆学的学科研究领域也逐渐拓宽，学科的发展面貌更是焕然一新，图书馆学领域的新情况、新趋向值得我们深思和研究，值得我们永远探寻和开拓。

思 考 题

1. 随着社会发展变化，有学者认为图书馆将走向消亡，你对此有何看法？
2. 简述图书馆学的未来发展走向。

参 考 文 献

吴建中. 2012. 转型与超越：无所不在的图书馆[M]. 上海：上海大学出版社.
吴慰慈. 2006. 图书馆事业与图书馆学教育[M]. 北京：北京图书馆出版社.
于良芝. 2016. 图书情报学概论[M]. 北京：国家图书馆出版社.